大学生通识与素质教育课程读本

中国文化
经典阅读教程

主　编◎靳义增

华中科技大学出版社
http://www.hustp.com
中国·武汉

图书在版编目(CIP)数据

中国文化经典阅读教程/靳义增主编. —武汉:华中科技大学出版社,2018.9(2023.2重印)
大学生通识与素质教育课程读本
ISBN 978-7-5680-3533-0

Ⅰ.①中… Ⅱ.①靳… Ⅲ.①中华文化-高等学校-教材 Ⅳ.①K203

中国版本图书馆 CIP 数据核字(2018)第 215228 号

中国文化经典阅读教程
Zhongguo Wenhua Jingdian Yuedu Jiaocheng

靳义增　主编

策划编辑：杨　玲
责任编辑：唐诗灵
封面设计：原色设计
责任校对：张会军
责任监印：周治超

出版发行：华中科技大学出版社(中国•武汉)　　电话：(027)81321913
　　　　　武汉市东湖新技术开发区华工科技园　　邮编：430223
录　　排：华中科技大学惠友文印中心
印　　刷：武汉邮科印务有限公司
开　　本：787mm×1092mm　1/16
印　　张：11.75　插页：1
字　　数：281 千字
版　　次：2023 年 2 月第 1 版第 3 次印刷
定　　价：36.00 元

本书若有印装质量问题,请向出版社营销中心调换
全国免费服务热线：400-6679-118　竭诚为您服务
版权所有　侵权必究

文化经典阅读与大学生人文素质培养模式探讨

在大学生人文素质培养模式上,强调大学生对文化经典的阅读与学习,这是基于对当代文化发展走向的理性判断,是对大学生肩负文化传承的历史使命与传统文化缺失的深入思考。

一、文明的冲突与差异既是当今学术的前沿问题,也是教育的核心问题

20世纪90年代一个轰动学术界的事件就是亨廷顿提出了"文明冲突论"。亨廷顿认为,冷战结束以后,不同文明影响下的族群和国家力量开始突显并左右世界的动态。"在后冷战时代的新世界中,冲突的基本源泉将不再首先是意识形态或经济,而是文化。……全球政治的主要冲突将发生于不同文化的国家和集团之间。文明的冲突将主宰全球政治。"[1]"9·11"事件既是时代的悲剧,也是文明冲突的例证,从一定程度上证明了亨廷顿的理论。哈佛大学学者杜维明针对亨廷顿的"文明冲突论"写了《文明的冲突与对话》,主张不同文明间要进行对话,而且认为"儒家伦理能够为全球文明对话提供资源"。[2] 萨义德的后殖民主义,也涉及不同文明的差异问题。"东方主义"指向的东方与西方,实际上就是两种不同的文明,他所揭示的西方加之于东方的歪曲、误读和文化霸权,是我们目前学术问题、教育问题的困惑所在。亨廷顿、杜维明、萨义德的理论都涉及文明的差异这一学术前沿问题。可以说,今天的学术研究、高等教育如果不关注全世界的文明差异,就不能触及真正的学术前沿和高等教育的根本问题。从当前大的国际冲突来看,文明冲突、不同文明间的关系问题变得越来越不容忽视。中国提出建立和谐世界的理念,其实也涉及文明的差异问题。在大学生人文素质培养上,注重对学生传统文化的教育,正是应对文明冲突的举措。

关注差异性是当代世界的一大思潮,这一思潮典型地体现在解构主义理论中。而之后的女性主义、后殖民主义、新历史主义以及西方马克思主义,尤其是法兰克福学派的理

---

[1] 塞缪尔·亨廷顿:《文明的冲突与世界秩序的重建》,周琪,等,译,北京:新华出版社2002年版。
[2] 朱汉民、肖永明选编:《杜维明:文明的冲突与对话》,长沙:湖南大学出版社2001年版。

论,全部都带有解构主义色彩。很多学者曾经指出,解构主义是结构主义的继承和进一步发展。的确,两种理论都是基于对事物间关系的考察而建立起来的,但解构主义与结构主义又是截然不同的。结构主义总的理论追求是要找出总括所有事物的规律,其"结构"涉及知识系统化,但在解构主义理论家看来,结构绝非起源和中心,它来自差异,并由差异所决定。结构主义总的诉求是求同,而解构主义恰恰是寻求差异。德里达自造了"延异"这一解构主义的独特术语,就鲜明体现了求异的思维倾向。解构主义思想极大地影响了后现代主义,后现代主义有两大特点:其一是解构中心,反中心;其二是讲通俗,反精英,概括起来就是解构中心,倡导多元。后殖民主义理论的典型特征就是批判西方文化霸权,女性主义也是利用解构主义的差异性思想来解构男性中心主义。另外,阐释学、法兰克福学派和福柯的话语理论都有着强烈的解构色彩。总而言之,当今西方理论都有着一个基本的趋势和动向,即从原来对真理的追求、对终极性的追求、对同的追求,转向对差异性、对非终极性、对非本质性的追求。这是当代西方一个重要思潮和学术转向。这种关注差异性的思维倾向已经开始反映在学术研究和高等教育上。

二、当代文化建设正面临从"中国西方化"到"西方中国化"的重要转折

以五四运动为标志,中国文化出现了一次重要的转折,即否定传统文化,向西方文化靠拢,在"打倒孔家店"的同时,倡导"民主与科学",这是时势所不可避免的。今天,我们仍然要大力提倡增强国民的科学与民主素养,仍然要批判当年"五四"先驱们批判过的国民劣根性等阴暗面。但我们又不能不看到,仅仅以西方近代的科学观与民主观作为尺度,是不可能正确衡估现代文明中的民俗、宗教、艺术、哲学、伦理、道德等丰富多彩、深长久远的价值的。我们也必须看到,不分青红皂白地否定包括传统道德在内的一切文化遗产所带来的巨大的民族性的损伤。它使中国的学术研究、高等教育严重"西方化",失去了民族文化特色,失去了民族的创新能力,这种情况的突出表现就是"失语症"。

"失语"并不是说我们不会说话,而是我们的话语内容与话语言说方式都是西方的,而不是我们自己的。曹顺庆先生提出:"'五四'之后的中国文化和学术走上了西化的不归路,使得我们处于严重的'失语'状态,我们发现自己永远都是跟在西方后面而且永远超不过他们。这种大河改道的结果是今天我们不仅忘记了自己的传统,而且被世界学术抛在了后面。"[1]例如,杨朴运用弗洛伊德精神分析理论对朱自清《荷塘月色》的精神分析,就是典型的"西化"体现。在杨朴看来,《荷塘月色》是"朱自清潜意识愿望的象征"。"潜意识愿望"就是性欲望,荷花也就自然成了性欲望的象征,他认为,在朱自清的潜意识中,荷花也就是他美人爱欲的象征。为什么荷花成为"美人爱欲的象征"?这是因为"莲的花形似女阴,莲蓬的产籽似女性的生产,莲的形体又如女性的形体美"。经过这样牵强附会的比拟,杨朴先生照搬弗洛伊德的理论,把《荷塘月色》解释成朱自清潜意识愿望的象征,即性欲望的象征[2]。这与颜元叔把李益《江南曲》中的"早知潮有信,嫁与弄潮儿"中的"信"误读为"性"的谐音,把李商隐《无题》中的"春蚕到死丝方尽,蜡炬成灰泪始干"中的"蜡炬"误读为"男性象征"是一样的,都是生搬硬套西方理论来解读中国现代经典散文或古典诗词。

---

[1] 曹顺庆、朱利民:《比较文学与学术创新——曹顺庆教授访谈》,《学术月刊》2007年第3期。
[2] 杨朴:《美人幻梦的置换变形——"荷塘月色"的精神分析》,《文学评论》2004年第2期。

其文化心态也是一样的,即首先设定西方文化的真理性、普适性价值,然后用中国的作品来证实西方理论的正确性。中国文学成为诠释西方理论的材料与工具,由于失去了民族文化传统,看似新颖的解释却并不能够得到学界的认同,反而为学界所诟病。

但是,在文明冲突与差异性研究的背景下,重视文化差异与民族文化传统迫在眉睫。国人已经越来越清醒地认识到中国文化"西方化"的严重危害,从而提出了文化重建、文化振兴的宏伟构想。回归传统文化、重建民族文化之根成为当代文化建设面临的一个重要转折——从"中国西方化"转向"西方中国化",即以中华文化为主体来吸收、改造西方文化,从而达到"为我所用"的目的。"中国西方化"与"西方中国化"最本质的区别就是以谁为主的问题,以中国文化为主体来吸收、融合西方文化就是"西方中国化",以西方文化为主来拆解中国文化就是"中国西方化"。要从"中国西方化"转向"西方中国化",就必须加强对传统文化的学习、认识与理解。在这方面,马克思主义中国化的成功是典型的例证。早在1938年,毛泽东同志就鲜明地提出了"马克思主义中国化"的历史任务:"对于中国共产党说来,就是要学会把马克思列宁主义的理论应用于中国的具体的环境。……离开中国特点来谈马克思主义,只是抽象的空洞的马克思主义。因此,使马克思主义在中国具体化,使之在其每一表现中带着必须有的中国的特性,即是说,按照中国的特点去应用它,成为全党亟待了解并亟须解决的问题,'洋八股'必须废止,空洞抽象的调头必须少唱,教条主义必须休息,而代之以新鲜活泼的、为中国老百姓所喜闻乐见的中国作风和中国气派。"①《在延安文艺座谈会上的讲话》就是马克思主义文学批评"中国化"的突出成就。当代文化建设必须植根于传统文化的沃土之中,毛泽东同志早就指出:"我们这个民族有数千年的历史,有它的特点,有它的许多珍贵品。对于这些,我们还是小学生。今天的中国是历史的中国的一个发展;我们是马克思主义的历史主义者,我们不应当割断历史。"②在凸现文化差异性背景下,强调对传统文化经典的学习,正是固本强体的历史抉择。

三、大学人才培养存在文化传承的历史使命与传统文化缺失的严重矛盾

教育部制定的大学各专业人才的培养要求均强调学生要有广博的文化与科学知识,可以说,大学教育肩负着文化传承的历史使命。这就要求我们培养的人才必须具有社会责任感,能够承担文化传承的历史使命。

当前,大学人才培养存在文化传承的历史使命与传统文化缺失的严重矛盾。这种传统文化的缺失主要表现在:一是对传统文化知识感到陌生、不了解。例如,有的学生在解释《论语》中的"子曰:《关雎》,乐而不淫,哀而不伤"时,把《关雎》说成一本书、一篇散文;有的学生把《论语》中的"吾自卫反鲁"一句解释为"孔子为了自卫而攻打鲁国"。二是对文化经典的含义不清楚。例如,有的学生把《诗经》中的"刑于寡妻,至于兄弟,以御于家邦"一句解释为"在自己的妻子身上用刑,至于我的兄弟应当怎样处置,就让他们来保卫家园吧"。三是不能领会、理解文化经典的深层意义和精神实质。许多学生不清楚"绘事后素""厚德载物""大学之道,在明明德,在亲民,在止于至善"等的内在意蕴。学生传统文化的缺失已经到了令人震惊的境地。

---

① 毛泽东:《中国共产党在民族战争中的地位》,《毛泽东选集》(第2卷),北京:人民出版社,1952年版。
② 毛泽东:《中国共产党在民族战争中的地位》,《毛泽东选集》(第2卷),北京:人民出版社,1952年版。

造成这种现象的根本原因在于功利主义的教育思想。教师的"教"和学生的"学"更加趋于功利化,学生的全面发展受到了严重的束缚。20世纪中国教育的重大失误就是背离人文主义的教育传统,使教育目的、职能、功用、方法日趋单面化。教育绝不只是"工具理性"的,不应该只服从或服务于某种浅在的直接的目的,甚至只服从或服务于某种需要或福利。教育是人类、民族千秋万代的伟业,自然有它丰厚多重的"价值理性"的层面。教育在文化传承方面,特别是对我们悠久的民族传统文化的传承方面,有着独特的价值。教育绝不只是知性的教育,更重要的是人文的教育。教育的目的在于培养一代代素养极佳的人才,在于发展全面的人格,在于重建理想,在于活化民族的精神资源。只有通过人文精神的熏陶,才可能帮助社会和学生解决文化资源薄弱、价值领域稀少的问题。

在大学过分注重知识和能力的培养而忽视了人文素质培养的今天,我们在大学人才培养模式上倡导阅读文化经典,就是要把学生从"应试教育"和"功利主义"教育中解放出来。让学生通过阅读文化经典来触摸中华民族文化的深沉积淀,深入古代圣贤的心灵世界,破译中华民族崛起的密码,寻回中华民族的深层智慧。20世纪中国教育的最大失误莫过于使我们几代人离开了传统精神家园,失去了东方人生智慧和德行的陶冶。学习文化经典可以起到两个方面的作用,一是找到文化创新的沃土,二是建构精神家园。正如曹顺庆先生所说:"在我看来,首先,学习古典文化能够使我们摆脱失语的状态,因为传统文化蕴涵着中国独有的话语和学术思维方式,只有深入学习中国的传统文化,在借鉴西方资源的时候才能立足于本民族的话语和学术思维方式,才能真正将西方文化为我所用,从而实现真正的学术创新。其次,学习中国传统文化能够找回失落的精神家园。西方有自己的《圣经》,印度也有自己本民族独特的信仰,但是,中国在'五四'之后陷入了文化的迷茫之中,人们发现找不到自己的精神家园了,这是中华民族的文化根脉出了问题,因此,必须大力加强对传统文化的学习。"①

四、阅读文化经典是重建民族文化之"根"

中华优秀传统文化是我们民族的文化之根、民族之魂。在文化冲突与文化差异凸显的当今世界,我们如果不坚持弘扬和培育民族精神,就很难自立于世界民族之林,就有成为文化上的流浪民族的危险。在1995年3月全国政协第八届全国委员会第三次会议上,九位德高望重的全国政协常委以016号正式提案的形式,表达了对传统文化教育的忧思:"我国文化之悠久及其在世界文化史上罕有其匹的连续性,形成一条从未枯竭、从未中断的长河。但时至今日,这条长河却在某些方面面临中断的危险。……(传统经典)是我们的民族智慧、民族心灵的庞大载体,是我们民族生存、发展的根基,也是几千年来维护我民族屡经重大灾难而始终不解体的坚强的纽带。如果不及时采取措施,任此文化遗产在下一代消失,我们将成为历史的罪人、民族的罪人。"早在20世纪40年代,朱自清先生在《经典常谈·序》中就说道:"在中等以上的教育里,经典训练应该是一个必要项目。经典训练的价值不在实用,而在文化。……再说做一个有相当教育的国民,至少对于本国的经典,也有接触的义务。"②20世纪80年代,叶圣陶先生提出,在高等教育阶段,学习文史哲的学

---

① 曹顺庆、朱利民:《比较文学与学术创新——曹顺庆教授访谈》,《学术月刊》2007年第3期。
② 朱自清:《经典常谈·序》,北京:中华书局,2003年3月北京新1版。

生就必须有计划地直接跟经典接触,阅读某些经典的全部和另外一些经典的一部分。那一定认认真真地读,得到比较深入的理解。叶先生还认为,经典训练不限于学校教育的范围而推广到整个社会,是很有必要的。历史不能割断,文化遗产跟当今各条战线上的工作有直接或者间接的牵连,所以谁都一样,能够跟经典有所接触总比完全不接触好。①

21世纪是一个文化交往与文化对话的时代,中西文化的碰撞、对话已经全面展开。《中共中央关于深化文化体制改革 推动社会主义文化大发展大繁荣若干重大问题的决定》明确指出:当今世界各种思想文化交流交融交锋更加频繁。在文化对话的时代,中国既要"广泛参与世界文明对话,促进文化相互借鉴,增强中华文化在世界上的感召力和影响力,共同维护文化多样性",又要"坚持以我为主、为我所用"的对话原则,要全面认识优秀传统文化,加强对优秀传统文化思想价值的挖掘和阐发,维护民族文化基本元素,使优秀传统文化成为新时代鼓舞人民前进的精神力量。优秀传统文化凝聚着中华民族自强不息的精神追求和历久弥新的精神财富,是发展社会主义先进文化的深厚基础,是建设中华民族共同精神家园的重要支撑。习近平总书记在庆祝中国共产党成立95周年大会上明确提出:中国共产党人要"坚持不忘初心、继续前进",就要坚持"四个自信",即中国特色社会主义道路自信、理论自信、制度自信、文化自信。他还强调,文化自信是更基础、更广泛、更深厚的自信。"四个自信"的重要论述,是对中华民族天人合一、大同社会、天下为公、协和万邦等古老理想的合理继承。中华文明能够延续5000多年而不中断,以天人合一等为代表的理想境界起到了至关重要的作用。中华文明一系列古老而维新的理想追求,把每一个中国人都紧密地连接在"自强不息""厚德载物""己所不欲、勿施于人"与"和而不同"的社会意义与伦理网络之中,形成了超强的凝聚力、包容力和转化力,培养了"为天地立心、为生民立命、为往圣继绝学、为万世开太平"的个人理想和人文精神。因此,中国特色社会主义的文化自信实质上就是对中华民族优秀传统文化的继承和创新,就是对中华民族优秀文化理想的坚持与自信。

中华民族传统文化中包含着丰富的民族智慧和人生哲理,有"己欲立而立人,己欲达而达人"的仁道,有"和为贵""和而不同"的共生共处之道,有"自强不息""厚德载物"的个人与社会健康互动之道,有"富有之谓大业,日新之谓盛德,生生之谓易"的与时俱进之道,有"民吾同胞,物吾与也"的人文关怀。所有这些都是我们中华民族优秀文化的精神,也是我们今天实施素质教育,不断推进创新教育的源头活水。孙中山先生曾在《民族主义》的讲稿中提到:"中国有一段最有系统的政治哲学,在外国的大政治家还没有见到,还没有说到那样清楚的,就是《大学》中所说的'格物、致知、诚意、正心、修身、齐家、治国、平天下'那一段话。把一个人从内发扬到外,由一个人的内部做起,推到平天下止。像这样精微开展的理论,无论外国什么政治哲学家都没有见到,都没有说出,这就是我们政治哲学的知识独有的宝贝,是应该要保存的。"《大学》能够把个人内在德行的修养,以至外在事业的完成,一贯连续,包罗无遗,而且本末先后,有条不紊。有志之士,循序渐进,自能修己安人,成己成物。这就是中国优秀传统文化的特色。

中国传统文化具有极强的内聚力、渗透力、融合力和再生力,经典的根本精神也蕴涵着原创力,它必将根据系统进化的功能而不断形成新的结构,并依靠自身的活力,向异彩

---

① 叶圣陶:《重印〈经典常谈〉序》,北京:中华书局,2003年3月北京新1版。

纷呈的现代化形式转化发展。东方西方汇通、传统现代结合、科技人文配合，是理性文化的复活，这样的中华文化的复兴是可以期待的。那样的中国将成为真正的礼仪之邦，是一个有"天地之心"、有"生民之爱"的民族，会真正"仁者无敌"。大学人才培养模式就应该培养这种"仁者无敌"的人才。

五、诵读文化经典是有效的教育途径之一

中华文化博大精深，任何人穷其毕生精力，也不可能完全精读全部典籍。《庄子·养生主》提出："吾生也有涯，而知也无涯。以有涯随无涯，殆已。"这就要求我们讲究阅读经典的方法，这就需要我们找到阅读经典的有效途径。

诵读作为一种学习掌握母语的方法，已在中华大地和华夏子孙间广泛而长久地流行，在世界各国、各民族母语教育历史上堪称一种独特现象，它是我们聪明的先人在长期的母语教学实践中，根据对汉语汉字独特性的领悟和体认而总结创造出来的。它是数千年来汉语教学经验的结晶，是教学汉语规律的反映。现代教育心理科学告诉我们，熟读记诵能加深我们对读物的感受，可以为思维想象积累材料，为作文提供"语言范式"，对口语中不规范"动型"起改造、规范化作用，还可以锻炼发展和提高记忆力，使我们养成认真读书的良好习惯，我们聪明的先人用自己的切身体会说明了诵读在感受、理解、记忆所读文章，以及培养提高阅读写作能力、锻炼成才方面的重要作用。孔子提出"学而不思则罔，思而不学则殆"的"学思结合法"和"学而时习之"、"温故而知新"的"复习巩固法"。欧阳修提出"虽书卷浩繁，第能加日积之功，何患不至"的"计字日诵"读书法。韩愈提出"记事者必提其要，纂言者必钩其玄"的"提要钩玄"读书法。先人这些丰富的诵读经验，深刻地印证了现代教育心理学原理。

在中国古代，诵读是普遍的教育方法，诵读即高声朗读背诵，把自己的感情融入书本中。古人叫"读书"，书是"读"出来的，读的方法有默念和朗诵，朗诵就是开口念，这叫读书。北方叫"读书"，南方叫"念书"，通过读书、念书，记忆就会深刻，心情也会很愉快，情绪自然得到调节，这是夯实传统文化根基的有效途径。但是20世纪以来，在中国开始接受西方文化后，我们的教育不再采取朗读、背诵方法，而是注重知识的灌输与理解。这是非常可悲的。杨绛先生曾说："我很羡慕上过私塾的人，'四书五经'读得烂熟。我生在旧时代的末端，虽然小学、中学、大学的课程里都有国文课，国文并不重要，重要的是数学、理科和英文。我自知欠读的经典太多了，只能在课余自己补读些。"[①]尤其在五四运动这个阶段，受西方文化的影响，老师和学生彻底推翻了诵读中国古代文化经典的教育方式，把读《大学》《中庸》《论语》《孟子》变成读"一个大，一个小；一个西瓜，一个枣"，这种只学语言不学文化的教育方法造成中国一代人没有文化，钱钟书、季羡林谢世之后，一个时代就结束了，这是十分危险的。一个民族、一个国家变成没有文化根基的民族、国家，就会沦落到万劫不复、永远翻不了身的境地。

中国五千年的文化是靠背诵流传下来的。"观乎人文，以化成天下"（《周易·贲卦》）就包含着传承优秀文化成果的教育思想。自秦代秦始皇焚书坑儒，到汉武帝开始重新恢复经典文化，"四书""五经"都是靠老先生背诵出来的，是口口相传的。"今文尚书"的二十

---

① 杨绛：《走到人生边上》，北京：商务印书馆，2007年版，第135页。

八篇就是由年过九十的"济南伏生"以口传的方式传给了汉初的晁错,晁错用当时通行的隶书通过抄录和记载而流传下来的。汉初传授《诗经》的共有四家:齐人辕固生所传的叫齐诗,鲁人申培所传的叫鲁诗,燕人韩婴所传的叫韩诗,鲁人毛苌所传的叫毛诗。为什么传授《诗经》有四家？因为大家背诵、记忆的版本不同。当时大家都是依靠背诵来记忆的,背诵的程度不同,因而形成了不同的版本。即使到了宋朝以后,发明了印刷术,还是要背诵的,因为当时印刷不是很普及,印刷的成本也是比较高的,不是所有的思想都能够印刷成书,还是要依靠背诵来传播的。为什么唐代以后的宋元明清,一直不清楚在唐代,究竟是李白胜于杜甫(李优杜劣)还是杜甫胜于李白(杜优李劣)？有专家从传播学的角度论证,在唐代,人们主要依靠手抄本的方式传播文学作品,杜甫身居京城长安,作品在长安传播的范围广,影响力大,李白环游四方,待作品传到长安时,与杜甫相比,已是黄花,所以在唐代应是杜甫胜于李白,至于后世如何看待,应另当别论了。当年钱钟书的父亲钱基博培养钱钟书,就是从诵读文化经典开始的,为钱钟书看小说不读经典,钱基博"不惜饱以老拳"教育他。钱钟书、季羡林这些大学问家都是通过背诵来读书的。背诵可以增加一个人的智力、记忆力和思考力,背诵的方法不但不妨碍社会的发展,反而使社会文化发展更发达、更精详。

为了培养大学生的人文素质,我们建议先由学生课前预习文化典籍原文,教师课堂抽学生朗读、解释原文,然后由教师精讲原文,在学生读懂原文的基础上,再深入讲解与原文相关的文化知识和问题,扩展学生文化传统的知识面,达到学以致用的目的,这样才能使学生学到真正的知识,也才能够培养严谨扎实的学风。这就要求我们:一要组织专家,选编适宜于大学人才培养的文化经典诵读课本。二是要做到课堂教学的点面结合,重在培养学生浸润文化经典的良好习惯。三是要拓展教育,在学习型社会中,倡导学习文化经典,形成诵读文化经典的社会氛围。

靳义增
2018年5月于南阳师范学院

目录

第一章 五经要略 / 1
第一节 《周易》 / 1
一、《周易》简介 / 1
二、乾 / 4
三、坤 / 10
四、系辞上 / 13
五、系辞下 / 23

第二节 《尚书》 / 33
一、《尚书》简介 / 33
二、虞书·舜典(节选) / 37
三、周书·洪范 / 37
四、尚书序 / 42

第三节 《诗经》 / 44
一、《诗经》简介 / 44
二、周南·关雎 / 47
三、卫风·氓 / 47
四、小雅·鹿鸣 / 49
五、商颂·玄鸟 / 49
六、毛诗序 / 50

第四节 "三礼" / 53
一、"三礼"简介 / 53
二、周礼·天官冢宰·大宰(节选) / 54
三、仪礼·士昏礼[1] / 57
四、礼记·乐记[1](节选) / 64

第五节 《春秋》 / 70
一、"《春秋》三传"简介 / 70

二、春秋·隐公元年　　　　　　　　　　　　/ 76
　　三、子产不毁乡校(《左传·襄公三十一年》)　　/ 78
　　四、春秋左氏传序(《春秋序》《春秋经传集解序》)　/ 79

第二章　四书精华　　　　　　　　　　　　　/ 84
第一节　《论语》　　　　　　　　　　　　　/ 84
　　一、《论语》简介　　　　　　　　　　　　　/ 84
　　二、学而第一　　　　　　　　　　　　　　　/ 86
　　三、为政第二　　　　　　　　　　　　　　　/ 88
　　四、八佾第三　　　　　　　　　　　　　　　/ 88
　　五、里仁第四　　　　　　　　　　　　　　　/ 89
　　六、公冶长第五　　　　　　　　　　　　　　/ 91
　　七、雍也第六　　　　　　　　　　　　　　　/ 91
　　八、述而第七　　　　　　　　　　　　　　　/ 92
　　九、泰伯第八　　　　　　　　　　　　　　　/ 93
　　十、子罕第九　　　　　　　　　　　　　　　/ 94
　　十一、先进第十一　　　　　　　　　　　　　/ 95
　　十二、颜渊第十二　　　　　　　　　　　　　/ 95
　　十三、子路第十三　　　　　　　　　　　　　/ 96
　　十四、宪问第十四　　　　　　　　　　　　　/ 97
　　十五、卫灵公第十五　　　　　　　　　　　　/ 98
　　十六、季氏第十六　　　　　　　　　　　　　/ 100
　　十七、阳货第十七　　　　　　　　　　　　　/ 100
第二节　《孟子》　　　　　　　　　　　　　/ 101
　　一、《孟子》简介　　　　　　　　　　　　　/ 101
　　二、梁惠王章句上　　　　　　　　　　　　　/ 103
　　三、梁惠王章句下　　　　　　　　　　　　　/ 104
　　四、公孙丑章句上　　　　　　　　　　　　　/ 104
　　五、公孙丑章句下　　　　　　　　　　　　　/ 104
　　六、滕文公章句上　　　　　　　　　　　　　/ 105
　　七、滕文公章句下　　　　　　　　　　　　　/ 105
　　八、离娄章句上　　　　　　　　　　　　　　/ 105
　　九、离娄章句下　　　　　　　　　　　　　　/ 106
　　十、万章章句上　　　　　　　　　　　　　　/ 107
　　十一、万章章句下　　　　　　　　　　　　　/ 107
　　十二、告子章句上　　　　　　　　　　　　　/ 108
　　十三、告子章句下　　　　　　　　　　　　　/ 108
　　十四、尽心章句上　　　　　　　　　　　　　/ 109
　　十五、尽心章句下　　　　　　　　　　　　　/ 109
第三节　《中庸》　　　　　　　　　　　　　/ 110

一、《中庸》简介 / 110
　　二、《中庸》(节选) / 110
第四节　《大学》 / 120
　　一、《大学》简介 / 120
　　二、《大学》(节选) / 120

第三章　孝经尔雅 / 128
第一节　《孝经》 / 128
　　一、《孝经》简介 / 128
　　二、开宗明义章 / 129
　　三、天子章 / 129
　　四、诸侯章 / 129
　　五、卿大夫章 / 130
　　六、士章 / 130
　　七、庶人章 / 131
　　八、纪孝行章 / 131
　　九、谏诤章 / 131
　　十、感应章 / 132
第二节　《尔雅》 / 132
　　一、《尔雅》简介 / 132
　　二、释亲 / 133
　　三、释地 / 136

第四章　道家经典 / 139
第一节　《老子》 / 139
　　一、《老子》简介 / 139
　　二、《老子》(节选) / 140
第二节　《庄子》 / 146
　　一、《庄子》简介 / 146
　　二、《庄子》(节选) / 148

附录一　《弟子规》[1] / 158

附录二　《朱子家训》 / 166

附录三　诸葛亮《诫子书》 / 169

参考文献 / 171

后记 / 172

第一章 五经要略

中国古代文化经典主要是儒家文化经典和诸子文化经典。儒家文化经典以"十三经"为代表,诸子文化经典以《老子》《庄子》《墨子》《韩非子》等为代表。"十三经"是逐步发展而来的,最早出现的是"六经",即《周易》《尚书》《诗经》《仪礼》《春秋》和《乐经》。秦始皇焚书之后,《乐经》散失,仅存《乐记》一篇,并入《礼记》中,遂有"五经"之名。古代"五经"是指《周易》《尚书》《诗经》《仪礼》《春秋》,现在"五经"是指《周易》《尚书》《诗经》《礼记》《春秋左氏传》。东汉在古代"五经"基础上加上《论语》《孝经》,这就有了"七经"。唐代把"三礼""三传"和《周易》《尚书》《诗经》合称为"九经",即《周易》《尚书》《诗经》《周礼》《仪礼》《礼记》《春秋左氏传》《春秋公羊传》《春秋穀梁传》。唐开成年间,在"九经"基础上加上《论语》《孝经》《尔雅》,共"十二经"。宋时在"十二经"基础上再加上《孟子》,共有"十三经"。即《周易》《尚书》《诗经》《周礼》《仪礼》《礼记》《春秋左氏传》《春秋公羊传》《春秋穀梁传》《论语》《孝经》《尔雅》《孟子》。现在常用的是清代阮元校刻《十三经注疏》。"十三经"是儒家文化的主要经典。

第一节 《周易》

一、《周易》简介

(一)《周易》"经"部分的创作过程经历了三个阶段

(1)阴阳概念的产生。古人通过对宇宙万物的观察,认为天地、男女、昼夜、上下、胜负等宇宙万物都体现着普遍的、相互对立的矛盾,于是用阴、阳来表示纷繁复杂的事物。

(2)八卦的创立。古人以阴、阳符号为"爻",每三爻叠成一卦,出现了"八卦":乾卦

(☰)、坤卦(☷)、震卦(☳)、巽卦(☴)、坎卦(☵)、离卦(☲)、艮卦(☶)、兑卦(☱)。它们分别象征了自然界的八种基本物质：天、地、雷、风、水、火、山、泽。

(3) 重卦并撰成卦爻辞。八卦两两重合，形成六十四卦，其中，前三十卦为"上经"，后三十四卦为"下经"。这六十四卦依次是：乾卦、坤卦、屯卦、蒙卦、需卦、讼卦、师卦、比卦、小畜卦、履卦、泰卦、否卦、同人卦、大有卦、谦卦、豫卦、随卦、蛊卦、临卦、观卦、噬嗑卦、贲卦、剥卦、复卦、无妄卦、大畜卦、颐卦、大过卦、坎卦、离卦、咸卦、恒卦、遁卦、大壮卦、晋卦、明夷卦、家人卦、睽卦、蹇卦、解卦、损卦、益卦、夬卦、姤卦、萃卦、升卦、困卦、井卦、革卦、鼎卦、震卦、艮卦、渐卦、归妹卦、丰卦、旅卦、巽卦、兑卦、涣卦、节卦、中孚卦、小过卦、既济卦、未济卦。

(二)《易传》七种十篇，又称"十翼"、"夫子十翼"

(1)《文言》：分别解说乾、坤两卦的象征意义，称《乾文言》《坤文言》。"文言"两字的含义是"文饰《乾》、《坤》两卦之言"。刘勰在《文心雕龙·原道》篇中提到："乾坤两位，独制文言。"就是说，在《周易》六十四卦中，只有乾、坤两卦有《文言》部分，其余六十二卦没有《文言》部分。

(2)《彖》上下：随上下经分为上下两篇，共六十四节，分别解释六十四卦的卦名、卦辞及一卦大旨。

(3)《象》上下：随上下经分为上下两篇，解释各卦的卦象及各爻的爻象。

(4)《系辞》上下：是对《周易》的通论。

(5)《说卦》：阐述八卦象例的专论。

(6)《序卦》：解说六十四卦的编排次序，解释各卦相承的意义。

(7)《杂卦》：把六十四卦重新分成三十二组，两两对举，以精要的语言概括卦旨。

(三)《周易》命名的含义

"周"有两个解释，一是指周代，二是指六十四卦是周而复始的。"易"有三个含义，即"易之三名"："易一名而含三义，易简一也，变易二也，不易三也。""易简"就是简易、简单；"变易"就是变化；"不易"就是不变化，即变化的规律是不变的。

(四)"三代易名"

"三代易名"是指《周易》在夏、商、周三代的不同称谓，"夏曰连山，殷曰归藏，周曰周易"。

(五)《周易》名句

天行健，君子以自强不息[1]。(《乾卦》)

[注释] [1]以：因此。

[译文] 天的运行刚强劲健，君子因此要不断地奋发图强。

地势坤[1]，君子以厚德载物[2]。(《坤卦》)

[注释] [1]坤：和顺。[2]厚：动词，增厚。

[译文]　大地的气势厚实和顺,君子因此增厚美德、容载万物。

观乎天文,以察时变[1];观乎人文,以化成天下[2]。(《贲卦》)
[注释]　[1]观乎天文,以察时变:观察大自然的物象,可以知道四季变迁的规律。[2]观乎人文,以化成天下:观察人类社会典章制度的得失,可以教化天下、促成大治。
[译文]　观察大自然的物象,可以知道四季变迁的规律;观察人类社会典章制度的得失,可以推行教化、促成天下昌明。

君子以自昭明德[1]。(《晋卦》)
[注释]　[1]昭:作动词,昭著,彰显。明德:光明的品德。
[译文]　君子因此应自我彰显光明的品德。

《象》曰:家人,女正位乎内,男正位乎外[1],男女正,天地之大义也[2]。家人有严君焉,父母之谓也。父父,子子,兄兄,弟弟,夫夫,妇妇,而家道正,正家而天下定矣。(《家人卦》)
[注释]　[1]女正位乎内,男正位乎外:说明女主家内事,男主家外事。[2]天地之大义:男女之正,合乎天地、阴阳、尊卑的道理。
[译文]　《象》说:一家人,女子在家内居正当的位置,男子在家外居正当的位置,男女居位都正当得体,这是天地阴阳的大道理。一家人有严正的君长,即父母。父亲尽父亲的责任,儿子尽儿子的责任,兄长尽兄长的责任,弟弟尽弟弟的责任,丈夫尽丈夫的责任,妻子尽妻子的责任,这样家道就能端正,端正了家道,天下就能安定。

君子以同而异[1]。(《睽卦》)
[注释]　[1]同而异:求同存异。
[译文]　君子因此谋求大同而并存小异。

君子以反身修德[1]。(《蹇卦》)
[注释]　[1]反身:反求自身。
[译文]　君子因此反求自身,努力修养美德。

君子以见善则迁[1],有过则改。(《益卦》)
[注释]　[1]迁:向往。
[译文]　君子因此看见善行就倾心向往,有了过错就迅速改正。

姤:女壮[1],勿用取女[2]。(《姤卦》)
[注释]　[1]壮:伤。[2]用:适宜。取:通"娶"。
[译文]　《姤》卦象征相遇:可理解为阴盛阳衰,言女壮必不甘服于夫,此姤之不宜取女,乃防微杜渐之意也。

君子以顺德，积小以高大[1]。(《升卦》)
[注释]　[1]积小以高大：积累小的善行以成就崇高宏大的事业。
[译文]　君子因此顺行美德，积累小善以成就崇高宏大的事业。

君子以言有物而行有恒[1]。(《家人卦》)
[注释]　[1]言有物而行有恒：语言必须切合实物，行事必须守恒不变。从文章写作方法的角度来看，"言有物"即要求文章写作必须有充实的内容。
[译文]　君子因此说话必须切合实物，行事必须守恒不变。

君子以朋友讲习[1]。(《兑卦》)
[注释]　[1]讲习：指"学问"之道，即讲其所未明、习其所未熟。
[译文]　君子依靠朋友相互讲解道理，研习学业。

二、乾

乾[1]：元，亨，利，贞[2]。
[注释]　[1]乾：乾为六十四卦之首，代表天和一切阳刚事物。[2]元，亨，利，贞：元，始也；亨，通也；利，和也；贞，正也。
[译文]　《乾》象征天：元始，亨通，和谐，贞正。

初九[1]，潜龙勿用[2]。
[注释]　[1]初九：《周易》六十四卦各由六爻组成，自下而上命名为初、二、三、四、五、上，本爻居卦下第一位，故名"初"。《周易》占筮用"九""六"之数，"九"代表阳，"六"代表阴，本爻为阳，所以称"九"。[2]潜：潜伏。龙：古代传说的刚健动物。用：使用，施展。
[译文]　初九，巨龙潜伏水中，暂不施展才能。

九二，见龙在田[1]，利见大人[2]。
[注释]　[1]见：通"现"。田：田野。[2]大人：一般有两个含义，一是指有道德、有作为的人，二是指有道德并居于高位的人。
[译文]　九二，巨龙出现在田间，有利于出现有道德、有作为的人。

九三，君子终日乾乾[1]，夕惕若[2]，厉无咎[3]。
[注释]　[1]君子：与"大人"义相近，指有道德者，也兼指居于尊位者。乾乾：犹言"健而又健"，自强不息之义。[2]夕：晚上。惕：警惕。若：语气助词。[3]厉：危险。咎：咎害。
[译文]　九三，君子整天健强振作不已，直到夜间还时时保持警惕，即使面临危险也能免遭咎害。

九四，或跃在渊[1]，无咎[2]。

[注释] [1]或:副词,表示不确定的含义。此句式应为"或跃或在渊"。[2]咎:过错。

[译文] 九四,或者腾跃上进,或者退居深渊,必无过错。

九五,飞龙在天,利见大人[1]。

[注释] [1]大人:指有道德并居于高位者。

[译文] 九五,巨龙高飞上天,有利于出现有道德并居于高位的人。

上九,亢龙有悔[1]。

[注释] [1]亢:过甚,极度。悔:悔恨。

[译文] 上九,巨龙高飞穷极,终将有所悔恨。

用九[1],见群龙无首[2],吉。

[注释] [1]用九:六十四卦中唯有乾、坤两卦各有一"用爻"说法,乾称为"用九",坤称为"用六"。"九"代表阳爻,"六"代表阴爻。在用四十九根蓍草卜筮时,其结果得出七、八、六、九这四个数中的其中一个。得六、九则表示有动爻,阴将变阳,阳将变阴;得七、八则不变。"用九""用六"是说乾卦可能变成坤卦,坤卦可能变成乾卦,表明了古人阴阳变化的哲学思想。[2]群龙:指六爻均为阳爻。

[译文] 乾卦六爻均用"九"这个数字表示,出现一群巨龙,都不以首领自居,这是吉利的兆头。

《彖》[1]曰:大哉乾元[2]!万物资始,乃统天[3]。云行雨施,品物流形[4]。大明终始[5],六位时成[6],时乘六龙以御天[7]。乾道变化[8],各正性命[9]。保合太和[10],乃利贞[11]。首出庶物[12],万国咸宁[13]。

[注释] [1]彖:《周易·正义》提到"彖,断也,断定一卦之义,所以名为彖也"。作为经传之名,"彖"有二义,一是指卦辞,二是指"十翼"中的《彖传》,这里指《彖传》。[2]乾:天。元:始。乾元:天的元始之德。[3]资:凭借,依赖。统:统领。天:犹言大自然。[4]品物:各类事物。流形:流布成形。[5]大明:太阳。[6]六位:指乾卦的六爻。时成:按时位组合而成。[7]六龙:比喻乾卦的六爻。御:驾驭。[8]乾道:天道,即大自然运行的规律。[9]正:静定。性命:精神。[10]保:保持,保全。太和:指"太和元气"。[11]利:施利。贞:中正。[12]庶物:万物。[13]万国:天下万方之意。

[译文] 《彖辞》说:伟大啊,开创万物的(春天)阳气!万物依赖它而开始产生,它统领着大自然。(夏天)云朵飘行,霖雨降落,各类事物流布成形。太阳日夜运转(带来秋天),乾卦六爻按不同的时位组合而成,就像六条巨龙驾驭着大自然。大自然的运行变化(迎来冬天),万物各自静定精神,保全太和元气,以利于持守中正(等待来年生长)。阳气周流不息,又开始重新萌生万物,天下万方都和美顺昌。

《象》[1]曰:天行健,君子以自强不息[2]。"潜龙勿用",阳在下也[3]。"见龙在田",德施普也[4]。"终日乾乾",反复道也[5]。"或跃在渊",进无咎也。"飞龙在天",大人造也[6]。"亢龙有悔",盈不可久也。"用九",天德不可为首也[7]。

[注释] [1]象:《周易》中的"象"是"形象""象征"之义。但作为经传之名,它有两个含义,一是指《周易》的卦形和卦爻辞,二是指"十翼"中的《象传》,这里指《象传》。[2]以:因此。[3]阳在下也:指初九阳气初生而居下。[4]德施普也:指九二阳气出现于地面,其生养之德普及万物。[5]道:合理的行为。[6]造:有所作为。[7]天德:指阳刚之德。

[译文] 《象传》说:天的运行刚强劲健,君子因此要不断地奋发图强。"巨龙潜伏在水中,暂不施展才用",说明阳气初生居位低下。"巨龙出现在田间",说明美德昭著普及万物。"君子整天健强振作",说明反复行道不使偏差。"或者腾跃上进,或者退居深渊",说明审时前进必无过错。"巨龙高飞上天",说明有美德并居于高位的人奋起大展雄才。"巨龙高飞穷极,终将有所悔恨",说明刚强过甚不久必衰。"用九数",说明天的美德不自居于首位(刚去柔来)。

《文言》[1]曰:元者,善之长也;亨者,嘉之会也[2];利者,义之和也[3];贞者,事之干也[4]。君子体仁足以长人[5],嘉会足以合礼,利物足以和义,贞固足以干事。君子行此四德者,故曰:"乾:元,亨,利,贞。"

[注释] [1]《文言》:《十翼》之一,专释乾、坤二卦的义理。[2]嘉:美。会:会合。[3]义:适宜。[4]干:树木的主干,犹言根本。[5]体仁:以"仁"为体。

[译文] 《文言》说:元始,是众善的尊长;亨通,是众美的会合;有利,是适宜的和谐;贞正,是办事的根本。君子以仁心作为本体,可以做人们的尊长;寻求美好的会合,就符合"礼";施利于他人、它物就符合"义";坚持贞正的节操,就可以办好事情。君子是施行这四种美德的人,所以说:"《乾卦》象征天:元始,亨通,和谐,贞正。"

初九曰"潜龙勿用",何谓也?子曰:"龙德而隐者也。不易乎世,不成乎名;遁世无闷[1],不见是而无闷[2];乐则行之,忧则违之,确乎其不可拔,'潜龙'也。"

[注释] [1]遁世无闷:逃遁避世,心无所闷。[2]是:赞许。

[译文] 初九爻辞说:"巨龙潜伏水中,暂不施展才用。"这是什么意思呢?孔子说:"这是比喻有龙一样的品德而隐居的人。他不被污浊的世俗改变节操,不迷恋于成就功名;逃离世俗世界不感到苦闷,不被世人赞许也不苦闷;称心的事就付诸实施,不称心的事绝不实行,具有坚定不可动摇的意志,这就是'潜伏的巨龙'。"

九二曰"见龙在田,利见大人",何谓也?子曰:"龙德而正中者也[1]。庸言之信,庸行之谨[2];闲邪存其诚[3],善世而不伐[4],德博而化。《易》曰'见龙在田,利见大人',君德也。"

[注释] [1]正中:指九二居下卦之中。[2]庸:平常。[3]闲:防止。[4]善:美好的行为。世:大。

[译文] 九二爻辞说:"巨龙出现在田间,有利于出现有道德、有作为的人。"这是什么意思呢?孔子说:"这是比喻有龙一样的品德而立身中正的人。他的日常言论讲究诚信,他的日常行为讲究谨慎;防止邪恶的侵蚀,保持忠诚的秉性,为世人做善事而不自我矜夸,德行博大而能感化天下。《周易》说'巨龙出现在田间,有利于出现有道德、有作为的人',就是说出现了具有君主品德的贤人。"

九三曰"君子终日乾乾,夕惕若,厉无咎",何谓也？子曰:"君子进德修业。忠信,所以进德也；修辞立其诚,所以居业也。知至至之[1],可与几也[2]；知终终之[3],可与存义也[4]。是故居上位而不骄,在下位而不忧。故乾乾因其时而惕[5],虽危无咎矣。"

[注释] [1]知至至之：前一个"至"为名词,指要达到的目标；后一个"至"为动词,指努力达到这一目标。[2]几：《系辞传》记载"几者,动之微,吉凶之先见者也",犹言事物的征兆。[3]知终终之：前一个"终"为名词,指事物的终结；后一个"终"为动词,指结束。[4]存：保留。义：适宜。[5]因：沿着。时：一天中的各个时辰。

[译文] 九三爻辞说："君子整天健强振作不已,直到夜间还时时保持警惕,即使面临危险也能免遭咎害。"这是什么意思？孔子说："这是比喻君子要增进美德,营修功业。忠诚信实,就可以增进美德；修饰言辞出于诚挚的感情,就可以积累功业。知道进取的目标而努力实现它,可以与这种人商讨事物发展的征兆；知道终止的时刻而及时终止,可以与这种人共同保全事物发展的适宜状态。因此,处于尊贵的地位而不骄傲,处于卑微的地位而不忧愁。因此,能够恒久保持健强振作,随时警惕慎行,即使面临危险也能免遭咎害了。"

九四曰"或跃在渊,无咎",何谓也？子曰:"上下无常[1],非为邪也[2]；进退无恒,非离群也。君子进德修业,欲及时也,故'无咎'。"

[注释] [1]上下无常：与下文"进退无恒"互文,指九四处于可上可下之位,必须根据具体情况决定上下进退。[2]非为邪：与下文"非离群"互文,指九四爻的上下进退,是顺从形势,既非私自欲望,亦非脱离众人。

[译文] 九四爻辞说："或者腾跃上进,或者退居深渊,必无过错。"这是什么意思？孔子说："这是比喻贤人的上升、下降,本来就是变化无常的,并非出于邪念；他的奋进、隐退也是不一定的,并非脱离众人。君子增进美德,营修功业,关键是要抓住时机以进取,所以'必无过错'。"

九五曰"飞龙在天,利见大人",何谓也？子曰:"同声相应,同气相求；水流湿,火就燥；云从龙,风从虎；圣人作而万物睹[1]；本乎天者亲上,本乎地者亲下,则各从其类也。"

[注释] [1]作：起。睹：见。

[译文] 九五爻辞说："巨龙高飞上天,有利于出现有道德并居于高位的人。"这是什么意思？孔子说："这是比喻同类的声音互相感应,同样的气息互相求合；水往低湿的地方流动,火往干燥的地方燃烧；云随着龙吟而出,风随着虎啸而生；圣人奋起治世,万物显明可见；依存于天的亲近于上,依存于地的亲近于下,各以类相从而发挥作用。"

上九曰"亢龙有悔",何谓也？子曰:"贵而无位,高而无民[1],贤人在下位而无辅,是以动而'有悔'也。"

[注释] [1]贵而无位,高而无民：指上九处于有名无实的高位,"若太上皇者也"。

[译文] 上九爻辞说："巨龙高飞穷极,终将有所悔恨。"这是什么意思？孔子说："这是比喻某种人身份显贵却没有实位,地位崇高却管不到百姓,有才德的人被压抑在下层却无人辅助他,所以一旦轻举妄动就将'有所悔恨'。"

"潜龙勿用",下也[1];"见龙在田",时舍也[2];"终日乾乾",行事也[3];"或跃在渊",自试也;"飞龙在天",上治也[4];"亢龙有悔",穷之灾也;乾元"用九",天下治也。

[注释] [1]下:指初九居于下位,犹如人的地位低下。[2]舍:通"舒",舒通。时舍:指形势已经好转。[3]行事:指九三正勤勉地从事某项事业。[4]上治:上,通"尚"。指九五之时出现了良好的政治局面。

[译文] "巨龙潜伏水中,暂不施展才用",说明地位低下、微贱;"巨龙出现在田间",说明时势开始好转;"整天健强振作",说明事业付诸实践;"或者腾跃上进,或者退居深渊",说明九四爻正在自我检验;"巨龙高飞上天",说明获得良好的政治局面;"巨龙高飞穷极,终将有所悔恨",说明穷极带来的灾难;乾卦"用九数",说明天下大治是势之所趋。

"潜龙勿用",阳气潜藏[1];"见龙在田",天下文明[2];"终日乾乾",与时偕行[3];"或跃在渊",乾道乃革[4];"飞龙在天",乃位乎天德[5];"亢龙有悔",与时偕极[6];"乾元用九",乃见天则[7]。

[注释] [1]阳气潜藏:指初九阳气潜伏,藏而未发。[2]文明:指九二如阳气发出地面,万物焕发光彩。[3]与时偕行:指九三如阳气发展到一定的阶段,万物将趋繁盛。[4]乾道:大自然的运行规律。革:变革。[5]天德:指九五如阳气发展到最旺盛的阶段,万物开始繁茂。[6]与时偕极:指上九如阳气由盛转衰,万物消亡穷尽。[7]天则:大自然运行的法则。

[译文] "巨龙潜伏水中,暂不施展才用",说明阳气潜伏,藏而未发;"巨龙出现在田间",说明天下万物焕发光彩;"整天健强振作",说明追随时光向前发展;"或者腾跃上进,或者退居深渊",说明天道转化、出现变革;"巨龙高飞上天",说明阳气旺盛、正当天位;"巨龙高飞穷极,终将有所悔恨",说明随着时节发展而穷极衰落;乾卦"用九数",体现了大自然的法则。

"乾,元"者,始而亨者也。"利,贞"者,性情也。乾始能以美利利天下[1],不言所利,大矣哉[2]!大哉乾乎!刚健中正,纯粹精也[3];六爻发挥,旁通情也[4];时乘六龙,以御天也;云行雨施,天下平也。

[注释] [1]以美利利天下:前一个"利"为名词,利益;后一个"利"为动词,施利。[2]不言所利,大矣哉:指天的利惠之大,难以言喻。[3]纯粹精也:指六爻均为阳爻,"纯粹精"可理解为"纯粹""精粹"。[4]旁通:广泛会通。

[译文] "《乾》卦象征天,元始",说明天的美德在于创造万物并使之亨通。"和谐、贞正"是天所蕴含的本性和内情。天一开始就能用美好的利益来施利天下,却不说出它所施予的利益,这是极大的利惠啊!伟大的天啊!刚强劲健、居中守正,纯粹至精;《乾》卦六爻的运动变化,曲尽万物的发展情理;犹如按照不同时节套上六条巨龙,驾驭着大自然而驰骋;行云降雨,带来天下太平。

君子以成德为行[1],日可见之行也。"潜"之为言也,隐而未见,行而未成[2],是以君子弗用也。

[注释] [1]成：完成，成就。[2]未成：不显著。

[译文] 君子把成就道德作为行动的目的，是他每天都可以体现出来的行为。初九爻辞所讲的"潜"，意思是隐藏而不露面，行动尚不显著，所以君子暂时不施展才用。

君子学以聚之，问以辩之[1]，宽以居之，仁以行之。《易》曰"见龙在田，利见大人"，君德也。

[注释] [1]辩：通"辨"。

[译文] 君子通过学习来积累知识，通过发问来辨明是非，胸怀宽广而居于适当位置，心存仁爱而施诸一切行为。《周易》认为"巨龙出现在田间，有利于出现有道德、有作为的人"，就是说这类人具备了当国君的品德。

九三重刚而不中[1]，上不在天，下不在田[2]。故乾乾因其时而惕，虽危无咎矣。

[注释] [1]重刚而不中：初九、九二均为阳刚之爻，九三仍为阳爻，故称"重刚"。六十四卦的每一卦只有二、五两爻居中，故称九三"不中"。[2]上不在天，下不在田：九五"飞龙在天"，九二"见龙在田"，九三则介于"天""田"之间，所以说"上不在天，下不在田"。

[译文] 九三是多重阳刚叠成的，居位不正中，上不达于高天，下不立于地面，所以要不断健强振作，随时警惕慎行，这样即使面临危险也能免遭咎害了。

九四重刚而不中，上不在天，下不在田，中不在人[1]，故"或"之。"或"之者，疑之也，故无咎。

[注释] [1]中不在人：乾卦六爻中，上、五为"天"，四、三为"人"，二、初为"地"。四、三均为"人"道，但在"人"道中，九三近二，是下近地，正是人道；九四则上近于天，下远于地，非人所处，故特云"中不在人"。

[译文] 九四是多重阳刚叠成的，居位不正中，上不达于高天，下不立于地面，中不处于人境，所以强调"或"。强调"或"的意思，就是说要有所疑虑而多方审度，这样就能不遭咎害。

夫"大人"者，与天地合其德[1]，与日月合其明，与四时合其序，与鬼神合其吉凶。先天而天弗违[2]，后天而奉天时[3]。天且弗违，而况于人乎？况于鬼神乎？

[注释] [1]合：符合，相同。[2]先天而天弗违：指自然界尚未出现变化时，就预先采取必要的措施。[3]后天而奉天时：指自然界出现变化之后，及时采取适当的措施。

[译文] 九五爻辞所讲的"大人"，他的道德像天地一样覆载万物，他的圣明像日月一样普照大地，他的政令像四季一样井然有序，他示人吉凶像鬼神一样深奥莫测。先于天道而行动，天不违背人意；后于天道而处事，也能遵循天道。天尚且不违背人意，更何况人呢？更何况鬼神呢？

"亢"之为言也，知进而不知退，知存而不知亡，知得而不知丧。其唯圣人乎[1]！知进退存亡，而不失其正者，其唯圣人乎！

[注释] [1]其唯圣人乎：感叹语，与末句相同而复用，旨在渲染感叹语气。

[译文] 上九爻辞所说的"亢",是说明某种人只知进取而不知及时引退,只知生存而不知终将衰亡,只知获利而不知所得必失。大概只有圣人才是明智的吧!知道进取、引退、生存、灭亡的道理,行为不偏失正确方向的,大概只有圣人吧!

三、坤

坤:元,亨,利牝马之贞[1]。君子有攸往[2],先迷;后得主,利。西南得朋,东北丧朋[3]。安贞吉。

[注释] [1]贞:贞正,指守持正固。[2]攸:所。[3]西南得朋,东北丧朋:《坤》居西北亥位,阴气逆行,沿西南方向前行遇"阳"渐盛,按照"阴阳为朋"的道理,故西南行"得朋"。沿东北方向前行则失"阳",故"丧朋"。

[译文] 《坤卦》象征地:元始,亨通,利于像雌马一样守持正固。君子有所前往,如果抢先居首必然迷入歧途;如果随从人后就会有人做主,必有利益。往西南将得到朋友,往东北将丧失朋友。安顺守持正固就可以获得吉祥。

《彖》曰:至哉坤元[1]!万物资生,乃顺承天。坤厚载物,德合无疆[2]。含弘光大[3],品物咸亨。牝马地类,行地无疆,柔顺利贞。君子攸行,先迷失道,后顺得常[4]。"西南得朋",乃与类行;"东北丧朋",乃终有庆。"安贞"之吉,应地无疆。

[注释] [1]至:形容词,指地生养万物之美德至极。[2]无疆:有二义,一是广博无疆,二是长久无疆。[3]含弘光大:含育万物为"弘",光华万物为"大"。[4]常:福庆。

[译文] 《彖传》说:美德至极啊,配合天开创万物的大地!万物依靠它生长,它顺从秉承天的意志。大地深厚而能普载万物,美德广大而能久远无疆。大地含育万物使之发扬光大,万物亨通畅达,遍受滋养。雌马是地面动物,永久驰骋在无边的大地上,它柔和温顺,利于保持正固。君子有所前往,如果抢先居首,必然迷入歧途,偏离正道;如果随从人后就能得到福庆。"往西南将得到朋友",可以与同类共赴前方;"往东北将丧失朋友",但最终仍有福庆吉祥。安顺守持正固的吉祥,正应合大地的美德永保无疆。

《象》曰:地势坤[1],君子以厚德载物[2]。

[注释] [1]坤:和顺。[2]厚:动词,增厚。

[译文] 《象传》说:大地的气势厚实和顺,君子因此增厚美德、容载万物。

初六,履霜[1],坚冰至。

《象》曰"履霜坚冰",阴始凝也。驯致其道[2],至"坚冰"也。

[注释] [1]履:踩。[2]驯致其道:按照这样的发展规律。

[译文] 初六,踩着微霜,将要迎来坚冰。

《象传》说"踩着微霜将迎来坚冰",说明阴气已经开始凝积。按照这样的发展规律,坚冰必将到来。

六二,直方大,不习无不利[1]。

《象》曰:六二之动,直以方也。"不习无不利",地道光也[2]。

[注释] [1]习:学习。[2]地道:大地的柔顺之道。

[译文] 六二,正直、端方、宏大,不学习也未必不获利。

《象传》说:六二的变动,趋向正直、端方。"不学习也未必不获利",这是大地的柔顺之道发出的光芒。

六三,含章可贞[1],或从王事,无成有终[2]。

《象》曰:"含章可贞",以时发也;"或从王事",知光大也[3]。

[注释] [1]章:阳刚的章美。[2]无成:不把成功归为己有。有终:谨守臣职至终。[3]知:同"智",智慧。

[译文] 六三,蕴含阳刚的章美,可以守持正固,或辅助君王的事业,成功不归为己有而谨守臣职至终。

《象传》说:"蕴含阳刚的章美,可以守持正固",说明六三应当根据时机发挥作用;"或辅助君王的事业",说明六三智慧光大恢宏。

六四,括囊[1],无咎无誉。

《象》曰:"括囊无咎",慎不害也。

[注释] [1]括:束紧。

[译文] 六四,束紧囊口,免遭咎害,不求赞誉。

《象传》说:"束紧囊口,免遭咎害",说明六四只有谨慎小心才能不惹祸患。

六五,黄裳[1],元吉[2]。

《象》曰:"黄裳元吉",文在中也[3]。

[注释] [1]裳:古代服装上衣下裳,"裳"象征"谦下"。[2]元:大。[3]文:温文。

[译文] 六五,黄色裙裳,至为吉祥。

《象传》说:"黄色裙裳,至为吉祥",说明六五以温文之德守持中道。

上六,龙战于野[1],其血玄黄[2]。

《象》曰:"龙战于野",其道穷也。

[注释] [1]战:有两种解释,一是"交合","龙战"指阴阳交合;二是"争战","龙战"指阴阳战斗。译文从"交合"说。[2]其血玄黄:天玄地黄,"其血玄黄"言此血为天地所合,所以能够生万物。

[译文] 上六,龙在原野上交合,流出青黄相杂的鲜血。

《象传》说:"龙在原野上交合",说明上六的纯阴之道已经发展穷尽。

用六,利永贞[1]。

《象》曰:用六"永贞",以大终也[2]。

[注释] [1]永:永久。贞:贞正、正固。[2]以大终:犹言"以阳为归宿"。

[译文] 用"六"数,有利于永久持守正固。
《象传》说:用"六"数"永久持守正固",说明阴柔以返回阳刚为归宿。

《文言》曰:坤至柔而动也刚,至静而德方[1]。后得主而有常,含万物而化光。坤道其顺乎!承天而时行。

[注释] [1]方:古人认为"天圆地方",此处含"流布四方"之意。

[译文] 《文言》说:大地极为柔顺而变动时却显示出刚强,极为安静但柔美的品德却流布四方。随从人后,有人做主,于是保持福庆久长,包容一切,普载万物,于是焕发无限光芒。大地体现的规律多么柔顺啊!它秉承天的意志按照四时运行得当。

积善之家,必有余庆;积不善之家,必有余殃。臣弑其君,子弑其父,非一朝一夕之故,其所由来者渐矣!由辩之不早辩也[1]。《易》曰:"履霜,坚冰至",盖言顺也[2]。

[注释] [1]辩:同"辨"。自"积善之家"至"由辩之不早辩也"体现了中华文化的累积型特点,由小看大,由少及多,逐步积累。与"君子以顺德,积小以高大"(《升卦》)以及"善不积,不足以成名;恶不积,不足以灭身。小人以小善为无益而弗为也,以小恶为无伤而弗去也,故恶积而不可掩,罪大而不可解"(《系辞下》)所论述的道理是一致的。类似的还有《荀子·劝学篇》中的论述:"积土成山,风雨兴焉;积水成渊,蛟龙生焉;积善成德,而神明自得,圣心备焉。故不积跬步,无以至千里;不积小流,无以成江海。骐骥一跃,不能十步;驽马十驾,功在不舍。锲而舍之,朽木不折;锲而不舍,金石可镂。"[2]顺:按照一定的趋向来发展。

[译文] 积累善行的家族,必然留下许多吉祥;积累恶行的家族,必然留下许多祸殃。臣子弑杀君主,儿子弑杀父亲,并非一朝一夕的缘故,作恶的由来是逐渐积累起来的!是由于君父不曾早日辨清真相。《周易》说"踩着微霜,将要迎来坚冰",大概是比喻阴恶事物往往顺着一定的趋向来发展。

"直"其正也,"方"其义也[1]。君子敬以直内,义以方外[2]。敬义立而德不孤[3]。"直方大,不习无不利",则不疑其所行也[4]。

[注释] [1]义:适宜。[2]君子敬以直内,义以方外:犹言君子"以敬使内心正直,以义使外形端方"。[3]德不孤:美德广布,人所响应。[4]不疑其所行:指美德充沛,一切行为都无须疑虑。

[译文] "直"说明品性纯正,"方"说明行为适宜。君子以恭敬使内心正直,以行为适宜使外形端方。做到恭敬不苟、行为适宜,就能使美德广布,人所响应。"正直、端方、宏大,不学习也未必不获利",说明美德充沛,一切行为都无须疑虑。

阴虽有美,含之以从王事,弗敢成也。地道也,妻道也,臣道也[1]。地道无成而代有终也[2]。

[注释] [1]地道:地顺天的道理。妻道:妻从夫的道理。臣道:臣忠君的道理。这里把地顺天的自然规律直接与妻从夫、臣忠君的道理相提并论,体现了"天人合一"的思想。[2]代:代替。

[译文] 阴柔在下者虽然有美德,却只是含藏不露以辅助君王的事业,不敢把成功归为己有。这是地顺天的道理、妻从夫的道理、臣忠君的道理。地顺天的道理表明不能把成功归为己有,而要替天效劳、奉事至终。

天地变化,草木蕃;天地闭,贤人隐[1]。《易》曰"括囊,无咎无誉",盖言谨也。

[注释] [1]天地闭,贤人隐:"天地闭"比喻社会昏暗;"贤人隐"指社会昏暗使贤人隐退。

[译文] 天地运转变化,草木繁衍旺盛;天地闭塞昏暗,贤人隐退匿迹。《周易》认为"束紧囊口,免遭咎害,不求赞誉",这大概是比喻谨慎处世的道理吧。

君子黄中通理[1],正位居体[2],美在其中,而畅于四支[3],发于事业:美之至也!

[注释] [1]理:文理。[2]正位居体:即"体居正位"。[3]支:通"肢"。

[译文] 君子的美质好比黄色中和、通达文理,身居正确的位置,才美蕴藏在内心,畅流于四肢,发挥于事业:这是最美的美质啊!

阴疑于阳必战[1]。为其嫌于无阳也,故称"龙"焉;犹未离其类也[2],故称"血"焉。夫玄黄者,天地之杂也[3];天玄而地黄[4]。

[注释] [1]疑:有两个解释,一是"怀疑",而"战"译为"交战";二是同"凝","凝情",而"战"译为"交合"。此处按照第二个解释进行翻译。[2]类:朋类,指阳性配偶。[3]杂:指血色相混。[4]天玄地黄:指天地的颜色,天为青色,地为黄色。刘勰《文心雕龙·原道》"玄黄色杂,方圆体分"这句话中,"玄黄色杂"就是指天地的颜色,"方圆体分"则是指天地的形状,天圆地方。《大戴礼记·曾子天圆篇》说:"天道曰圆,地道曰方。""天圆地方"由此而来。

[译文] 阴气凝情于阳气必然相互交合。《周易》的作者怕读者对《坤》卦没有阳爻感到疑惑,所以在爻辞中称"龙"代表阳;又因为阴不曾失其配偶阳,所以在爻辞中称"血"代表阴阳交合。至于血的颜色为青黄相杂,这是说明天地阴阳的血交互混合:天为青色,地为黄色。

四、系辞上

天尊地卑,乾坤定矣[1]。卑高以陈,贵贱位矣。动静有常,刚柔断矣[2]。方以类聚,物以群分,吉凶生矣[3]。在天成象,在地成形,变化见矣[4]。是故刚柔相摩,八卦相荡[5]。鼓之以雷霆,润之以风雨;日月运行,一寒一暑[6]。乾道成男,坤道成女[7]。乾知大始,坤作成物[8]。乾以易知,坤以简能[9];易则易知,简则易从;易知则有亲,易从则有功;有亲则可久,有功则可大;可久则贤人之德,可大则贤人之业。易简而天下之理得矣;天下之理得,而成位乎其中矣[10]。

[注释] [1]天尊地卑,乾坤定矣:《周易》以阴阳为本,乾坤分别为纯阳纯阴之卦,因此《系辞上》先总说乾坤的性质。尊:尊贵。卑:低下。定:确定。[2]常:规律。断:区分,

区别。动静有常,刚柔断矣:这是说明阴阳、动静、刚柔的不同特点。[3]方:各种意识观念,属抽象范畴。物:各种具体的事物,如动物、植物等。方以类聚,物以群分,吉凶生矣:天下各种意识观念按照门类相聚合,各种动植物以群体相区分,吉与凶就在同与异的矛盾中产生。后世"物以类聚,人以群分"据此而来。[4]在天成象,在地成形,变化见矣:天上之"象"、地上之"形",都呈现着阴阳变化的道理。[5]相摩:互相摩擦。相荡:互相推移激荡。[6]鼓:震动。鼓之以雷霆,润之以风雨;日月运行,一寒一暑:以雷霆、风雨、日月、寒暑为例,说明天上物象的阴阳变化。[7]乾道成男,坤道成女:以男女的性别为例,说明地面形体的阴阳变化。[8]知:为,与下文"作"互文。大始:即太始,创始万物。成物:生成万物。乾知大始,坤作成物:乾卦是最初开创万物的要素,坤卦承接乾生成万物。[9]易:平易。知:知晓。简:简约。乾以易知,坤以简能:乾以平易为人所知,坤以简约见其功能。[10]成位:确定地位。中:适中。而成位乎其中矣:总结"易简"之道,说明天下的道理尽在其中,人如果能够明白其中的道理,就能居于适中的地位。

[译文] 天尊贵地卑下,乾坤的位置就确定了。天尊地卑的位置一旦确立,高贵、低贱便各就其位。天动、地静有一定的规律,阳刚、阴柔就可以断定。天下各种意识观念按照门类相聚合,各种动植物按照群体相区分,吉与凶就在同与异的矛盾中产生了。天上形成日月星辰等表象,地上生成山川草木鸟兽等形体,变化的道理就显现出来。因此,阳爻与阴爻相互摩擦就形成了八卦,八卦又互相推移变动(形成了六十四卦)。就像雷霆鼓动,风雨润泽;日往月来的运行产生了寒暑的交替。乾卦象征男性,坤卦象征女性。乾卦创始万物,坤卦生成万物。乾卦以平易为人所知,坤卦以简约见其功能。平易就容易使人明白,简约就容易使人顺从;容易明白就易于亲近,容易顺从就能建立功业;易于亲近就能长久,建立功业就能弘大事业;长久是贤人的高尚美德,弘大事业是贤人的崇高事业。因此,理解乾、坤的简易、简约,就能把握天下万物发展的道理;把握了天下万物发展的道理,就能遵从天地运行的规律而居于合适的位置。

圣人设卦观象,系辞焉而明吉凶,刚柔相推而生变化[1]。是故吉凶者,失得之象也;悔吝者,忧虞之象也[2];变化者,进退之象也;刚柔者,昼夜之象也[3]。六爻之动,三极之道也[4]。是故君子所居而安者,《易》之序也[5];所乐而玩者[6],爻之辞也。是故君子居则观其象而玩其辞,动则观其变而玩其占,是以"自天祐之,吉无不利"[7]。

[注释] [1]设卦观象:指通过观察物象以创立八卦和六十四卦,通过八卦和六十四卦来观察物象。系辞:在六十四卦和各卦六爻下写卦辞爻辞。刚柔:指阳爻和阴爻。相推:互相推移。圣人设卦观象,系辞焉而明吉凶,刚柔相推而生变化:《周易》的创作是通过卦象以喻示事物吉凶、变化的道理。[2]悔:悔恨。吝:憾惜。[3]变化者,进退之象也;刚柔者,昼夜之象也:这是说明六十四卦中的刚柔变化,犹如人事的进退、昼夜的更替。[4]三极:指天、地、人三才。六爻之动,三极之道也:六爻的变化,体现了"天、地、人"的道理。[5]《易》之序也:指六爻的排列顺序和位置。本句说明君子之所以能居处安稳,是由于效法"《易》序"而守其本位。[6]乐:喜欢,喜爱。玩:体会,玩味。[7]"自天祐之,吉无不利":这是"大有卦"上九的爻辞。意为"自上天降下佑助,吉祥而无所不利"。

[译文] 圣人通过观察物象而创立了六十四卦,在六十四卦和各卦六爻下撰写卦爻辞来表明吉凶的征兆,各卦中阳刚与阴柔六爻互相推移而产生了变化。所以"吉""凶"之

类卦爻辞就是行动或"得"或"失"的象征;"悔""吝"之类卦爻辞就是忧念、愁虑的象征。各卦各爻所反映的变化,是权衡处事进退的象征;刚爻柔爻是白昼与黑夜的象征。六爻的变动,包涵天、地、人的道理。因此,君子能安稳居处,是由于遵从了《周易》的卦序和各卦六爻的序位;君子喜爱体会的是《周易》各卦爻的文辞。因此,君子居处就观察《周易》的象征而体会其文辞,君子行动就观察《周易》的变化而体会其占卜,所以就能"自上天降下祐助,吉祥而无所不利"。

彖者,言乎象者也[1];爻者,言乎变者也[2]。吉凶者,言乎其失得也;悔吝者,言乎其小疵也;无咎者,善补过也。是故列贵贱者存乎位[3],齐小大者存乎卦[4],辩吉凶者存乎辞,忧悔吝者存乎介[5],震无咎者存乎悔[6]。是故卦有小大,辞有险易;辞也者,各指其所之[7]。

[注释] [1]彖:彖辞,即卦辞。彖者,言乎象者也:卦辞是总说一卦的象征意义。[2]爻:爻辞。爻者,言乎变者也:爻辞是分说一爻的变化情况。[3]存:在(下文同)。位:爻位。[4]齐:确定。小:以阴为主之卦。大:以阳为主之卦。齐小大者存乎卦:卦体或主于阴或主于阳,故有或小或大的象征。[5]介:细小。忧悔吝者存乎介:忧念"悔""吝"之象,在于预防小失。[6]震:震动惊惧。悔:悔悟。震无咎者存乎悔:说明震惧"无咎"之象,在于及时悔悟。[7]险:凶险之辞。易:吉亨之辞。之:所趋避的方向。

[译文] 彖传是总说一卦的象征意义;爻辞是分说各爻的发展变化。"吉""凶"之类的卦爻辞就是处事或"得"或"失"的象征;"悔""吝"之类的卦爻辞说明处事有瑕疵,"无咎"之类的卦爻辞说明善于补救过失。因此,排列尊贵、卑贱的象征在于爻位的不同,确定柔小、刚大的象征在于卦体的不同,辨别"吉""凶"的象征在于卦爻辞的陈述,忧念"悔""吝"的象征在于预防瑕疵,震惧"无咎"的象征在于及时悔悟。因此,卦体有柔小与刚大之别,卦辞有艰险与平易的区分;爻辞指明了应当规避的方向。

《易》与天地准[1],故能弥纶天地之道[2]。仰以观于天文,俯以察于地理,是故知幽明之故[3];原始反终,故知死生之说[4];精气为物,游魂为变,是故知鬼神之情状[5]。与天地相似,故不违[6];知周乎万物而道济天下,故不过[7];旁行而不流[8],乐天知命[9],故不忧;安土敦乎仁,故能爱[10]。范围天地之化而不过,曲成万物而不遗[11],通乎昼夜之道而知[12],故神无方而《易》无体[13]。

[注释] [1]准:符合,相当。《易》与天地准:《周易》的创作是与天地相符合的。[2]弥纶:普遍涵盖。[3]天文:天象,如日月星辰。地理:地形,如山川原野。幽明:指有形和无形的事物。故(句末字):事理。仰以观于天文,俯以察于地理,是故知幽明之故:用《周易》的法则观"天文"、察"地理",可知有形和无形的事理。[4]原:推原。反:反求。原始反终:探究事物发展的始末。故知死生之说:可知事物生死的规律。[5]精气:阴阳凝聚之气,古人认为是天地间万物皆秉气而生。游魂:浮游的精气。精气为物,游魂为变,是故知鬼神之情状:用《易》理考察"精气"凝聚成物与"游魂"离散变异,则"鬼神"的情状可知。[6]不违:不违背天地自然规律。[7]过:偏差,过错。[8]旁行:广泛推行。流:放纵,无节制。[9]乐天知命:乐从天道的安排,知晓命运的长短。[10]安土:安处本土。敦:厚。安土敦乎仁,故能爱:通《易》者有"安土""敦仁"之德,故能泛爱天下。[11]范围:囊括。化:

化育。过：偏差。曲成：多方设法使有成就，委曲成全。[12]昼夜：阴阳。知：通"智"，聪明，智慧。通乎昼夜之道而知：《易》道广大，足以会通阴阳之理而无所不知。[13]无方：没有方向、处所的限制，即无所不至。无体：没有固定的形态，即无所不容。

[译文] 《周易》的道理是与天地一致的，所以能够包涵天地间的普遍规律。仰观天上日月星辰的文采，俯察地面山川原野的形状，就能知晓无形和有形的事理；探究事物发展的始末，可知事物生死的规律；考察精气凝聚所形成的万物、精气游散所产生的变异情况，就能知晓鬼神的真实情状。《周易》的道理与天地的道理近似，所以不违背天地的自然规律；知识涵盖万物而道德匡济天下，所以行动不会出现过错；权力广泛推行而不放纵滥用，乐从天道的安排，知晓命运的长短，所以无所忧愁；安居本土，敦厚仁义道德，所以能泛爱天下。《周易》囊括天地的化育而不出现偏差，《周易》委曲成全万物而不造成遗漏，《周易》会通阴阳的道理而增加智慧，所以说事物神奇的奥妙无所不在，《周易》的变化多端无所不容。

一阴一阳之谓道[1]。继之者善也，成之者性也[2]。仁者见之谓之仁，知者见之谓之知[3]，百姓日用而不知，故君子之道鲜矣[4]。显诸仁，藏诸用[5]，鼓万物而不与圣人同忧[6]。盛德大业至矣哉[7]！富有之谓大业，日新之谓盛德[8]。生生之谓易[9]，成象之谓乾，效法之谓坤[10]，极数知来之谓占，通变之谓事[11]，阴阳不测之谓神[12]。

[注释] [1]一阴一阳之谓道：以阴阳变化来解释"道"的概念，指出事物矛盾对立、互相转化的自然规律。中国传统文化对"道"的解释并不相同，《周易》的"道"是阴阳变化的规律，儒家的"道"是圣贤之道，道家的"道"是自然之道。[2]继：继承，指"乾"发挥此道、开创万物。成：成就，指"坤"顺承此道，孕育万物。[3]仁者见之谓之仁，知者见之谓之知：这是中国最早的阐释学理论。其后，"以意逆志"（《孟子》）、"《诗》无达诂，《易》无达占，《春秋》无达辞"（董仲舒《春秋繁露》）都是中国阐释学的经典理论。[4]鲜：少，即"知者甚少"。[5]显诸仁，藏诸用：说明"道"显现于仁德，而潜藏于功用。[6]不与圣人同忧：即"与圣人之忧不同"。鼓万物而不与圣人同忧：揭示了天地之"道"化育万物与圣人体"道"的区别，前者是自然无为，后者是有为而不免忧虑。[7]盛德大业：盛大的德行和功业。至：极。盛德大业至矣哉：圣人体"道"虽有为有忧，但能努力奉行，其德行和功业必然盛大。[8]富有之谓大业，日新之谓盛德：解释"大业""盛德"之意，说明圣人之业在于广泛获得万物的归附，其"德"在于日日增新、不断更善。[9]生生：繁衍不断，生生不息。易：指《周易》的思想。[10]成象：形成天象。效法：学习，模仿。成象之谓乾，效法之谓坤：说明乾坤两卦的画成，正是天地阴阳的象征。[11]极数知来：用卦爻数来预知未来。通变：通晓变化的道理。[12]阴阳不测：阴阳变化神秘莫测。

[译文] 一阴一阳的矛盾对立与相互转化就叫作"道"。传承"道"来开创万物的就是"善"，成就"道"来孕育万物的就是"性"。仁者发现"道"中有"仁"的一面就称之为"仁"，智者发现"道"中有"智"的一面就称之为"智"，普通百姓日常应用"道"却并不知晓"道"，所以圣人君子所谓的"道"的意思就很少有人理解。"道"显现出万物的仁德而潜藏于万物的功用之中，天地之道能够鼓动化育万物，与圣人体会的"道"的忧患有所不同。由于圣人努力效法"道"，所以圣人的德行和功业必然盛大至极！使万物归顺就是伟大的功业，能够每天不断完善就是盛大的德行！生生不息叫作易，形成天象叫作乾，效法大地叫作坤，穷尽卦

爻数来预知未来叫作占,通晓变化的道理叫作事,阴阳变化神秘莫测叫作神。

夫《易》广矣大矣！以言乎远则不御[1],以言乎迩则静而正[2],以言乎天地之间则备矣。夫乾,其静也专,其动也直,是以大生焉[3]。夫坤,其静也翕,其动也辟,是以广生焉[4]。广大配天地,变通配四时,阴阳之义配日月,易简之善配至德。

[注释] [1]以言乎远:用"远"来描述它。不御:无止境。以言乎远则不御:说明《易》道广大,以"远"拟之则不可穷尽。[2]以言乎迩:用"近"来描述它。静而正:宁静而端正。以言乎迩则静而正:说明将《易》道比拟于近处,则其理宁静端正、不见邪僻。[3]夫乾,其静也专,其动也直,是以大生焉:这是说明象征"阳"的乾,具有"静专""动直""刚大"的性质。[4]翕:闭合,收缩。辟:打开。夫坤,其静也翕,其动也辟,是以广生焉:说明象征"阴"的坤,具有"静翕"、"动辟"、"宽柔"的性质。

[译文] 《周易》是多么广泛、宏大啊！用"远"来描述它则遥无止境,用"近"来描述它则宁静而端正,用"天地之间"来描述它则完备充实、万物俱在。"乾"宁静的时候是专一含养,行动的时候是正直不屈,所以产生刚大的气魄。"坤"宁静的时候是闭合收缩,行动的时候是打开展布,所以产生宽柔的气质。刚大、宽柔的气质可以配合天地的象征,变化汇通的道理可以配合四季的规律,阳刚阴柔的意义可以配合太阳月亮的情状,平易简约的美善可以配合至高的道德。

子曰:"《易》其至矣乎！夫《易》,圣人所以崇德而广业也。知崇礼卑[1],崇效天,卑法地。天地设位,而《易》行乎其中矣[2]。成性存存,道义之门。"[3]

[注释] [1]知崇礼卑:知:通"智"。礼:礼节。[2]天地设位,而《易》行乎其中矣:说明天地既设尊卑之位,《周易》正言阴阳之理,故其变化通行不离"天地"之中。[3]存存:存而又存。成性存存,道义之门:说明《易》理修身,成其性而存之又存,就可以通向"道""义"。

[译文] 孔子说:"《周易》的道理是多么至善至美啊！圣人用《周易》来增进道德、广大事业。智慧贵在崇高,礼节贵在谦卑,崇高是效法天,谦卑是效法地。天地设立了尊卑的位置,《周易》的道理就在其间变化运行。不断成就美善的德行,就找到了通向'道''义'的门户。"

圣人有以见天下之赜[1],而拟诸其形容,象其物宜[2],是故谓之象[3]。圣人有以见天下之动,而观其会通,以行其典礼,系辞焉以断其吉凶[4],是故谓之爻。言天下之至赜,而不可恶也;言天下之至动,而不可乱也[5]。拟之而后言,议之而后动,拟议以成其变化[6]。"鸣鹤在阴,其子和之;我有好爵,吾与尔靡之。"[7]子曰:"君子居其室,出其言善,则千里之外应之,况其迩者乎？居其室,出其言不善,则千里之外违之,况其迩者乎？言出乎身,加乎民;行发乎迩,见乎远。言行,君子之枢机[8]。枢机之发,荣辱之主也;言行,君子之所以动天地也,可不慎乎？""同人,先号咷而后笑。"[9]子曰:"君子之道,或出或处,或默或语。二人同心,其利断金;同心之言,其臭如兰。""初六,借用白茅,无咎。"[10]子曰:"苟错诸地而可矣,借之用茅,何咎之有？慎之至也。夫茅之为物薄,而用可重也。慎斯术也以往,其无所失矣。""劳谦,君子有终,吉。"[11]子曰:"劳而不伐,有功而不德,厚之至也。语以其功下人者也。德言盛，礼言恭；谦也者，致恭以存其位者也。""亢龙有悔。"[12]子曰："贵而无位，高而无民，贤人在下位而无辅，是以动而有悔也。""不出户庭，无咎。"[13]子曰："乱之所生也，则言语以为阶[14]。君不密则失臣，臣不密则失身，几事不密则害成[15]。是以君子慎密而不出也。"子曰："作《易》者，其知盗乎？《易》曰：'负且乘，致寇至。'[16]负也者，小人之事也；乘也者，君子之器也。小人而乘君子之器，盗思夺之矣；上慢下暴，盗思伐之矣[17]。慢藏诲盗，冶容诲淫。《易》曰：'负且乘，致寇至。'盗之招也。"

[注释] [1]赜：指事物幽深难见的道理。[2]象：象征。宜：适宜，恰当。象其物宜：说明"圣人"所拟取的象征形象必切合于特定事物的意义。[3]象：《易》象。[4]会通：会合变通。典礼：典法礼仪。而观其会通，以行其典礼，系辞焉以断其吉凶：说明"圣人"既见"天下之动"，就观察事物在"动"中的"会通"规律，以利于施行"典礼"，并将此规律写成判断吉凶的文辞，系于六十四卦下以便日常借鉴，《周易》就是这样创作的。[5]言：指《周易》所言之事。不可：指读《易》、用《易》者不可如此。恶：鄙贱轻恶，指不可轻恶《易》象平易。乱：错乱乖违，指不可乖违《易》理规律。[6]拟：比拟。言：指言说《易》理。议：观察事物。动：指揭示变动规律。[7]鸣鹤在阴，其子和之；我有好爵，吾与尔靡之：这是《中孚》九二爻辞。[8]枢：门户的转轴。机：门槛。枢机：门户开合的"机要"，文中借喻"君子"言行的重要性。[9]同人，先号咷而后笑：这是《同人》九五爻辞。[10]初六，借用白茅，无咎：这是《大过》初六爻辞。[11]劳谦，君子有终，吉：这是《谦》九三爻辞。[12]亢龙有悔：这是《乾》上九爻辞。[13]不出户庭，无咎：这是《节》初九爻辞。[14]阶：阶梯。[15]几事：办事之始。[16]负且乘，致寇至：这是《解》卦六三爻辞。[17]上：居上位的人。慢：轻慢，此处指不能选贤任能。

[译文] 圣人发现事物幽深难见的道理，就用具体的形貌来比拟它，圣人所取的形貌切合事物适宜的意义，所以称作"象"。圣人发现天下万物运动不息，就观察运动中的会合变通，以利于施行典法礼仪，撰写卦爻辞来判断事物变动的吉凶趋势，所以称作"爻"。《周易》言说事物幽深难见的道理，而不可轻视偏废；《周易》言说天下纷繁复杂的变动，而不可错乱违背。《周易》先比拟物象然后言说道理，先观察事物然后揭示变动的规律，通过比拟和观察就形成变化的思想。"鹤在山阴鸣唱，其子声声和鸣；我有一壶美酒，愿与你共饮同乐。"孔子解释说："君子在家中居住，发表美善的言论，远在千里之外的人们也会响应，何况近处的人们呢？君子在家中居住，发表不美善的言论，远在千里之外的人们也会违背，何况近处的人们呢？言语出于自身，要施加给百姓；行为发生在近处，远方的人们也能看见。言论和行为，就像君子开关门户的关键。门户关键的启发，犹如荣辱的关键；言语和行为，是君子用来鼓动天地万物的，怎么能不慎重呢？""与人和同，先痛哭号啕，后欣喜欢笑。"孔子解释说："君子处事的道理，有时外出行事，有时安居静处，有时沉默寡言，有时畅发议论。两人心意相同，犹如利刃可以切断金属；心意相同的言语，其气味像兰草一样芬芳。""初六，用洁白的茅草衬垫承放供品，必无咎害。"孔子解释说："如果直接放在地上也可以，再用茅草衬垫承放，还有什么咎害呢？这是非常谨慎的行为。茅草作为物是微薄的，但可以发挥重大作用。保持这种谨慎的态度前往，必将无所过失。""勤劳又谦虚，君子能保持始终，吉祥。"孔子解释说："勤劳而不自夸，有功而不让报答，这是非常敦厚的。这说明有功德又能谦让他人。道德要隆盛，礼节要恭敬；谦虚就是致力于用恭敬来保存地位的意思。""巨龙高飞穷极（天宇），终将有所悔恨。"孔子解释说："这是比喻某种人身份显贵

而没有实位,地位崇高而管不到百姓,有才德的人被压抑在下层而不辅助他;所以一旦轻举妄动就将有所悔恨。""不跨出庭户,必无咎害。"孔子解释说:"危乱的产生,往往是由言语不守机密引起的。君主不守机密就使臣子受到损失,臣子不守机密就使自身受到损失,开始办事不守机密就危害事情的成功。因此,君子要慎守机密而不泄漏言语。"孔子说:"创作《周易》的人,知道盗寇的事吧?《周易》说:'背负重荷而乘坐大车,必然招致强寇前来夺取。'背负重荷,是小人的事务;乘坐大车,是君子的待遇。小人却乘坐君子的大车,盗寇就思谋夺取了;在上位的人任人轻慢,在下位的人骄奢暴虐,盗寇就思谋夺取了。忽视于收藏财务就是引人为盗,妖冶美貌容姿就是引人淫荡。《周易》说:'背负重荷而乘坐大车,必然招致强寇前来夺取。'盗寇就是这样被引来的啊!"

　　大衍之数五十,其用四十有九[1]。分而为二以象两[2],挂一以象三[3],揲之以四以象四时[4],归奇于扐以象闰;五岁再闰,故再扐而后挂[5]。天数五、地数五[6],五位相得而各有合[7]。天数二十有五,地数三十,凡天地之数五十有五[8],此所以成变化而行鬼神也。《乾》之策二百一十有六,《坤》之策百四十有四[9],凡三百有六十,当期之日[10]。二篇之策,万有一千五百二十[11],当万物之数也。是故四营而成《易》[12],十有八变而成卦[13],八卦而小成[14]。引而伸之[15],触类而长之,天下之能事毕矣[16]。显道神德行[17],是故可与酬酢,可与祐神矣[18]。子曰:"知变化之道者,其知神之所为乎[19]?"

[注释] [1]大衍之数五十,其用四十有九:大:广。衍:演绎。数:蓍数,在占筮中以蓍草之策代表。[2]分而为二以象两:象征天地两仪。[3]挂一:从天地两仪中抽取一策挂于左手小指间,以象征天、地、人"三才"。[4]揲:数。[5]奇:指揲数至最后剩余的策数。扐:夹于手指之间。[6]天数五:一、三、五、七、九。地数五:二、四、六、八、十。[7]五位相得而各有合:指五个奇数与五个偶数相配合。旧说认为五对奇偶数相合,象征五行。《韩注》曰:"天地之数各五,五数相配,以合成金、木、水、火、土。"《正义》曰:"若天一与地六相得,合为水;地二与天七相得,合为火;天三与地八相得,合为木;地四与天九相得,合为金;天五与地十相得,合为土也。"而"五行"又与方位相关,因此《折中》引龚焕曰:"一、六居北,二、七居南,三、八居东,四、九居西,五、十居中而言。"可见,在古人的认识中,数字含有奇偶、阴阳、五行、方位的多种象征。[8]天数二十有五,地数三十,凡天地之数五十有五:指五个奇数相加得二十五,五个偶数相加得三十,两者合起来是五十五。[9]《乾》之策二百一十有六,《坤》之策百四十有四:指《乾》卦由"老阳"爻组成,凡"老阳"爻皆从"三变"揲算过的三十六策得来,故六爻共含二百一十六策;《坤》卦由"老阴"爻组成,凡"老阴"爻皆从"三变"揲算过的二十四策得来,故六爻共含一百四十四策。《韩注》:"阳爻六,一爻三十六策,六爻二百一十六策。""阴爻六,一爻二十四策,六爻百四十四策。"[10]期:一周年。指《乾》《坤》之策共三百六十,犹如一年的日数。《正义》:"三百六十日,举其大略,不数五日四分日之一也。"[11]二篇:指上下经六十四卦。六十四卦阴阳爻各一百九十二爻,阳爻乘以三十六,阴爻乘以二十四,其和即为此数。[12]四营:即上文所言"分二""挂一""揲四""归奇"这四道揲筮程序。四营而成《易》:依次营求,即可得《周易》卦形,故称"四营而成《易》"。[13]十有八变而成卦:上文叙述"四营"为一变,三变得一爻,一卦六爻,故十八变成卦。[14]八卦而小成:指九变而成三画,得八卦之一。[15]引而伸之:指朝着六十四卦推广演绎。[16]触类而长之,天下之能事毕矣:这两句说明占筮配合《易》理相为用,触事

而发挥其义,天下之事无不能明。故下文有"显道"之说。[17]显:彰显。神:此处用作动词,"神奇地玉成"。[18]与:以。酬酢:应对。祐:帮助。[19]神:自然规律。

[译文] 广为演绎的占筮之数是用五十根蓍策来表示,其中虚空一根不用,而实际使用的是四十九根蓍策。把这四十九根蓍策任意分为左右两份以象征天地两仪,从天地两仪中任意抽取一策悬挂于左手小指间以象征天、地、人三才,每束四策地揲算蓍策以象征四季,把右手揲算剩余的蓍策夹勒在左手无名指间以象征闰月;五年再出现闰月,于是再把左手揲算剩余的蓍策夹勒在左手中指间而后另起一挂反复揲算。象征天的数字有一、三、五、七、九等五个奇数,象征地的数字有二、四、六、八、十等五个偶数,五个奇数与五个偶数互相搭配就能和谐一致。象征天的五个数字相加为二十五,象征地的五个数字相加为三十,象征天地的数字相加为五十五,这就是《周易》运用数字象征变化而通行于阴阳鬼神深奥道理的特点。《乾》卦在蓍数中共有二百一十六策,《坤》在蓍数中共有一百四十四策,《乾》《坤》在蓍数中共有三百六十策,相当一年三百六十天。《周易》上下经六十四卦共有一万一千五百二十策,相当于万物的数目。因此,通过分二、挂一、揲四、归奇这四道揲筮程序,就可得《周易》的卦形,其中每十八次变化形成一卦,而每九变出现的八卦之一就是小成之象。这样朝着六十四卦引申推广,遇到相应的事类则增长其象征意义,天下能够取法阐明的事理就无遗漏了。《周易》能彰显幽隐的道理,能够神奇地玉成美德,所以,运用《周易》的道理就可以应对万事所求,可以祐助神化之功。孔子说:"通晓变化道理的人,大概知道神妙的自然规律吧?"

《易》有圣人之道四焉[1]:以言者尚其辞,以动者尚其变,以制器者尚其象,以卜筮者尚其占。是以君子将有为也,将有行也,问焉而以言,其受命也如向[2],无有远近幽深,遂知来物。非天下之至精,其孰能与于此[3]?参伍以变,错综其数[4]。通其变,遂成天下之文[5];极其数,遂定天下之象。非天下之至变,其孰能与于此?《易》无思也,无为也[6],寂然不动,感而遂通天下之故[7]。非天下之至神,其孰能与于此?夫《易》,圣人之所以极深而研几也[8]。唯深也,故能通天下之志;唯几也,故能成天下之务;唯神也,故不疾而速,不行而至[9]。子曰"《易》有圣人之道四焉"者,此之谓也。

[注释] [1]《易》有圣人之道四焉:指下文辞、变、象、占四事。[2]受命:指《周易》承受占筮者的蓍命。向:响。如向:如响应声。[3]与:达到,做到。[4]参:三。伍:五。参伍:三番五次,与"错综"互文。[5]通其变,遂成天下之文:这是说明天地的文采也是因事物的会通变化而形成的。[6]《易》无思也,无为也:这是说明《易》理出乎自然,非"思""为"所致。[7]感:阴阳感应。故:事。寂然不动,感而遂通天下之故:说明《易》理静中有动,阴阳交感则万事皆通。[8]极深而研几:说明"圣人"用《易》精深。[9]不疾而速,不行而至:指不费气力而能成事。

[译文] 《周易》包含圣人常用的四个方面道理:用其来指导言论的人崇尚其文辞精义,用其来指导行动的人崇尚其变化规律,用其来指导制作器物的人崇尚其卦爻象征,用其来指导占卜的人崇尚其占筮原理。所以君子将有所作为、有所行动之时,用《周易》来占卜并据此发言,《周易》就能响应占筮者的需求,无论是遥远、切近还是幽隐、深邃的事情,都能推知将来的发展变化。若不是通晓天下极为精深的道理,谁能做到这样?三番五次地变化研求,错综繁复地推衍蓍数。会通其变化,就能形成天地的文采;穷究其蓍数,就能

判定天下的物象。若不是通晓天下极为复杂的变化,谁能做到这样?《周易》的道理不是冥思苦想而来的,而是自然无为得来的,它寂然不动,依据阴阳交感的道理就能会通天下万物。若不是通晓天下神妙的变化规律,谁能做到这样?《周易》是圣人用来穷究幽深事理而探研细微征象的书。只有穷究幽深的事理,才能会通天下的心志;只有探研细微的象征,才能成就天下的事务;只有神奇地贯通《周易》的道理,才能不急疾而速成,不行动而到达。孔子称"《周易》包含有圣人常用的四个方面道理",就是这个意思。

天一,地二;天三,地四;天五,地六;天七,地八;天九,地十[1]。子曰:"夫《易》何为者也[2]?夫《易》开物成务,冒天下之道[3],如斯而已者也。"是故圣人以通天下之志,以定天下之业,以断天下之疑。是故蓍之德圆而神,卦之德方以知[4],六爻之义易以贡[5]。圣人以此洗心[6],退藏于密[7],吉凶与民同患;神以知来,知以藏往。其孰能与此哉?古之聪明睿知,神武而不杀者夫[8]。是以明于天之道,而察于民之故,是兴神物以前民用[9]。圣人以此齐戒[10],以神明其德夫。是故阖户谓之坤,辟户谓之乾[11],一阖一辟谓之变,往来不穷谓之通;见乃谓之象,形乃谓之器[12],制而用之谓之法,利用出入,民咸用之谓之神[13]。是故《易》有太极,是生两仪[14],两仪生四象,四象生八卦[15],八卦定吉凶[16],吉凶生大业[17]。是故法象莫大乎天地;变通莫大乎四时;县象著明莫大乎日月;崇高莫大乎富贵;备物致用,立成器以为天下利,莫大乎圣人;探赜索隐,钩深致远[18],以定天下之吉凶,成天下之亹亹者,莫大乎蓍龟[19]。是故天生神物[20],圣人则之;天地变化,圣人效之[21];天垂象,见吉凶,圣人象之[22];河出图,洛出书,圣人则之[23]。《易》有四象,所以示也;系辞焉,所以告也;定之以吉凶,所以断也。

[注释] [1]天一,地二;天三,地四;天五,地六;天七,地八;天九,地十:这里指出奇数是天的象征数,偶数是地的象征数。[2]夫《易》何为者也:这是针对前文设问,设问取用"天地数"的原因。[3]物:人物。务:事务。冒:包括。开物成务,冒天下之道:这两句说明"圣人"探研数理、创造筮法,用来开启成事,包容天下的道理。[4]蓍:蓍数。德:性质。圆:圆通,含反复变化之意。方:方正。知:智。蓍之德圆而神、卦之德方以知:说明蓍数以变化神奇为"德",卦体以明智有方为"德"。[5]易:变易。贡:告。六爻之义易以贡:说明六爻通过变化而告人吉凶。[6]洗心:净化其心,指《易》自我修洁。[7]退藏于密:指《周易》的道理含藏不露,而能潜化万物,即前文"百姓日用而不知"之义。[8]神武:指有武道而广施仁德。[9]兴:起。神物:蓍占。前:动词,引导。是兴神物以前民用:说明圣人兴起蓍占,引导百姓使用,以避凶趋吉。[10]齐:音"斋"。齐戒:修洁自戒,与上文"洗心"义同。[11]阖:关闭。辟:打开。[12]象:广指变化所显示的表象,形:指形成器用。[13]利用出入:利于反复使用。[14]太极:即"太一",指天地阴阳未分时的混沌状态。两仪:天地,此处指阴阳二气。[15]四象:指少阳、太阳、少阴、太阴,在蓍数上体现为七、九、八、六,在时令上又象征春、夏、秋、冬。[16]八卦定吉凶:指八卦衍生六十四卦,卦爻变动,可判吉凶。[17]吉凶生大业:指吉凶判定,事物沿规律繁衍发展,遂生盛大之业。[18]赜:幽深。[19]亹亹:同"娓娓",勤勉貌。[20]神物:指蓍草和灵龟。[21]天地变化,圣人效之:指圣人仿效四季变化,制定刑赏条令。[22]天垂象,见吉凶,圣人象之:这是指圣人效法天象,制造出测天仪器,掌握日月星辰的运行规律。[23]河:黄河。图:传说"龙马"身上的图像。洛:洛水。书:传说"神龟"背上的纹像。

[译文] 天数一,地数二;天数三,地数四;天数五,地数六;天数七,地数八;天数九,地数十。孔子说:"《周易》为什么选取这些代表天地的数字呢?这是圣人探研数理、创造筮法用来开启人物、成就事务、囊括天下的道理,不过如此罢了。"因此,圣人用《周易》的道理来会通天下的心志,确定天下的事业,决断天下的疑问。因此,蓍数的性质圆通而神奇,卦体的性质方正而明智,六爻的意义在于通过变化来告诉人们吉凶。圣人用此来洗濯净化内心,用此来深藏密用、潜化万物,吉凶之事与百姓同忧;神奇地预知未来,明智地含藏往昔。一般人谁能做到这样啊?只有古代聪明睿知、神武而不杀人的君主才能如此。所以能够明白天的道理,察知百姓的事情,圣人创造筮占,引导百姓使用,从而避凶趋吉。圣人用《周易》来修身自戒,正是为了神妙地彰显其道德吧。因此,关闭门户叫作坤,打开门户叫作乾,一闭一开叫作变化,来来往往的变化无穷叫作会通;显现出来的变化叫作表象,形成器用的变化叫作器物,制作器物以供人使用叫作仿效,器物能够反复使用,百姓经常运用它却不知其来历叫作神奇。所以《周易》创作之前有混沌未开的太极,太极产生阴阳两仪,两仪产生少阳、太阳、少阴、太阴四象,四象产生八卦,通过八卦的变化可以判定吉凶,能够判定吉凶就会产生宏大的事业。因此,仿效自然没有比天地更大的;变化会通没有比四季更大的;高悬表象显示光明没有比日月更大的;尊崇高尚没有比富贵更大的;备置实物让人使用,创制器物来便利天下,没有比圣人更大的;窥探求索幽隐难见的道理,钩取招致深处远方之物,来判定天下的吉凶,助成天下勤勉不懈的功业,没有比蓍龟更大的。因此,天生出神奇的蓍草和灵龟,圣人用蓍龟创立卜筮;天地出现四季变化,圣人仿效四季制定刑赏条令;天上垂悬日月星辰等表象,显示吉凶的征兆,圣人模拟天象造出测天仪器,掌握日月星辰的运行规律;黄河出现龙图,洛水出现龟书,圣人取法河图洛书撰制八卦九畴。《周易》有四象,用来显示变化的征兆;在卦下撰系文辞,用来告诉人们变化的趋势;文辞中确定吉凶的占语,用来判断行事得失。

《易》曰:"自天祐之,吉无不利。"[1]子曰:"祐者,助也。天之所助者,顺也;人之所助者,信也。履信思乎顺,又以尚贤也。是以'自天祐之,吉无不利'也。"子曰:"书不尽言,言不尽意。"[2]然则圣人之意,其不可见乎?子曰:"圣人立象以尽意,设卦以尽情伪[3],系辞焉以尽其言。变而通之以尽利[4],鼓之舞之以尽神[5]。"乾坤,其《易》之缊邪[6]?乾坤成列,而《易》立乎其中矣。乾坤毁,则无以见《易》;《易》不可见,则乾坤或几乎息矣[7]。是故形而上者谓之道,形而下者谓之器[8],化而裁之谓之变[9],推而行之谓之通[10],举而错之天下之民谓之事业[11]。是故夫象,圣人有以见天下之赜,而拟诸其形容,象其物宜,是故谓之象。圣人有以见天下之动,而观其会通,以行其典礼,系辞焉以断其吉凶,是故谓之爻。极天下之赜者存乎卦,鼓天下之动者存乎辞[12],化而裁之存乎变,推而行之存乎通,神而明之存乎其人。默而成之,不言而信,存乎德行[13]。

[注释] [1]"自天祐之,吉无不利":这是《大有》上九爻辞。[2]书:书面文字。意:思想。书不尽言,言不尽意:说明文字与语言、语言与思想之间存在着距离。"书不尽言,言不尽意"是中国传统文化关于"言意"关系的经典论述。儒家认为,言能尽意。子曰:"圣人立象以尽意,设卦以尽情伪,系辞焉以尽其言。"固十分推崇圣人之书,奉为经典。道家认为:言不尽意。《庄子·天道》:"意有所随,意之所随者,不可以言传也。"故把儒家推崇的圣人之书视为糟粕。《庄子·天道》:"然则君之所读者,古人之糟粕已夫。"道家解决"言

意"关系的办法是"得意忘言"。《庄子·外物》:"荃者所以在鱼,得鱼而忘荃。蹄者所以在兔,得兔而忘蹄。言者所以在意,得意而忘言。吾安得夫忘言之人而与之言哉!"王弼提出"意以象尽,象以言著"的调和理论。《周易略例·明象》中说:"夫象者,出意者也;言者,明象者也。尽意莫若象,尽象莫若言。言生于象,故可寻言以观象;象生于意,故可寻象以观意。意以象尽,象以言著。"[3]情伪:真情与虚伪。立象以尽意,设卦以尽情伪:这两句说明《周易》的象征可以表达语言所不能尽述的深意,可以揭示事物的内在情态。[4]变而通之以尽利:指变通三百八十四爻来施利于万物。[5]鼓之舞之:鼓励推动。鼓之舞之以尽神:说明《周易》的思想足以鼓舞万物,尽其神妙。[6]缊:同"蕴",即精蕴。[7]几:接近。息:止息。[8]形:事物的形体。道:指主导形体运动的精神因素。器:变现形体运动的物质状态。[9]化:化变,即交感化育。裁:裁节。[10]推而行之谓之通:说明顺沿"变"的规律推广旁行就是"通"。[11]举:拿。错:置。[12]鼓天下之动:鼓动天下。鼓天下之动者存乎辞:说明卦爻辞既为揭示吉凶得失,则其义足以鼓动天下,使人奋发振作。[13]默而成之,不言而信,存乎德行:说明学《易》者若能立足于美好的"德行",必能"默"而有成,不言而自可取信于人。

[译文] 《周易》说:"从上天降下祐助,吉祥而无所不利。"孔子解释说:"祐,就是帮助的意思。天所帮助的人,是顺从正道的人;人所帮助的人,是笃守诚信的人。能够践行诚信、顺从正道,又能尊尚贤人,因此,'从上天降下祐助,吉祥而无所不利。'"孔子说:"文字难以完全表达人的语言,人的语言难以完全表达人的意思。"那么,圣人的思想感情就无法体现了吗?孔子又说:"圣人创立爻象来完全表达他的意思,设立卦象来反映事物的真情与假意,撰写卦爻辞来传达语言,变化卦爻来施利天下,通过发挥《周易》的神奇道理来鼓励推动天下。"乾坤两卦应当是《周易》的精蕴吧?乾坤分列上下,《周易》就确立其中了。如果乾坤毁灭了,就不可能出现《周易》;《周易》不能出现,乾坤包含的道理就要止息了。所以居于形体之上的精神层面叫作"道",居于形体之下的物质状态叫作"器"。交感化育又互为裁节叫作"变化",按照变化的趋势推广旁行叫作"通",把"道"、"器"、"变"、"通"的道理交给天下百姓使用叫作"事业"。因此,"象"就是圣人发现事物幽深难见的道理,就用具体的形貌来比拟它,圣人所取的形貌切合事物适宜的意义,所以称作"象"。圣人发现天下万物运动不息,就观察运动中的会合变通,以利于施行典法礼仪,撰写卦爻辞来判断事物变动的吉凶趋势,所以称作"爻"。穷极天下幽深难见的道理在于卦形的象征,鼓动天下,使人奋发振作的在于卦爻辞的精义,促使交感化育又互为裁节的在于变动,让万物按照变化的趋势推广旁行的在于会通,使《周易》的道理神奇显明的在于运用《周易》的人。潜移默化《周易》而有所成就的人,不需要言辞就能取信于人,是因为美好的道德品行。

五、系辞下

八卦成列,象在其中矣[1];因而重之,爻在其中矣;刚柔相推,变在其中矣[2];系辞焉而命之,动在其中矣[3]。吉凶悔吝者,生乎动者也;刚柔者,立本者也[4];变通者,趣时者也[5]。吉凶者,贞胜者也[6];天地之道,贞观者也[7];日月之道,贞明者也[8];天下之动,贞夫一者也[9]。夫乾,确然示人易矣;夫坤,隤然示人简矣[10]。爻也者,效此者也;象也者,像此者也[11]。爻象动乎内,吉凶见乎外[12];功业见乎变,圣人之情见乎辞。天地之大德曰生[13],圣人之大宝曰位[14]。何以守位?曰仁[15]。何以聚人?曰财。理财正辞、禁民为非曰义[16]。

[注释] [1]八卦成列,象在其中矣:说明八卦是《周易》用来象征万物的基本卦形。[2]刚柔:即阳爻、阴爻。[3]命:告。动:适时变动。系辞焉而命之,动在其中矣:说明卦爻辞告明吉凶吉,可据以适时变动。[4]立本:确立一卦的根本。[5]趣时:趋向合宜的时机。[6]贞:正。[7]贞:瞻仰。贞观:指守正就被人崇敬瞻仰。[8]贞明:守正就能光明。[9]一:专一。贞夫一:专一守正。[10]确:坚确、刚健。隤:柔顺。[11]爻也者,效此者也;象也者,像此者也:说明"爻"是仿效物之动,"象"是模拟物之形。[12]内:卦内。外:卦外。[13]生:化生万物。[14]大宝:重大珍宝。[15]仁:仁人。[16]理财:治理财物,用之有方。正辞:端正言辞、发之以理。义:适宜。

[译文] 八卦创立又分列其位,万物的象征就在其中了;八卦重成六十四卦,三百八十四爻就在其中了;刚爻柔爻相互推移,变化的道理就在其中了;在卦爻下撰写文辞、告明吉凶,变化的规律就在其中了。"吉""凶""悔""吝"产生于变动;阳刚阴柔确立一卦的根本;变化会通趋向合适的机会。吉凶的规律说明守正就能获胜;天地的道理说明守正就能被人崇敬;日月的道理说明守正就能焕发光明;天下的变动说明万物都应专一守正。乾以刚健、简易的特征显示于人;坤以柔顺、简约的特征显示人。爻就是仿效此物的变动;象就是模拟此物的形态。爻、象出现在卦内,吉、凶体现在卦外;功绩事业体现在变动,圣人意旨体现在卦爻辞。天地的大德叫作"化生",圣人的珍宝叫作"盛位"。用什么来守持"盛位"?用"仁人"。用什么来聚集仁人?用"财物"。管理财物,用之有方;端正言辞、发之以理;禁止百姓乱法就是"合义"。

古者包牺氏之王天下也[1],仰则观象于天,俯则观法于地,观鸟兽之文,与地之宜[2],近取诸身,远取诸物,于是始作八卦,以通神明之德,以类万物之情[3]。作结绳而为网罟,以佃以渔[4],盖取诸《离》[5]。包牺氏没,神农氏作[6],斫木为耜,揉木为耒[7],耒耨之利[8],以教天下,盖取诸《益》[9]。日中为市,致天下之民,聚天下之货,交易而退,各得其所,盖取诸《噬嗑》[10]。神农氏没,黄帝、尧、舜氏作[11],通其变,使民不倦[12];神而化之,使民宜之[13]。《易》穷则变,变则通,通则久。是以"自天祐之,吉无不利"[14]。黄帝、尧、舜垂衣裳而天下治[15],盖取诸《乾》《坤》[16]。刳木为舟[17],剡木为楫[18],舟楫之利以济不通,致远以利天下,盖取诸《涣》[19]。服牛乘马[20],引重致远,以利天下,盖取诸《随》[21]。重门击柝[22],以待暴客,盖取诸《豫》[23]。断木为杵,掘地为臼,臼杵之利,万民以济[24],盖取诸《小过》[25]。弦木为弧[26],剡木为矢,弧矢之利,以威天下,盖取诸《睽》[27]。上古穴居而野处,后世圣人易之以宫室,上栋下宇[28],以待风雨,盖取诸《大壮》[29]。古之葬者,厚衣之以薪,葬之中野,不封不树[30],丧期无数[31],后世圣人易之以棺椁[32],盖取诸《大过》[33]。上古结绳而治[34],后世圣人易之以书契[35],百官以治,万民以察,盖取诸《夬》[36]。

[注释] [1]包牺氏:古书多作"伏羲""伏牺"或"苞牺""牺皇",传说中原始社会早期的人物。[2]与地之宜:适宜存在于地上的种种事物。[3]类:动词,类归。神明之德:阴阳变化的德性。万物之情:阴阳形体的情态。[4]作:发明。罟:网。佃:田,指田猎。渔:捕鱼。[5]《离》:六十四卦之一,上下卦均为"离",象征"附丽"。由于"离"有"目"象,上下

"离"犹如两目相重,故文中推测伏羲氏取此象征以制罗网。案,罗网的制作,未必取法于《离》卦,但由于卦象与物象有相符之处,故《系辞下》作此推测。以下所明"盖取诸"十二卦的卦象,均仿此。[6]神农氏:传说中的原始社会人物。[7]斫:砍削。耜:上古农具"耒耜"的下端部分。[8]耨:耘田。利:好处。[9]《益》:六十四卦之一,上震下巽,象征"增益"。由于下"震"为动,上"巽"为木,为入,恰如"耒耜"二体均为木制,操作时上入下动,故文中推测神农氏取此象征制作了"耒耜"。[10]《噬嗑》:六十四卦之一,下震上离,象征"咬合",由于上离为日、为明,下震为动,恰如"日中"而集市兴动,且贸易交合与"咬合"之意相通,故文中推测神农氏取此象征以规定"日中为市"。[11]黄帝:姬姓,号轩辕氏、有熊氏,旧说中原各族的共同祖先。尧:陶唐氏,名"放勋",史称"唐尧"。舜:姚姓,有虞氏,名重华,史称"虞舜"。三人均为传说中原始社会人物。[12]通其变:改变前辈的器用、制度。不倦:进取不懈。[13]神而化之,使民宜之:《正义》曰:"言所以通其变者,欲使神理微妙而变化之,使民各得其宜"。[14]自天祐之,吉无不利:《大有》上九爻辞。[15]垂衣裳而天下治:指黄帝以后,制衣裳为服饰而天下大治。[16]盖取诸《乾》《坤》:由于乾、坤为上、下之象,古代服饰上衣下裳,故文中推测黄帝、尧、舜取此两卦的象征以制造"衣裳"。[17]刳:剖开而挖空。[18]剡:削。[19]《涣》:六十四卦之一,下坎上巽,象征"涣散",由于上巽为木,下坎为水,犹如舟行水面,故文中推测黄帝、尧、舜取此象征以制"舟楫"。[20]服牛:驾牛。[21]盖取诸《随》:六十四卦之一,下震上兑,象征"随从"。由于下震为"动"象,上兑为"悦"象,犹如马牛在下奔驰,乘驾者居上而欣悦,故文中推测黄帝、尧、舜取此象征以发明"服牛乘马"之事。[22]柝:古代巡夜者用来敲击报更的木棒。[23]《豫》:六十四卦之一,下坤上震,象征"愉乐"。由于上震倒视为"艮",其下又有"互艮",艮为"门阙""多节之木""手指"之象,犹如设"重门"而手持双木互击;"豫"字含"预备"之义,故文中推测黄帝、尧、舜取此象征以设立"重门"防盗。[24]济:成,文中指舂米为食。[25]《小过》:六十四卦之一,下艮上震,象征"小有过越"。由于上震为"动",下艮为"止",上下相配,适如舂米的情状,故文中推测黄帝、尧、舜取此象征以制"杵臼"。[26]弦木:弯木上弧。弦:弓。[27]《睽》:六十四卦之一,下兑上离,象征"乖背睽违"。由于《睽》卦的象征意义是事有乖睽然后合之,而弓矢之用也是制服天下之"乖争"者,故文中推测黄帝、尧、舜取此象征以造弓矢,威服天下。[28]宇:屋檐。[29]《大壮》:六十四卦之一,下乾上震,象征"大为强盛"。由于下乾为"健",下震为"动",犹如风雨动于上,而宫室庄于下,故文中推测黄帝、尧、舜取此象征以建宫室,"待风雨"。[30]封:堆土为坟。树:植树。[31]丧期:居丧之期。[32]棺椁:内层称"棺",外层称"椁"。[33]《大过》:六十四卦之一,下巽上兑,象征"大为过甚"。由于《大过》卦有"大为过厚"的象征意义,而丧礼的制定是变简朴为繁厚,故文中推测黄帝、尧、舜取此象征以制作"棺椁"安葬的礼节。[34]结绳而治:指上古未出现文字之前,用结绳来记载物之数量、事之大小等。[35]书契:契刻文字。[36]《夬》:六十四卦之一,下乾上兑,象征"决断"。由于《夬》卦有"断事明决"的象征意义,而"书契"文字的兴起正是为了明于治事,故文中推测黄帝、尧、舜取此象征以制"书契",使"百官以治,万民以察"。

[译文] 古时候伏羲氏治理天下,他抬头观察天上的表象,俯身观察大地的形状,观察飞鸟走兽身上的纹理,观察适宜生存在大地上的种种事物,从近处选取人的身体作为象征,从远处选取各类事物作为象征,于是创立了八卦,用八卦来贯通神奇光明的品德,用八卦来归类天下万物的情状。伏羲氏发展结绳的方法创造罗网,用来围猎捕鱼,可能吸取了

《离》卦的象征吧。伏羲氏去世后，神农氏继起，他砍削树木制成耒耜犁头，揉弯木干制成耒耜曲柄，把用耒耜耕田的方法教给天下百姓，这大概是吸取了《益》卦的象征吧。又规定中午为市场交易时间，招致天下的百姓，聚集天下的货物，交换贸易之后归去，各人获得所需的物品，这大概是吸取了《噬嗑》卦的象征吧。神农氏去世后，黄帝、尧、舜氏继起，他们会通变革前辈的器用、制度，使百姓进取不懈；神奇地变化器用、制度，百姓使用方便。《周易》的道理是穷极就出现变化，变化就能畅通，畅通就能长久，所以"从天上降下祐助，吉祥而无所不利"。黄帝、尧、舜改进服装让人们穿着长垂的衣裳而天下大治，这大概是吸取了《乾》、《坤》两卦的象征吧。他们挖空树木制成船只，削制木材制成桨楫，船只用桨楫可以用来济渡难以通行的江河，能够到达远方以便利天下，这大概是吸取了《涣》卦的象征吧。他们驾牛乘马，托运重物，直达远方，用来便利天下，这大概是吸取了《随》卦的象征吧。他们设置多重屋门，夜晚敲棒警戒，用来防备暴徒强寇，这大概是吸取了《豫》卦的象征吧。他们砍木制作捣杵，挖地制作捣臼，万民可以利用捣臼、捣杵的便利捣米为食，这大概是吸取了《小过》的象征吧。他们弯曲木条制作弓弧，削尖树枝制作箭头，利用弓箭来威服天下，这大概是吸取了《睽》卦的象征吧。远古的人们居住在散处野外的洞穴，后代的圣人建造房屋改变了洞穴居住的方式，房屋上有栋梁下有檐宇，用来防备风雨，这大概是吸取了《大壮》卦的象征吧。古时候丧葬的办法，只用柴草厚厚地裹缠死者的遗体，埋葬在荒野之间，不堆坟墓也不种植树木，没有限定的居丧时间，后代的圣人发明棺椁改变了野葬的习俗，这大概是吸取了《大过》卦的象征吧。远古的人们用结绳的办法来记载事件，后代圣人发明文字改变了记事的方式，百官可以用文字来治理政务，万民可以用文字来察看琐事，这大概是吸取了《夬》的象征吧。

是故《易》者，象也；象也者，像也。彖者，材也[1]；爻也者，效天下之动者也[2]。是故吉凶生而悔吝著也[3]。

[注释] [1]彖：卦辞。材：才德。[2]动：发动，即发生与变动。[3]著：显，即出现。

[译文] 所以，《周易》就是象征；象征就是模拟外物。彖传是总说一卦的才德；六爻是仿效天下万物的发生与变动。因此，产生"吉""凶"的征兆，出现"悔""吝"的文辞。

阳卦多阴，阴卦多阳[1]。其故何也？阳卦奇，阴卦耦。其德行何也？阳一君而二民，君子之道也；阴二君而一民，小人之道也。

[注释] [1]阳卦多阴，阴卦多阳：八卦之中，除乾（☰）为纯阳，坤（☷）为纯阴外，其余六卦亦分阴阳：阳卦为震（☳）、坎（☵）、艮（☶），均为一阳二阴，故称"多阴"；阴卦为巽（☴）、离（☲）、兑（☱），均为一阴二阳，故称"多阳"。

[译文] 阳卦中阴爻居多，阴卦中阳爻居多。这是什么缘故呢？因为阳卦以一阳为主，阴卦以二阳为主。各自象征了怎样的品行德行呢？阳卦是一个君主统治二个百姓，所以，是君子之道；阴卦是二个君主管理一个百姓，所以，是小人之道。

《易》曰："憧憧往来，朋从尔思。"[1]子曰："天下何思何虑[2]？天下同归而殊途，一致而百虑。天下何思何虑？日往则月来，月往则日来，日月相推而明生焉；寒往则暑来，暑往则寒来，寒暑相推而岁成焉。往者屈也，来者信也，屈信相感而利生焉[3]。尺蠖之屈[4]，以求信也;龙蛇之蛰[5],以存身也。精义入神,以致用也;利用安身,以崇德也[6]。过此以往,未之或知也[7];穷神知化,德之盛也[8]。《易》曰:"困于石,据于蒺藜,入于其宫,不见其妻,凶。"[9]子曰:"非所困而困焉,名必辱;非所据而据焉,身必危。既辱且危,死期将至,妻其可得见邪!"《易》曰:"公用射隼于高墉之上,获之,无不利。"[10]子曰:"隼者,禽也;弓矢者,器也;射之者,人也。君子藏器于身,待时而动,何不利之有?动而不括[11],是以出而有获,语成器而动者也[12]。"子曰:"小人不耻不仁,不畏不义,不见利不劝,不威不惩。小惩而大诫,此小人之福也。《易》曰'履校灭趾,无咎'[13],此之谓也。""善不积不足以成名,恶不积不足以灭身。小人以小善为无益而弗为也,以小恶为无伤而弗去也,故恶积而不可掩,罪大而不可解。《易》曰'何校灭耳,凶'[14]。"子曰:"危者,安其位者也;亡者,保其存者也;乱者,有其治者也[15]。是故君子安而不忘危,存而不忘亡,治而不忘乱,是以身安而国家可保也。《易》曰'其亡其亡,系于苞桑'[16]。"子曰:"德薄而位尊,知小而谋大,力少而任重,鲜不及矣[17]。《易》曰'鼎折足,覆公餗,其形渥,凶'[18]言不胜其任也。"子曰:"知几其神乎!君子上交不谄,下交不渎,其知几乎?几者,动之微[19],吉之先见者也。君子见几而作,不俟终日。《易》曰'介于石,不终日,贞吉'[20]。介如石焉,宁用终日?断可识矣[21]!君子知微知彰,知柔知刚,万夫之望[22]。"子曰:"颜氏之子[23],其殆庶几乎[24]?有不善,未尝不知;知之,未尝复行也。《易》曰'不远复,无祗悔,元吉'[25]。""天地絪缊,万物化醇[26];男女构精,万物化生[27]。《易》曰'三人行,则损一人;一人行,则得其友'[28]言致一也。"子曰:"君子安其身而后动,易其心而后语,定其交而后求。君子修此三者,故全也[29]。危以动,则民不与也[30];惧以语,则民不应也;无交而求,则民不与也;莫之与,则伤之者至矣。《易》曰'莫益之,或击之,立心勿恒,凶'[31]。"

[注释] [1]"憧憧往来,朋从尔思":这是《咸》九四爻辞。[2]天下何思何虑:从爻辞狭义的"往来"交感之旨,引申到广义的天下万物自然感应之理,故下文两句言"同归而殊途""一致而百虑"。"同归而殊途"即后世"殊途同归"的意思,与西方"条条道路通罗马"是一个意思,体现了异质文化的"可通约性"。[3]往者屈也,来者信也,屈信相感而利生焉:承上文"日月""寒暑"往来相推的意义而发,再明万物自然感应之理。[4]蠖:昆虫名,我国北方称"步曲",南方称"造桥虫"。[5]蛰:动物冬眠时潜伏土中或洞穴中不食不动的状态。[6]精义:精研道义。致:献。[7]过此:超过上述"致用""崇德"的境界。往:发展。[8]穷神知化,德之盛也:说明感应之理穷深无方。[9]困于石,据于蒺藜,入于其宫,不见其妻,凶:这是《困》六三爻辞。[10]公用射隼于高墉之上,获之,无不利:这是《解》上六爻辞。[11]括:闭结阻塞。动而不括:说明"藏器""待时",则动必畅通无碍。[12]成器:具备现成的器用。[13]履校灭趾,无咎:这是《噬嗑》初九爻辞。[14]何校灭耳,凶:这是《噬嗑》上九爻辞。[15]危者,安其位者也;亡者,保其存者也;乱者,有其治者也:说明"危""亡""乱"者,均来自昔日自恃"安""存""治"。[16]其亡其亡,系于苞桑:这是《否》九五爻辞。[17]鲜不及矣:很少有不涉及灾祸的。[18]鼎折足,覆公餗,其形渥,凶:这是《鼎》九四爻辞。[19]几:微小。[20]介于石,不终日,贞吉:这是《豫》六二爻辞。[21]断:断然、迅速,指当时就可悟知。[22]万夫:万人,比喻人多。望:瞻望景仰。[23]颜氏之子:颜渊,名回,字子渊,孔子的学生。[24]殆:大概。庶几:接近,差不多之义,此处指道德接近完美。[25]不远复,无祗悔,元吉:这是《复》初九爻辞。[26]絪缊:即"氤氲",此处指天地阴阳二气交感绵密之状。醇:醇厚,指天地阴阳二气交感绵密而化育醇厚。[27]男女:泛指阴阳

两性。构:交合。[28]三人行,则损一人;一人行,则得其友:这是《损》六三爻辞。[29]易:平和。全:于人于己两全其益。[30]则民不与也:之百姓不给予配合。[31]莫益之,或击之,立心勿恒,凶:这是《益》上九爻辞。

[译文] 《周易》说:"频繁往来,友朋终究顺从你的思念。"孔子解释说:"天下事何必思念,何须忧虑?天下万物沿着不同的道路走向共同的目标,把各种思虑合并为统一的观念。天下事何必思念,何须忧虑?太阳西往就有月亮东来,月亮西往就有太阳东来,太阳月亮互相推移就产生了光明;寒季归去就有暑季到来,暑季归去就有寒季到来,寒季暑季互相推移就形成了年岁。"往"就是回缩,"来"就是伸展,回缩和伸展互相感应就产生了利益。尺蠖回缩身体是为了求得伸展,龙蛇冬眠潜伏是为了保存自身。精研道义、深入神理是为了进献才用,利于施用、安处其身是为了崇尚美德。超越这种境界再往前发展的情况,或许就无法知晓了;穷极神理、通晓变化是美德隆盛的体现。"《周易》说:"穷困于巨石之下,凭据在蒺藜之上,进入自家居室,也见不到配为人妻的一天,有凶险。"孔子解释说:"穷困在不恰当的地方,名誉必然受辱;凭据在不适宜的地方,身体必遭危险。既名誉受辱又身处危险,灭亡的日期将要到来,哪有可能见到配为人妻的一天呢?"《周易》说:"王公发弓箭射击据于高城上的恶隼,一举射获,无所不利。"孔子解释说:"恶隼是禽鸟,弓箭是武器,发箭射击恶隼的是人。君子在身上预藏成功的因素,等待时机而行动,有什么不利呢? 行动没有阻碍,外出必有收获,这说明先准备器用然后才行动。"孔子说:"小人不知羞耻、不明仁德,不畏正理、不行道义,不看见利益就不勤勉,不受到威胁就不警惕。受到较小的惩罚却获得重大的告诫,这是小人的幸运。《周易》说'足戴刑具而伤灭脚趾,不致危害'。说的就是这个道理。""善行不积累不足以成就美名,恶行不积累不足以灭亡其身。小人把小善看成无所获益的事情而不屑于施行,把小恶看成无伤大体的事情而不愿意除去,所以恶行积累满盈就无法掩盖,罪恶发展极大就无法解救。因此,《周易》说'带着刑具,遭受伤灭耳朵的重罚,非常凶险'。"孔子说:"倾危的人都曾经安居其位,灭亡的人都曾经自以为长保生存,败乱的人都曾经自恃万事整治。所以,君子安居而不忘倾危,生存而不忘灭亡,整治而不忘败乱,这样就可以自身常安而国家永保。《周易》说'将要灭亡、将要灭亡,就像丛生的桑树一样安然无恙'。"孔子说:"才德浅薄而地位崇高,智能狭小而图谋宏大,力量微弱而身负重任,这样很少有不招致灾祸的。《周易》说'鼎器难以承受重荷而折断鼎足,王公的美食全被倾覆,鼎身沾着渥浊,有凶险'。正是说明力不胜任的情况。"孔子说:"能够预知细微的事理应该是达到神妙的境界吧?君子与在上位的人交往不谄媚,与在下位的人交往不渎慢,可以说是知晓细微事理吧?细微事理是事物变化的微小征兆,吉凶的结局就在细微之处显现出来。君子发现细微之处就迅速行动,决不等待一天。《周易》说'耿介如石,不等待一天,守持正固,可获得吉祥'。既然有耿介如石的品德,怎么会等候一天呢?当时就能断然明白。君子知晓细微的前兆就知晓昭著的结局,君子知道阴柔的功益就知晓阳刚的效用,这是千万人所瞻望景仰的人物。"孔子说:"颜渊的道德大概接近完美了吧?一旦有不善的苗头,没有不自知的;一旦知道不善,没有再次重犯的。《周易》说'起步不远,就回归正道,必无灾祸、悔恨,至为吉祥'。""天地二气交感缠绵,万物化育醇厚;男女交合其精,万物化育孕生。《周易》说'三人同行并求一阳,则损阳刚一人;一人独行专心求合,就能得到阳刚友朋'。正是说明阴阳相求必须专心致一。"孔子说:"君子先安定自身然后有所行动,先平和内心然后发表言论,先确定交往然后求助于人:君子

能够修养这三种德行,所以于人于己两全其益。自身倾危而急于行动,百姓就不配合;内心疑惧而发表言论,百姓就不响应;没有交往而求助于人,百姓就不帮助;没有人给予帮助,损伤的人就跟着来了。《周易》说:'没有人帮助他,却有人攻击他,居心不安,有凶险。'"

子曰:"乾、坤,其《易》之门邪[1]?"乾,阳物也;坤,阴物也。阴阳合德而刚柔有体,以体天地之撰,以通神明之德[2]。其称名也,杂而不越[3]。于稽其类,其衰世之意邪[4]?夫《易》,彰往而察来,而微显阐幽[5]。开而当名辨物,正言断辞则备矣[6]。其称名也小,其取类也大[7],其旨远,其辞文,其言曲而中[8],其事肆而隐[9]。因贰以济民行,以明失得之报[10]。

[注释] [1]乾、坤,其《易》之门邪:说明乾、坤两卦在《周易》哲学体系中的重要作用。[2]撰:撰述。[3]称名:指卦爻辞所称述的物名。不越:不逾越卦爻辞的义理。[4]于:发语词,无意义。稽:考。类:指卦爻辞所表述的事类。[5]微显:显微。[6]开:指作《易》者开释卦爻、撰系文辞。名、物、言、辞:均指卦爻辞。当、辨、正、断:均为使动用法,意为"使名当""使物辨""使言正""使辞断"。[7]其称名也小,其取类也大:卦爻辞所称述的物名虽然细小,但所比喻的事类却十分广大。"称名小,取类大"是中国最早的典型理论,"称名小"可理解为典型鲜明独特的个性特征,"取类大"可理解为高度概括的普遍性特征,与刘勰《文心雕龙》所言"以少总多,情貌无遗""乘一总万,举要治繁"的意思相近。[8]其旨远,其辞文,其言曲而中:这是说明卦爻辞的语言特点。[9]事:典故。肆:显露。隐:哲理隐奥。[10]贰:指乾坤阴阳二理。报:应验。

[译文] 孔子说:"乾、坤两卦,应该是《周易》的门户吧?"乾是阳的物象;坤是阴的物象。阴阳德行相互配合而刚柔有所区别,可以用来体察天地的撰述,可以用来贯通神奇光明的德行。《周易》卦爻辞所称述的物名,尽管繁杂却不逾越义理。稽考卦爻辞表述的事类,或许流露出作者处在衰危之世的思想吧?《周易》彰著往昔的事情而辨察将来的事态,显示细微的征兆而阐明幽深的道理。《周易》作者撰写卦爻辞使各卦各爻名义适当,物象明辨;语言周正,言辞决断,使天下万理俱备。卦爻辞所称述的物名虽然微小,但所比喻的事类却十分广大,卦爻辞意旨深远,修辞具有文采,语言委婉而切中事理,所用典故明白显露而义理深奥。运用《周易》阴阳两方面的道理来济助百姓,可以让人们明白吉凶得失的报应。

《易》之兴也,其于中古乎[1]?作《易》者,其有忧患乎[2]?是故《履》,德之基也[3];《谦》,德之柄也[4];《复》,德之本也[5];《恒》,德之固也[6];《损》,德之修也[7];《益》,德之裕也[8];《困》,德之辨也[9];《井》,德之地也[10];《巽》,德之制也[11]。《履》,和而至[12];《谦》,尊而光[13];《复》,小而辨于物[14];《恒》,杂而不厌[15];《损》,先难而后易[16];《益》,长裕而不设[17];《困》,穷而通[18];《井》,居其所而迁[19];《巽》,称而隐[20]。《履》以和行[21],《谦》以制礼[22],《复》以自知[23],《恒》以一德[24],《损》以远害[25],《益》以兴利[26],《困》以寡怨[27],《井》以辨义[28],《巽》以行权[29]。

[注释] [1]兴:兴起。中古:商末时期。[2]作《易》者,其有忧患乎:这是推测《周易》作于中古衰世,故作者多有忧患。[3]《履》:六十四卦之一,象征"小心行走",含有遵循礼

制而行的意义;人能遵循《履》道,则可防范而不违礼,故谓"德之基也"。[4]《谦》:六十四卦之一,象征"谦虚",人能谦虚,犹如把握道德有了"柄",故谓"德之柄也"。[5]《复》:六十四卦之一,象征"回复",含有"归复阳刚正道"的意义;人能归复善道,则为进德的根本。[6]《恒》:六十四卦之一,象征"恒久",含有"恒久守正"之义,人以恒心守持正道,则道德能固。[7]《损》:六十四卦之一,象征"减损",含有"自损不善"之义,人能自损不善,必可修美道德。[8]《益》:六十四卦之一,象征"增益",人能施益于外,则可充裕其德。[9]《困》:六十四卦之一,象征"困穷",含有"处困守正"之义,人在困穷的时候,才可以分辨、检验其是否固守道德操守,故谓"德之辨也"。以恒心守持正道,则道德能固。[10]《井》:六十四卦之一,象征"水井",含有"井养不穷"之义,人能遵循"井养"之道,则为居守美德之所。[11]《巽》:六十四卦之一,象征"顺从",含有"因顺申谕命令"义,人能因顺申命,则可展示道德、立其规范,故谓"德之制"。制:制立规范。[12]《履》:六十四卦之一。至:到达。《履》卦教人小心行走、和顺而不违礼,故可践行而到达终点,犹如行事可以达到目的。[13]《谦》卦教人谦虚,故受人尊崇而其德愈为光大。[14]小:微小的征兆。《复》卦教人察知善恶、及早回复正道,故旨在辨析事物的微小征兆。知不正则速改。[15]杂:正邪相杂。《恒》卦教人守操有恒,故虽处正邪相杂的环境,仍能恒久守德而不厌倦。[16]《损》卦教人先为自损不善而获益,自损则"先难",获益则"后益"。[17]设:虚设,指广施其益而不虚设。《益》卦教人施益他人,故己德充裕而其益不虚设。[18]《困》卦:教人处穷守正而求得亨通。[19]迁:指迁施其泽、利惠于人。《井》卦教人效"井养"之功,故能居其所而迁施恩泽。[20]称:扬,犹言"申命"。隐:藏,指不自我显露。《巽》卦教人因顺申命,故能称其令而不露其威。[21]以:可。《履》卦之用,在于小心和顺、循礼而行。[22]制:控制。[23]《复》:《复》卦之用,在于审知不善以复正道。[24]《恒》:《恒》卦之用,在于守正不移、恒一其德。[25]《损》:《损》卦之用,在于自损不善以修身避害。[26]《益》:《益》卦之用,在于益人益己,人己两全其利。[27]《困》:《困》卦之用,在于处穷守德而不怨。[28]辩:通"辨"。《井》:《井》卦之用,在于广施井养、辨明道义。[29]《巽》:《巽》卦之用,在于因势利导,申命行权。

[译文] 《周易》的出现,大概在殷商之末的中古时代吧?创作《周易》的人大概心怀忧患吧?因此,《履》卦是树立道德的根基,《谦》卦是实行道德的柄,《复》卦是遵循道德的根本,《恒》卦是巩固道德的前提,《损》卦是修美道德的途径,《益》卦是充裕道德的方法;《困》卦是检验道德的准绳;《井》卦是居守道德的处所;《巽》卦是展示道德的规范。《履》卦教人小心和顺到达目的,《谦》卦教人谦虚谨慎光大美德,《复》卦教人通过微小的征兆辨析事物的善恶及早回归正道,《恒》卦教人在复杂的环境中守持正道而不厌倦,《损》卦教人先自损"不善"之难而后成获益之"易",《益》卦教人施益他人来长久充裕自己的美德而不虚设其益,《困》卦教人在困穷时守正求得亨通,《井》卦教人居其处所而能迁施恩惠,《巽》卦教人称扬号令而不自我显露。《履》卦可以用来和顺小心地行走,《谦》卦可以用来控制礼节,《复》卦可以用来自我反省得失,《恒》卦可以用来始终如一守德,《损》卦可以用来自损不善以修身避害,《益》卦可以用来益人益己,《困》卦可以用来处困守德而不怨天尤人,《井》卦可以用来辨明义理,《巽》卦可以用来因势利导、行使权力。

《易》之为书也,不可远[1]。为道也屡迁,变动不居,周流六虚[2],上下无常,刚柔相易,不可为典要，唯变所适[3]。其出入以度，外内使知惧[4]。又明于忧患与故[5]，无有师保，如临父母[6]。初率其辞，而揆其方，既有典常[7]。苟非其人，道不虚行[8]。

[注释] [1]远：远离。[2]居：止。六虚：六爻。[3]为：动词，执求。典要：典常纲要。适：往。[4]其出入以度，外内使知惧："出入"与"外内"互文，"出"即"外"，"入"即"内"。度：法则。[5]故：事，犹言往昔的事态。[6]师保：古代负责教习贵族子弟的师长。[7]率：循。辞：卦爻辞。揆：揆度。方：意义、方式。典常：经常可行的变化规律。[8]苟：假如。其人：贤明之人。道：《易》道。

[译文] 《周易》这本书不可须臾远离。它所体现的道理在于不断变迁，变化运行而不停止，周遍流动于六爻之间，上下往来没有恒常，阳刚阴柔相互更替，不可固守典常纲要，只有变化才是它所指明的方向。《周易》教导人们出入遵守法度，内外有所警惧。又让人们深明将来的忧患和往昔的事态，虽然没有师长的监护，却好像面临父母的教诲。处事之初遵循卦爻辞的意旨，揆度行动的方式，就掌握了普遍可行的规律。假如没有贤明的人详细阐述，《周易》的道理就难以凭空推行。

《易》之为书也，原始要终以为质也[1]。六爻相杂，唯其时物也[2]。其初难知，其上易知：本末也[3]，初辞拟之，卒成之终[4]。若夫杂物撰德，辩是与非，则非其中爻不备[5]。噫！亦要存亡吉凶，则居可知矣[6]。知者观其彖辞[7]，则思过半矣。二与四同功而异位，其善不同[8]；二多誉，四多惧，近也[9]。柔之为道，不利远者[10]；其要无咎，其用柔中也[11]。三与五同功而异位[12]：三多凶，五多功，贵贱之等也[13]。其柔危，其刚胜邪[14]？

[注释] [1]原：推原、归纳。质：体，文中指卦体大义。[2]时：各爻居处特定的时宜。物：各爻所取喻的阴阳物象。[3]初：初爻，说明事物产生的初始意义，微而未显，故曰"难知"。上：上爻，说明事物发展的最终意义，成败已见，故曰"易知"。[4]辞：爻辞。拟：拟议事物开始的意义。卒：结束。[5]若夫：发语辞，"至于""至如"。杂物：刚柔物象错杂。撰德：撰述阴阳德行。辩：通"辨"。中爻：指卦中二至五爻。[6]噫：感叹词。要：要定，即"大要把定"。居：平居无为。[7]彖辞：卦辞。[8]二与四：第二爻与第四爻。功：阴阳功能。位：上下爻位。善：利害得失。[9]近：指第四爻接近第五爻"君位"。[10]柔之为道，不利远者：指阴爻宜近顺承阳，不可有远大志向。[11]其：指代前文"柔之为道"。要：要旨。用：功用。[12]三与五：第三爻与第五爻。同功：同具阳功。异位：指五居上卦为贵，三居下卦为贱。[13]等：等级差别，指三贱五贵。[14]胜：胜任。

[译文] 《周易》这本书，以推原事物的初始、归纳事物的终结而形成卦体大义。各卦六爻相互错杂，只是反映特定的时宜和所喻的物象。初爻的意义较难理解，上爻的意义容易明白：因为前者是本始，后者是末尾，初爻的爻辞拟议事物的开始，上爻的爻辞是事物发展的终结。至于错杂各种物象而撰述阴阳德行，辨别是非吉凶，如果离开中间四爻就无法全面理解。是啊！把握了存亡吉凶的规律，平居无为也能知晓义理。明智的人只要观察研讨卦辞，就领悟了全卦大半意义。第二爻与第四爻同具阴柔功能而居不同爻位，二者象征的利害得失各不相同：第二爻多获美誉，第四爻多含警惕，因为靠近君王。阴柔的道理不可有远大志向；其要旨在于慎求"无咎"，其功用在于柔和守中。第三爻与第五爻同具阳刚功能而居不同爻位：第三爻多有凶险，第五爻多显功勋，这是上下贵贱的等级差别。若阴柔居三、五阳位就有危险，若阳刚居三、五阳位就能胜任吧？

《易》之为书也,广大悉备:有天道焉,有人道焉,有地道焉。兼三才而两之,故六[1]。六者,非它也,三才之道也。道有变动,故曰爻[2];爻有等,故曰物[3];物相杂,故曰文[4];文不当,故吉凶生焉[5]。

[注释] [1]三才:天、地、人。两之:将三画的八卦两两相重。六:六画。[2]道有变动,故曰爻:指六爻仿效变动之道。[3]等:上下等次。物:物象。[4]物相杂,故曰文:指阴阳相杂而成文。从具体爻位分析,六爻奇位为阳、偶位为阴,故初至上均阴阳交错,遂成文理。[5]文不当,故吉凶生焉:指"物象"所成文理或当、或不当。当则吉,不当则凶。如阳居奇位、阴居偶位则当,反之,则不当,故生吉凶。

[译文] 《周易》这本书,道理广大周备:包含有天的道理、人的道理、地的道理。兼备天、地、人的象征,每两卦相重就出现了六画的卦;六画,没有别的意思,就是象征天、地、人的道理。《周易》的道理在于变化运动,仿效变动的情状就叫六爻;六爻各有上下等次,就叫作故"物象";阴阳物象相互错杂,就叫作文理;文理有的适当,有的不适当,所以吉凶就产生了。

《易》之兴也,其当殷之末世,周之盛德邪?当文王与纣之事邪[1]?是故其辞危[2]。危者使平,易者使倾[3];其道甚大,百物不废[4]。惧以终始,其要无咎[5],此之谓《易》之道也。

[注释] [1]文王:姓姬名昌,商纣时为西伯,治理周族,国势强盛,故文中称"周之盛德";纣:又称"受""帝辛",商代最后的君主,故文中称"殷之末世"。[2]辞:卦爻辞。[3]平:安。易:轻易,犹言"掉以轻心"。[4]其:指代前文"危辞"之论。废:即上句"倾"之义。[5]要:要旨。

[译文] 《周易》的兴起,大概在殷朝末年,周文王德业隆盛的时候吧?大概在文王臣事殷纣时期吧?因此卦爻辞多含危惧的意义。知所危惧可以使人平安,掉以轻心导致倾覆;其中的道理至为宏大,各种事物赖以长盛不衰。自始至终保持警惕,其要旨在于慎求"无咎",这就是《周易》的道理。

夫乾,天下之至健也,德行恒易以知险[1];夫坤,天下之至顺也,德行恒简以知阻[2]。能说诸心,能研诸侯之虑,定天下之吉凶,成天下之亹亹者[3]。是故变化云为,吉事有祥;象事知器,占事知来[4]。天地设位,圣人成能;人谋鬼谋,百姓与能[5]。八卦以象告,爻象以情言[6];刚柔杂居,而吉凶可见矣[7]。变动以利言,吉凶以情迁[8];是故爱恶相攻而吉凶生[9],远近相取而悔吝生[10],情伪相感而利害生[11]。凡《易》之情,近而不相得则凶;或害之,悔且吝[12]。将叛者其辞惭,中心疑者其辞枝[13],吉人之辞寡,躁人之辞多,诬善之人其辞游[14],失其守者其辞屈[15]。

[注释] [1]德行恒易以知险:说明"乾"卦的德行最为刚健,行为既能恒久平易又能知晓艰险。[2]德行恒简以知阻:说明"坤"卦的德行最为柔顺,行为既能恒久简约又能知晓难阻。[3]说:通"悦"。侯之:当为衍文。[4]云为:即有为。变化云为:变化有为。祥:作动词,犹如"呈现"。象事:观察所象之事。[5]成能:成功,指创成《周易》广施功用,下文"与能"则指参与运用《易》理。人谋鬼谋:比喻《易》理可以谋于人事,谋于鬼神,即可沟通"人""鬼"的谋虑。[6]象:卦形之象。爻象:卦爻辞。情:卦爻辞拟取的事物情态。[7]杂

居:指六爻刚柔交错居位。[8]迁:推移。[9]相攻:相矛盾。[10]远:上下卦爻位远应。近:上下卦爻位相近。相取:取舍不当。[11]情伪:真伪。[12]凡《易》之情,近而不相得则凶;或害之,悔且吝:综述以上"吉凶以情迁"之论,说明《周易》所比喻的事物情态,若"近不相得"必凶;苟或免凶,亦必遭外物伤害而生悔吝。[13]枝:分枝,知言辞散乱不一。[14]游:指言辞虚漫浮游。[15]屈:指言辞亏屈不展。

[译文] 乾是天下最为刚健的象征,表现的德性行为是恒久平易而且能知晓艰险所在;坤是天下最为柔顺的象征,表现的德性行为是恒久简约而且能知晓艰阻。能够使人心情欢悦,能够研讨各种思虑,能够判定天下万事的吉凶得失,促成天下万物勤勉努力。因此,遵循《周易》的变化规律而有所作为,是为了使吉祥的事物得以呈现;观察《周易》所拟取的物象就能明白器用的形成,占问眼前的事理就能推知将来的应验。天地设立了刚柔尊卑的位置,圣人依此创立《周易》;人的谋虑沟通鬼神的谋虑,寻常百姓也能掌握《周易》的功用。八卦用卦形象征来表现义理,卦爻辞拟取事物的情态来陈述卦义;六爻刚柔交错居位,吉凶的道理就显现出来。各爻变化运动是否得当就用"利"或"不利"来表达,结局是吉是凶依据物情推移。所以事物或相爱相求、或相恶相敌而吉与凶就在这类矛盾中产生,两爻远近若取舍不当就产生悔恨遗憾,真情、虚伪相互感应就产生利与害。《周易》各爻所比喻的事物情态,如果接近却不相得就有凶险;如果遭受外来的伤害,就会产生悔恨和遗憾。将要背叛的人,其言辞必然惭愧不安;内心疑惑的人,其言辞必然散乱无章;吉善的人,其言辞必然少而精粹;急躁的人,其言辞必然多而繁杂;诬陷善良的人,其言辞必然浮游虚假;疏失职守的人,其言辞必然亏屈不展。

第二节 《尚书》

一、《尚书》简介

(一) 书名的含义

《尚书》原来称《书》,战国后期儒家称《书经》,西汉开始称《尚书》,是我国上古历史文献和史迹记述的汇编,儒家经典之一。"尚"通"上",上古之书故名《尚书》。

(二)《尚书》的内容

《尚书》所记上起尧虞舜时代,下至春秋秦穆公,记载了君主训示臣民和近臣告诫君主的言语。按时代先后分为《虞书》《夏书》《商书》《周书》四部分,共58篇。《虞书》反映了尧舜时代的历史,其中的《尧典》《舜典》主要记载尧和舜的事迹。《夏书》反映了大禹治水和夏王伐有邑两件大事。《商书》记载了殷商的历史。《周书》记载了周代起源、发展和兴盛的全过程。

(三)《尚书序》基本知识

"三坟""五典""八索""九丘":伏羲、神农、黄帝之书,谓之"三坟"。少昊、颛顼、高辛、唐、虞之书,谓之"五典"。八卦之说,谓之"八索"。九州之志,谓之"九丘"。刘勰《文心雕龙·宗经》中的"皇世三坟,帝代五典,重以八索,申以九丘。"即来源于此。

《尚书》六体:指典、谟、训、诰、誓、命六种体裁。现代体裁的分类主要有两种:一种是西方的"三分法",把所有体裁分为叙事类、抒情类和戏剧类,按照西方的"三分法",《尚书》六体都属于叙事类。另一种是中国"五四"之后的"四分法",把所有体裁分为诗歌、散文、戏剧和小说四类,按照中国的"四分法",《尚书》六体都属于散文。《尚书序》把《尚书》体裁分为六种,是按照内容来分的,这样就会出现体裁分类越来越多的情况,不利于对体裁的整体把握。

"序"的含义:《尚书序》说,"序所以为作者之意"。注意两点:一是"序言"的位置。现代书籍的"序言"放在正文前面,古代书籍的"序言"放在正文后面,如《文心雕龙·序志第五十》就是"序言",放在正文后面。二是正文篇目的计算问题。《尚书序》最后一段,有两句话,一句说"承诏为五十九篇作传",另一句说"故引之各冠其篇首,定五十八篇"。这里就出现《尚书》究竟是五十八篇还是五十九篇的问题。这与古人的计算办法有关,正文加上"序言"就多一篇。《尚书》正文是五十八篇,加上"序言"就成为五十九篇。《文心雕龙》也是如此,刘勰在《序志》中说:"其为文用,四十九篇而已。"但《序志》排列的顺序是"第五十",就是说,《文心雕龙》正文是四十九篇,加上"序言"(《序志》)就成为五十篇。

(四)"今文尚书""古文尚书"与"伪古文尚书"

"今文尚书"是指"济南伏生,年过九十,失其本经,口以传授。裁二十余篇(28篇),以其上古之书,谓之《尚书》"(《尚书序》)。即"今文尚书"出自伏生,汉初由伏生口传晁错,晁错用当时通行的隶书作了抄录和记载,所以叫作"今文",共28篇。

"古文尚书"是指"至鲁共王好治宫室,坏孔子旧宅,以广其居,于壁中得先人所藏古文虞、夏、商、周之书及《传》《论语》《孝经》,皆科斗文字"。

伪《古文尚书》是假冒孔安国作《传》的《古文尚书》,共58篇,亦称伪孔本,自东晋流传至今,是后代《尚书》最通行的本子。其中新增篇目和"孔安国传"是晋人的伪造。但由于唐陆德明作《经典释文》和官修《五经正义》都采用"伪孔本",所以一直沿袭下来,流传至今。伪《古文尚书》中多出的 25 篇,称"伪古文",所谓"孔安国传",称"伪《孔传》"。这个本子称为"伪孔本"或"伪《古文尚书》",它是一部假书,也是一部奇书。要正确对待伪《古文尚书》,首先要对伪孔《传》持正确的态度,伪孔《传》汇集了自孔安国以来四百年间古文经学对《尚书》的解说,是研究《尚书》的一个很高的成就,我们只需分辨其是晋人的成就而非汉人的成就,就能充分认识和利用它的价值;其次,也要对"伪古文"持正确的态度,事实上,"伪古文"汇集了从先秦、《左传》诸书直到魏晋诸书八百年间古书所称引的原本《尚书》的许多内容,加以组合、排列、敷衍。从这个意义上说,25 篇"伪古文"未尝不是我们探究先秦百篇本《尚书》的一个途径。

(五)"伪古文尚书"多出的二十五篇(即"增多伏生二十五篇")

《虞书·大禹谟》《夏书·五子之歌》《夏书·胤征》《商书·仲虺之诰》《商书·汤诰》《商书·伊训》《商书·太甲上》《商书·太甲中》《商书·太甲下》《商书·咸有一德》《商书·说命上》《商书·说命中》《商书·说命下》《周书·泰誓上》《周书·泰誓中》《周书·泰誓下》《周书·武成》《周书·旅獒》《周书·微子之命》《周书·蔡仲之命》《周书·周官》《周书·君陈》《周书·顾命》《周书·君牙》《周书·冏命》。

(六)"十三经注疏""今文尚书"与"伪古文尚书"篇目对比表

十三经注疏篇目(58篇)	"今文尚书"篇目(28篇)	"伪古文尚书"的25篇
《虞书·尧典》	《舜典》并入《尧典》	
《虞书·舜典》		
《虞书·大禹谟》		《虞书·大禹谟》
《虞书·皋陶谟》	《益稷》并入《皋陶谟》	
《虞书·益稷》		
《夏书·禹贡》	《夏书·禹贡》	
《夏书·甘誓》	《夏书·甘誓》	
《夏书·五子之歌》		《夏书·五子之歌》
《夏书·胤征》		《夏书·胤征》
《商书·汤誓》	《商书·汤誓》	
《商书·仲虺之诰》		《商书·仲虺之诰》
《商书·汤诰》		《商书·汤诰》
《商书·伊训》		《商书·伊训》
《商书·太甲上》		《商书·太甲上》
《商书·太甲中》		《商书·太甲中》
《商书·太甲下》		《商书·太甲下》
《商书·咸有一德》		《商书·咸有一德》
《商书·盘庚上》	《盘庚上》、《盘庚中》《盘庚下》合为一篇	
《商书·盘庚中》		
《商书·盘庚下》		
《商书·说命上》		《商书·说命上》
《商书·说命中》		《商书·说命中》
《商书·说命下》		《商书·说命下》
《商书·高宗肜日》	《商书·高宗肜日》	
《商书·西伯戡黎》	《商书·西伯戡黎》	
《商书·微子》	《商书·微子》	

续表

十三经注疏篇目(58篇)	"今文尚书"篇目(28篇)	"伪古文尚书"的25篇
《周书·泰誓上》		《周书·泰誓上》
《周书·泰誓中》		《周书·泰誓中》
《周书·泰誓下》		《周书·泰誓下》
《周书·牧誓》	《周书·牧誓》	
《周书·武成》		《周书·武成》
《周书·洪范》	《周书·洪范》	
《周书·旅獒》		《周书·旅獒》
《周书·金縢》	《周书·金縢》	
《周书·大诰》	《周书·大诰》	
《周书·微子之命》		《周书·微子之命》
《周书·康诰》	《周书·康诰》	
《周书·酒诰》	《周书·酒诰》	
《周书·梓材》	《周书·梓材》	
《周书·召诰》	《周书·召诰》	
《周书·洛诰》	《周书·洛诰》	
《周书·多士》	《周书·多士》	
《周书·无逸》	《周书·无逸》	
《周书·君奭》	《周书·君奭》	
《周书·毕命》	《周书·毕命》	
《周书·蔡仲之命》		《周书·蔡仲之命》
《周书·多方》	《周书·多方》	
《周书·立政》	《周书·立政》	
《周书·周官》		《周书·周官》
《周书·君陈》		《周书·君陈》
《周书·顾命》		《康王之诰》并入《周书·顾命》
《周书·康王之诰》		
《周书·君牙》		《周书·君牙》
《周书·冏命》		《周书·冏命》
《周书·吕刑》	《周书·吕刑》	
《周书·文侯之命》	《周书·文侯之命》	
《周书·费誓》	《周书·费誓》	
《周书·秦誓》	《周书·秦誓》	

二、虞书·舜典(节选)

帝[1]曰:"夔[2]!命汝典乐[3],教胄子[4],直而温[5],宽而栗[6],刚而无虐[7],简而无傲[8]。诗言志[9],歌永言[10],声依永[11],律和声[12]。八音克谐[13],无相夺伦[14],神人以和[15]。"夔曰:"於[16]!予击石拊石[17],百兽率舞[18]。"

[注释] [1]帝:指舜。[2]夔:人名,相传舜时掌管音乐的人。[3]汝:你。典乐:主管音乐。[4]胄:一说"长",又一说嫡长子。[5]直而温:正直而温和。[6]宽而栗:宽厚而明辨。[7]刚而无虐:刚毅而不苛刻。[8]简而无傲:简约而不傲慢。[9]诗言志:诗是用来表达人们志向的。[10]歌永言:歌咏是对诗歌语言的延长。[11]声依永:声音的高低是和长言相配合的。声:五声,即宫、商、角、徵、羽。[12]律和声:音律是用来调和歌声的。[13]八音克谐:八音是八种乐器发出的声音,八种乐器是指金、石、土、革、丝、木、匏、竹。克谐:达到和谐。[14]无相夺伦:不要扰乱了次序。[15]神人以和:神人通过音乐的交流而协调和谐。[16]於:音乌,叹词。[17]击、拊:敲击。[18]百兽:各种化装的动物图腾。

[译文] 舜帝说:"夔!命令你掌管音乐,教育子弟们:为人要正直而温和,做事要宽厚而明辨,性情刚毅而不苛刻,态度简约而不傲慢。诗是用来表达人们志向的,歌咏是对诗歌语言的延长,歌咏声音的高低是和长言相配合的,音律是用来调和歌声的。八种乐器演奏出相互和谐的声音,不要扰乱了次序,神与人通过音乐的交流而协调和谐。"夔回答说:"是啊!我敲击各种石磬乐器,人化装为各种动物伴随着音乐跳舞。"

三、周书·洪范

武王胜殷,杀受[1],立武庚[2],以箕子归[3]。作《洪范》[4]。

[注释] [1]受:即纣,古音同。[2]武庚:纣王之子。[3]箕子:纣王的庶兄,封于箕。[4]洪:大。范:准则。此段是本篇的"序言"。

[译文] 周武王战胜了殷纣王,杀了纣王,立武庚,把纣王的庶兄箕子迎接回来。箕子做了《洪范》。

惟十有三祀[1],王访于箕子[2]。王乃言曰:"呜呼,箕子!惟天阴骘下民[3],相协厥居[4],我不知其彝伦攸叙[5]。"

[注释] [1]惟:句首语气助词。有:同"又"。祀:年。十有三祀:周武王十三年,即武王克殷两年后。[2]访:谋划,咨询。[3]阴骘:默默地庇护。[4]相协厥居:使他们和睦相处。相:使。协:和睦。厥:其。居:相处。[5]彝伦:常理。攸:助词,相当于"所以"。叙:次序,用作动词,相当于制定、规定。

[译文] 周武王十三年,武王询问箕子。武王就说道:"啊!箕子,上天默默地庇护天下百姓,使他们和睦相处,我不知道(上天)所规定的治国常理。"

箕子乃言曰:"我闻在昔[1],鲧陻洪水[2],汩陈其五行[3]。帝乃震怒,不畀洪范九畴[4],

彝伦攸致[5]。鲧则殛死[6]，禹乃嗣兴[7]。天乃锡禹洪范九畴[8]，彝伦攸叙。"

[注释] [1]我闻在昔：即"在昔我闻"。[2]鲧：大禹的父亲。陻：堵塞。[3]汩陈：错乱陈列。[4]畀：给予。九畴：即下文"一"到"九"的九类治国大法。[5]攸：于是。致：败坏。[6]殛：流放。[7]嗣兴：继承并振兴。[8]锡：同"赐"，下同。

[译文] 箕子回答说："从前我听说，鲧用堵塞的办法治理洪水，使水、火、木、金、土五行错乱陈列。天帝非常恼怒，不赐给鲧九种治国大法，治国的常理因此败坏了。鲧在流放途中死了，禹于是继承鲧的事业并治理了水患。天帝就把"洪范九畴"赐给了禹，治国的常理因此确定下来。

初一曰五行,次二曰敬用五事[1],次三曰农用八政[2],次四曰协用五纪[3],次五曰建用皇极[4],次六曰乂用三德[5],次七曰明用稽疑[6],次八曰念用庶征[7],次九曰向用五福[8],威用六极[9]。

[注释] [1]敬：恭敬、认真。[2]农：勤勉。[3]协用：正确使用。五纪：五种记时的方法。[4]建：建立。皇极：帝王统治天下的准则。[5]乂：治理。三德：三种手段。[6]明：明察事理。稽疑：用卜筮决疑。[7]念：思考、考虑。庶征：各种征候。[8]向：同"飨"。五福：五种幸福。[9]威：畏惧，使动用法。六极：六种凶恶的事情。

[译文] 第一，五行；第二，是认真地做好五件事；第三，努力施行八种政务；第四，正确使用五种记时方法；第五，使用帝王统治天下的准则建立王朝；第六，使用三种手段治理群臣；第七，使用卜筮决疑的方法明察事理；第八，经常考虑使用各种征兆；第九，使用五种幸福鼓励臣民，用六种凶恶的事情使臣民畏惧。

一、五行：一曰水，二曰火，三曰木，四曰金，五曰土。水曰润下[1]，火曰炎上[2]，木曰曲直[3]，金曰从革[4]，土爰稼穑[5]。润下作咸，炎上作苦，曲直作酸，从革作辛[6]，稼穑作甘。

[注释] [1]曰：语气助词，无实义。润下：指水从下面滋润万物。[2]炎上：向上燃烧。[3]曲直：弯曲和伸直。[4]从革：指依从人的意志而改变形状。[5]爰：同"曰"。稼：耕种。穑：收获。稼穑：泛指农业劳动。[6]辛：辣味。

[译文] 一、五行：一是水，二是火，三是木，四是金，五是土。水向下滋润万物，火向上燃烧，木可以弯曲和伸直，金可以依从人的意志而改变形状，土壤可以种植庄稼。向下滋润的水产生咸味，向上燃烧的火产生苦味，可曲可直的木产生酸味，依从人的意志而改变形状的金属产生辣味，种植庄稼的土壤产生甜味。

二、五事：一曰貌[1]，二曰言，三曰视，四曰听，五曰思。貌曰恭，言曰从[2]，视曰明，听曰聪，思曰睿[3]。恭作肃[4]，从作乂[5]，明作晢[6]，聪作谋[7]，睿作圣[8]。

[注释] [1]貌：容貌。[2]从：正当合理。[3]睿：通达、明智。[4]作：则。肃：恭敬。[5]乂：治理。[6]晢：同"哲"，明智。[7]谋：谋划。[8]圣：圣明。

[译文] 二、五种行为标准：一是容貌，二是言论，三是观察，四是听闻，五是思考。容貌要恭敬，言论要合理，观察要明白，听闻要聪敏，思考要通达。容貌恭敬就能严肃，言论合理就能治理，观察明白就能明智，听闻聪敏就能善于谋划，思考通达就能圣明。

三、八政：一曰食[1]，二曰货[2]，三曰祀[3]，四曰司空[4]，五曰司徒[5]，六曰司寇[6]，七曰宾[7]，八曰师[8]。

[注释] [1]食：吃饭，农业。[2]货：财货，工商业。[3]祀：祭祀。[4]司空：官名，主管工程。[5]司徒：官名，主管教化。[6]司寇：官名，主管刑狱。[7]宾：贵客，指礼宾之事。[8]师：军队，指军事。

[译文] 三、八种政务：一是管理农业，二是管理财货，三是管理祭祀，四是管理工程，五是管理教育，六是管理刑狱，七是管理礼宾，八是管理军队。

四、五纪：一曰岁，二曰月，三曰日，四曰星辰[1]，五曰历数[2]。

[注释] [1]星：二十八星宿。辰：十二时辰。[2]历数：推算岁时节候的方法。

[译文] 四、五种记时方法：一是年，二是月，三是日，四是星辰出现的情况，五是推算岁时节候的方法。

五、皇极：皇建其有极[1]。敛时五福[2]，用敷锡厥庶民[3]。惟时厥庶民于汝极[4]，锡汝保极[5]。凡厥庶民，无有淫朋[6]，人无有比德[7]，惟皇作极[8]。凡厥庶民，有猷有为有守[9]，汝则念之[10]。不协于极[11]，不罹于咎[12]，皇则受之[13]。而康而色[14]，曰[15]："予攸好德[16]。"汝则锡之福，时人斯其惟皇之极[17]。无虐茕独[18]，无畏高明[19]。人之有能有为，使羞其行[20]，而邦其昌[21]。凡厥正人[22]，既富方谷[23]，汝弗能使有好于而家[24]，时人斯其辜[25]。于其无好德[26]，汝虽锡之福，其作汝用咎[27]。无偏无陂[28]，遵王之义；无有作好[29]，遵王之道；无有作恶，遵王之路；无偏无党，王道荡荡[30]；无党无偏，王道平平[31]；无反无侧[32]，王道正直。会其有极[33]，归其有极[34]。曰：皇极之敷言[35]，是彝是训[36]，于帝其训[37]。凡厥庶民，极之敷言，是训是行，以近天子之光[38]。曰：天子作民父母，以为天下王。

[注释] [1]皇：君王。建：建立。极：准则。[2]敛：聚集。时：此，下同。五福：五种幸福。[3]用：以。敷锡：施赐。厥：助词，无意义，下同。庶民：众民。[4]惟：只。于：以。[5]保极：遵守法则，保持正道。[6]淫朋：邪党。也指互相勾结，朋比为奸。[7]人：百官。比德：结党营私的行为。[8]惟皇作极：只以君王建立的正道为准则。[9]猷：谋略。为：作为。守：操守。[10]念：惦念。[11]协：合。[12]罹：陷入。咎：罪过。[13]受：宽容。[14]而：第一个而，人称代词，你。第二个而，连词，表示"康"、"色"是并列关系。康：安。色：脸色、表情。[15]曰：有人说。[16]攸：遵行。好：美。德：君王所制定的准则。[17]斯：则，下同。惟：思。[18]茕独：无依无靠的人。[19]高明：显贵的人。[20]羞：进献。行：指上句的"能"和"为"。[21]而：你。[22]正人：官员。[23]富：读为福。方：并。谷：禄位。既富方谷：既有富又有禄。[24]好：善。家：王室。[25]辜：怪罪。[26]无好：与前句"有好"相对。[27]作：使。汝用咎：即"咎汝"，宾语前置。[28]偏：不平。陂：不正。[29]好：私好。[30]荡荡：广大貌；博大貌。[31]平平：治理有序。[32]反：违反。侧：倾斜。[33]会其有极：君王要汇聚有准则的臣子。[34]归其有极：臣子要归附有准则的君王。[35]皇极之敷言：即所陈述有关皇极的话。敷：铺叙，铺陈。[36]彝：常规，一成不变的法则。训：训诫。[37]帝：天帝。训：顺从，下同。[38]光：光辉。

[译文] 五、君王的法则：君王建立政权要有法则。要掌握五种幸福，用来普遍地赏

赐给他的臣民。这样,臣民就会遵守您的法则,贡献给您遵循法则的方法。凡是民众没有结成朋党,百官没有结党营私的行为,只以君王建立的正道为准则。凡是臣下有谋略、有作为、有操守的,您就惦念他们。行为不合法则,但没有陷入罪过的人,君王就宽容他们。假若他们和悦温顺地说:"我遵行君王所制定的准则。"您就赐给他们幸福,于是,臣民就会想着君王至高无上的法则。不虐待无依无靠的人,也不畏惧显贵的人。臣民有才能,有作为,就要让他们献出他的才能,帮助您使国家繁荣昌盛。所有的官员,既然富有经常的俸禄,您不能使他们为国家做贡献,臣民就要责怪您了。对于那些没有遵行君王所制定准则的人,您即使赐给他们好处,他们也会使您受到危害。不要有不平,不要有不正,要遵守王令;不要有私好,要遵守王道;不要作恶,要遵行正路;不要行偏,不要结党,王道坦荡;不要结党,不要行偏,王道有序;不要违反,不要倾斜,王道正直。君王要聚集那些有准则的臣子,臣子要归附有准则的君王。所以说,陈述君王至高无上的准则是一成不变的法则,是训诫,是顺从天帝的教导。所有臣子百姓,对于君王至高无上的准则,要遵从实行,以接近天子的光辉。所以说,天子是臣民的父母,从而成为天下的君王。

六、三德:一曰正直,二曰刚克[1],三曰柔克[2]。平康正直;强弗友刚克[3];燮友柔克[4]。沈潜刚克[5],高明柔克[6]。惟辟作福[7],惟辟作威,惟辟玉食[8]。臣无有作福、作威、玉食。臣之有作福、作威、玉食,其害于而家,凶于而国。人用侧颇僻[9],民用僭忒[10]。

[注释] [1]刚克:以刚强取胜。[2]柔克:以柔婉取胜。[3]强弗友:刚强不可亲的人。[4]燮友:和顺可亲的人。[5]沈潜:乱臣贼子。[6]高明:显贵大臣。[7]辟:君王。[8]玉食:美食。[9]人:指百官。用:因此。侧:倾斜。颇:不正。僻:邪僻。[10]僭忒:越礼愈制,心存怀疑。

[译文] 六、三种禀性:一是以正直取胜,二是以刚强取胜,三是以柔婉取胜。中正的人,以正直取胜;刚强不可亲的人,以刚强取胜;和顺可亲的人,以柔婉取胜。对乱臣贼子,用刚强去战胜;对显贵大臣用柔婉的方法去取胜。只有君王有权赏赐幸福,只有君王才有权实行惩罚,只有君王才能享受美食。臣子没有权利赏赐幸福、实行惩罚、享受美食。如果臣子有权赏赐幸福、实行惩罚、享受美食,就会危害您的王室,祸乱您的国家。百官将因此倾斜不正,百姓也将因此产生越礼愈制的行为,心存怀疑。

七、稽疑:择建立卜筮人[1],乃命卜筮。曰雨,曰霁[2],曰蒙[3],曰驿[4],曰克[5],曰贞[6],曰悔[7],凡七。卜五,占用二[8],衍忒[9]。立时人作卜筮,三人占,则从二人之言。汝则有大疑[10],谋及乃心,谋及卿士,谋及庶人,谋及卜筮。汝则从,龟从,筮从,卿士从,庶民从,是之谓大同[11]。身其康强[12],子孙其逢吉[13]。汝则从,龟从,筮从,卿士逆,庶民逆,吉。卿士从,龟从,筮从,汝则逆,庶民逆,吉。庶民从,龟从,筮从,汝则逆,卿士逆,吉。汝则从,龟从,筮逆,卿士逆,庶民逆,作内吉[14],作外凶。龟、筮共违于人,用静吉[15],用作凶。

[注释] [1]卜筮:古时预测吉凶,用龟甲称卜,用蓍草称筮,合称卜筮。[2]霁:雨过天晴。[3]蒙:雾气迷蒙。[4]驿:云气稀疏。[5]克:古代烧灼龟甲占卜吉凶,其裂纹相交错者谓之克。[6]贞:《易》的内卦,即下三爻。[7]悔:《易》的外卦,即上三爻。[8]卜五,占用二:前五种是占卜所得的龟兆,后两种是占筮所得的卦象。[9]衍忒:推算变化。

[10]则:假如,下同。[11]大同:大家都同意、都赞成。后世把"大同"理解为"大同世界"、"大同理想"。[12]康强:健康。[13]逢:大。[14]作内:在国内做事。[15]静:静止不动。

[译文] 七、用占卜决疑:选择确定掌管卜筮的官员,教化他们卜筮。占卜的征兆有的叫作雨,有的叫作霁,有的叫作蒙,有的叫作驿,有的叫作克,有的叫作贞,有的叫做悔,共计有七种。前五种是占卜所得的龟兆,后两种是占筮所得的卦象,根据这些推算变化,决定吉凶。设立这种官员进行卜筮,三个人占卜,就听从两个人的说法。假如你有重大的疑问,你自己要考虑清楚,再与卿士商量,再与庶民商量,再与卜筮官员商量。如果你赞同,龟卜赞同,占蓍赞同,卿士赞同,庶民赞同,这就叫大同。这样,自身会健康,子孙会遇到大的吉祥。如果你赞同,龟卜赞同,占蓍赞同,而卿士反对,庶民反对,也算吉利。如果卿士赞同,龟卜赞同,占蓍赞同,你自己反对,庶民反对,也算吉利。如果庶民赞同,龟卜赞同,占蓍赞同,你反对,卿士反对,也算吉利。如果你赞同,龟卜赞同,占蓍反对,卿士反对,庶民反对,在国内做事就吉利,在国外做事就不吉利。龟卜、占蓍都与人意相违,不做事就吉利,做事就凶险。

八、庶征:曰雨,曰旸[1],曰燠[2],曰寒,曰风。曰时五者来备[3],各以其叙[4],庶草蕃庑[5]。一极备[6],凶;一极无,凶。曰休征[7]:曰肃[8],时寒若[9];曰乂[10],时旸若;曰晢[11],时燠若;曰谋[12],时寒若;曰圣[13],时风若。曰咎征[14]:曰狂[15],恒雨若[16];曰僭[17],恒旸若;曰豫[18],恒燠若;曰急[19],恒寒若;曰蒙[20],恒风若。曰王省惟岁[21],卿士惟月[22],师尹惟日[23]。岁月日时无易[24],百谷用成[25],乂用明[26],俊民用章[27],家用平康。日月岁时既易,百谷用不成,乂用昏不明[28],俊民用微[29],家用不宁。庶民惟星,星有好风,星有好雨[30]。日月之行,则有冬有夏。月之从星,则以风雨[31]。

[注释] [1]旸:晴天。[2]燠:温暖。[3]曰:衍字,不当有。备:完备、齐备。[4]叙:次序。[5]蕃庑:繁盛。[6]一:五者之一。极:过度。[7]曰:衍字,不当有。休征:吉祥的征兆。[8]肃:恭敬。[9]时:及时。寒:各本皆作"雨",惟底本作"寒",据上下文,似也当作"雨"。若:像。[10]乂:治理。[11]晢:明智。[12]谋:谋略。[13]圣:通达事理。[14]曰:衍字,不当有。咎征:恶行的征兆。[15]狂:狂妄。[16]恒:长久。[17]僭:差错。[18]豫:安逸。[19]急:不知谋略,急于自用。[20]蒙:昏暗不明。[21]曰:衍字,不当有。省:视察、察看。惟:是。王省惟岁:君王视察政事,象岁统领日月。一说:君王出现失误,恶果影响全年。[22]卿士:指卿、大夫。[23]师尹:各属官之长。[24]易:改变。[25]用:介词,犹言"以",表示凭借或者原因。[26]明:开明。[27]俊民:贤人,才智杰出的人。章:表彰,提拔。[28]昏:昏暗不明。[29]微:隐匿。[30]好:喜好。星有好风,星有好雨:古人认为箕星好风,毕星好雨。[31]月之从星,则以风雨:月进入箕星的星域就多风,进入毕星的星域就多雨。

[译文] 八、各种征兆:一叫雨,一叫晴,一叫暖,一叫寒,一叫风。一年中这五种天气齐备,并根据时序发生,百草就茂盛。任何一种天气过多,即为凶灾;任何一种天气过少,也是凶灾。众多美好吉祥的征兆:一叫恭敬,就像及时降雨一样;一叫治理,就像及时晴朗一样;一叫明智,就像及时温暖一样;一叫谋略,就像及时寒冷一样;一叫通达,就像及时刮风一样。众多恶劣凶险的征兆:一叫狂妄,就像长久下雨一样;一叫差错,就像长久晴天一样;一叫狂妄,就像长久温暖一样;一叫急躁,就像长久严寒一样;一叫昏昧,就像长久刮风

一样。君王视察政事,像岁统领日月;卿士视察政事,就像月统属于岁;师尹视察政事,就像日统属于月。假若岁、月、日适时变化,没有异常的情况,庄稼就因此丰收,政治就因此清明,杰出的人才因此得到彰扬,国家因此太平安宁。假若日、月、岁发生异常的变化,百谷就因此不能丰收,政治就因此昏暗不明,杰出的人才因此不能被重用,国家因此不得安宁。老百姓好比星星,有的星星喜欢风,有的星星喜欢雨。太阳和月亮的运行,就产生了冬天和夏天。月亮顺从星星,就要用风和雨润泽他们。

九、五福:一曰寿,二曰富,三曰康宁,四曰攸好德[1],五曰考终命[2]。六极:一曰凶、短、折[3],二曰疾,三曰忧,四曰贫,五曰恶[4],六曰弱[5]。

[注释] [1]攸:同"由",遵行。[2]考:老。考终命:老而善终。[3]凶:儿童未换牙就死了。短:未到二十岁加冠就死了。折:没有结婚就死了。三者皆为早死。[4]恶:邪恶。[5]弱:懦弱。

[译文] 九、五种幸福:一是长寿,二是富有,三是健康安宁,四是遵行美德,五是老而善终。六种不幸的事:一是早死,二是疾病,三是忧愁,四是贫穷,五是邪恶,六是懦弱。

四、尚书序

古者伏牺氏之王天下也[1],始画八卦,造书契[2],以代结绳之政[3],由是文籍生焉。伏羲、神农、黄帝之书[4],谓之"三坟"[5],言大道也。少昊、颛顼、高辛、唐、虞之书[6],谓之"五典"[7],言常道也。至于夏商周之书,虽设教不伦[8],雅诰奥义[9],其归一揆[10],是故历代宝之,以为大训。八卦之说,谓之"八索",求其义也。九州之志[11],谓之"九丘"。丘,聚也,言九州所有,土地所生,风气所宜,皆聚此书也。《春秋左氏传》曰:"楚左史倚相,能读三坟、五典、八索、九丘。"即谓上世帝王遗书也。

[注释] [1]伏牺氏:又作"伏羲",我国古代传说中的人物。王:这里作动词解,统治天下。[2]书:文字。契:刻。[3]结绳:在文字产生以前,古人用绳子结扣来记事,相传大事打大结,小事打小结。现在某些没有文字的民族还有用结绳来记事的。[4]神农:中国上古传说中教人农耕,亲尝百草的人物。黄帝:中国古代传说中的"人神杂糅"的人物,被尊为华夏民族的始祖。[5]坟:这里用为古代典籍之名。[6]少昊:传说中黄帝的儿子,与颛顼、高辛、唐、虞合称五帝。颛顼:传说中黄帝之孙。高辛:传说中黄帝之曾孙,少昊的孙子,又叫帝喾。唐:古唐帝,帝喾次子,其号曰尧,史称唐尧。虞:传说中父系氏族社会后期部落联盟领袖,姚姓,有虞氏,名重华,史称虞舜。[7]典:经,指重要的文献、典籍。[8]伦:类。[9]雅:正。周代以周王朝京都地区的语音为标准的话,相当于现在的普通话。孔子平常用鲁地方言说话,读《诗》、《书》时就用雅言。诰:告,这里指发布、告诉的意思。[10]揆:事务、政事。[11]九州:传说中我国上古时期的行政区域,按照《尔雅·释地》的解释,"九州"包括冀州、豫州、雍州、荆州、扬州、兖州、徐州、幽州、营州。志:记载、记录。

[译文] 古时候伏牺氏治理天下之时,开始画八卦,造文字,用来代替结绳记事的方法处理政事,由此产生了文章典籍。伏牺、神农、黄帝(三皇)时代的书,被称为"三坟",讲的是人生的大道;少昊、颛顼、高辛、唐尧、虞舜(五帝)时代的书,被称为"五典",讲的是平

常普通的道理。至于夏、商、周三个朝代的书,虽然设置教化与三坟五典属于同一类,但它的雅正辞语的深奥意义,都是归于同一个道理的,因此各个时代的人都很看重它,认为它是最重要的教导。易经中的八卦被称为"八索",是想求得卦中之意。九州的记述,被称为"九丘"。丘,就是聚的意思。听说九州所有的,土地上所生长的,风气所适宜的,都聚集在这种书中。《春秋左氏传》说:"楚国的左史倚相能够阅读三坟、五典、八索、九丘。"就是指的上古帝王遗留下来的书。

先君孔子,生于周末,睹史籍之烦文[1],惧览之者不一,遂乃定《礼》《乐》,明旧章,删《诗》为三百篇,约史记而修《春秋》,赞《易》道以黜"八索",述职方以除"九丘"。讨论坟典,断自唐、虞以下,讫于周[2]。芟夷烦乱[3],剪截浮辞,举其宏纲,撮其机要,足以垂世立教,典、谟、训、诰、誓、命之文,凡百篇,所以恢弘至道,示人主以轨范也。帝王之制,坦然明白,可举而行,三千之徒,并受其义。

[注释] [1]烦:烦琐、繁多。[2]讫:绝止、完毕。[3]芟:删除。

[译文] 我的祖先孔子出生在周代末年,看到史籍中的一些烦琐不必要的文字,担心阅读它们的人不专一,于是就修定《礼》《乐》,使旧有的篇章更加显明,删减《诗》为三百篇,按照历史事实的记载去整理《春秋》,帮助完善《易》的道理而废弃了"八索",阐述了职方的职责而排除了"九丘"。整理三坟五典,断代从尧舜以后,到周代为止。删掉烦琐杂乱的文字,削减虚浮不实的言辞,提出宏大的纲领,摘取精确的要点,足以流传后世树立教化,典、谟、训、诰、誓、命各类文章共一百篇,用来发扬最深刻的道理,让国君看到规矩、范例。帝王的制度,坦然明白,可以用来实行,三千名学生都接受了其中正确的道义。

及秦始皇灭先代典籍,焚书坑儒,天下学士,逃难解散,我先人用藏其家书于屋壁。汉室龙兴,开设学校,旁求儒雅,以阐大猷[1]。济南伏生,年过九十,失其本经,口以传授,裁二十余篇。以其上古之书,谓之《尚书》。百篇之义,世莫得闻。至鲁共王好治宫室,坏孔子旧宅以广其居,于壁中得先人所藏古文虞、夏、商、周之书,及《传》《论语》《孝经》,皆科斗文字。王又升孔子堂,闻金石丝竹之音,乃不坏宅,悉以书还孔氏。科斗书废已久,时人无能知者,以所闻伏生之书,考论文义,定其可知者,为隶古,定,更以竹简写之,增多伏生二十五篇。伏生又以《舜典》合于《尧典》,《益稷》合于《皋陶谟》,《盘庚》三篇合为一,《康王之诰》合于《顾命》,复出此篇,并序,凡五十九篇,为四十六卷。其余错乱摩灭,弗可复知,悉上送官,藏之书府,以待能者。

[注释] [1]猷:道路、法则。

[译文] 到秦始皇消灭先代的典籍,焚烧书籍活埋儒生时,天下的读书人逃难解散,我的先人因此把家里的书埋藏在住宅墙壁中。等到汉朝兴起,开设学校,广泛寻求博学的儒士,以便阐释先代的道理。济南伏生,年龄已超过九十岁,由于失去了原有的经书,就用口传授,只有二十余篇。因为是上古时代的书,就称之为《尚书》。而百篇的大意,世上没有谁听说过。到鲁共王喜欢修筑宫室,毁坏孔子的旧屋用来扩大自己的住房,在孔子旧屋墙壁中发现了先人所收藏的,用古文字写的虞、夏、商、周等书及《传》《论语》《孝经》,都是蝌蚪文字。鲁共王又登上孔子庙堂,听到了金石丝竹奏出的声音,于是不再毁坏孔子的旧居,并将书籍全部还给孔氏家族。用蝌蚪文字写的书很早以前就已经废除了,当时的人

没有一个能看懂的,用从伏生那里听到的书考查讨论文中的意义,定下其中可以认识的写成隶书,再用竹简刻写下来,比伏生的今文《尚书》增加了二十五篇。伏生又把《舜典》合并在《尧典》中,《益稷》合并在《皋陶谟》中,《盘庚》三篇合为一篇,《康王之诰》合并在《顾命》中,再分出这些篇,连同序一共五十九篇,四十六卷,其余错乱散失,不能理解,全部上送官府,藏在书库中,等待能够读懂它们的人。

承诏为五十九篇作传[1],于是遂研精覃思[2],博考经籍,采摭群言,以立训传,约文申义,敷畅厥旨,庶几有补于将来。《书序》,序所以为作者之意。昭然义见,宜相附近,故引之各冠其篇首,定五十八篇。既毕,会国有巫蛊事[3],经籍道息,用不复以闻。传之子孙,以贻后代,若好古博雅君子,与我同志,亦所不隐也。

[注释] [1]诏:诏告。[2]研精覃思:深入思考,仔细研究。[3]会国有巫蛊事:指汉武帝末年崇信巫术一事。汉武帝大臣江充与太子有嫌隙,用骗术陷害太子,被太子杀掉,汉武帝听信江充说太子宫中有蛊气,命令丞相发兵讨伐太子,太子出走自杀。

[译文] 秉承皇帝诏告给五十九篇作传,于是我就深思熟虑精心研究,广泛参考经典书籍,采纳各家说法,写下传注。用简明的文字申述意义,铺陈发挥其中的旨趣,大概可以对将来有所帮助吧。序,是叙述作者写作的原因。序把该书的情况讲得清楚明白,应该把它与各篇放在一起,因此援用它们时各放在相应的某篇前面,定为五十八篇。写完以后,正碰上国家发生了巫蛊事件,进献经籍的道路断绝了,因此不再把《书》上奏朝廷,只把它传给子孙,遗留后代。如果有爱好古道、学问广博、志趣高雅的君子与我有相同的志向,我也不隐瞒我的《书》传啊。

第三节 《诗经》

一、《诗经》简介

(一)《诗经》概述

《诗经》是我国第一部诗歌总集,共收入自西周初期至春秋中叶约五百年间的诗歌三百零五篇(《小雅》中另有六篇"笙诗",有目无辞,不计在内)。先秦时期只称《诗》《诗三百》《三百篇》,汉代儒者奉为经典,乃称《诗经》。

(二)《诗经》"六义说"

(1) 提出:《毛诗序》:"故诗有六义焉:一曰风,二曰赋,三曰比,四曰兴,五曰雅,六曰颂。"其中,风、雅、颂指内容,是依据音乐的不同而划分的。赋、比、兴指手法。

(2) 顺序:孔颖达:"诗之四始,以风为先,故曰风。风之所用,以赋比兴为之辞,故于风之下即次第赋比兴,然后次以雅颂。雅颂亦以赋比兴为之,既见赋比兴于风之下,明于雅颂亦同之。"

（3）含义：《毛诗序》："一国之事,系一人之本,谓之风；言天下之事,形四方之风,谓之雅。雅者,正也,言王政之所由兴废也。政有小大,故有小雅焉,有大雅焉。颂者,美盛德之形容,以其成功告于神明者也。"

风：在内容上是以某个人的事来表现其所属国家的风尚,大部分是黄河流域的民间乐歌,"十五国风",共160篇。"十五国风"是：《周南》《召南》《邶风》《鄘风》《卫风》《王风》《郑风》《齐风》《魏风》《唐风》《秦风》《陈风》《桧风》《曹风》《豳风》。

雅：讲整个周王朝王政废兴的,因政有大小,故有小雅、大雅之别。"雅"是宫廷乐歌,共105篇。其中,"小雅"74篇,"大雅"31篇。

颂：是歌颂盛德以告知神明的,包括《周颂》31篇、《鲁颂》4篇和《商颂》5篇。共40篇。是宗庙用于祭祀的乐歌和舞歌。

赋：铺叙、叙述。朱熹《诗经集传》："赋者,敷也,敷陈其事而直言之也。"就是说,赋是直接铺陈叙述,是最基本的表现手法。

比：比喻。朱熹《诗经集传》："比者,以彼物比此物也。"也就是比喻之意。如《氓》用桑树从繁茂到凋落的变化来比喻爱情的盛衰；《鹤鸣》用"他山之石,可以攻玉"来比喻治国要用贤人。

兴：起。朱熹《诗经集传》："兴：先言它物亦引起所咏之辞也。"也就是借助其他事物为所咏内容作铺垫。它往往用于一首诗或一章诗的开头。大约最原始的"兴",只是一种发端,同下文并无意义上的关系。进一步,"兴"又兼有了比喻、象征、烘托等较有实在意义的用法。例如,《关雎》开头的"关关雎鸠,在河之洲",原是诗人借眼前景物以兴起下文"窈窕淑女,君子好逑"的,但关雎和鸣,也可以比喻男女求偶,或男女间的和谐恩爱,只是它的喻义不那么明白确定。

（三）汉代传授《诗经》的四家

秦代曾经焚毁包括《诗经》在内的所有儒家典籍。但由于《诗经》是易于记诵的、士人普遍熟悉的书,所以到汉代又得到流传。汉初传授《诗经》学的共有四家,也就是四个学派：齐人辕固生所传的叫齐诗,鲁人申培所传的叫鲁诗,燕人韩婴所传的叫韩诗,鲁人毛苌所传的叫毛诗。简称齐诗、鲁诗、韩诗、毛诗（前二者取国名,后二者取姓氏）。齐、鲁、韩三家属今文经学,是官方承认的学派,毛诗属古文经学,是民间学派。自东汉郑玄给毛诗作注以后,毛诗日渐兴盛,并为官方所承认；前三家则逐渐衰落,到南宋,就完全失传了。今天我们看到的《诗经》,就是毛诗一派的传本。

（四）《诗经》名句

（1）关关雎鸠[1],在河之洲[2]。窈窕淑女[3],君子好逑[4]。（《国风·周南·关雎》）

[注释] [1]关关：鸟的和鸣声。雎鸠：一种水鸟。[2]河：黄河。洲：水中的陆地。[3]窈窕：身材美好的样子。淑：品德好。[4]逑：配偶。

[译文] 雎鸠关关相对唱,双栖在黄河中小岛上。文静秀丽的姑娘,真是君子的好配偶。

（2）蒹葭苍苍[1]，白露为霜。所谓伊人，在水一方[2]。溯洄从之，道阻且长[3]。溯游从之，宛在水中央[4]。(《国风·秦风·蒹葭》)

[注释]　[1]蒹葭：芦苇。苍苍：茂盛、茂密。[2]伊人：那个人。方：旁。[3]溯：逆流向上。洄：弯曲的水道。从：追寻，靠近。阻：险阻，崎岖。[4]溯游：顺流而下。游：直流的水道。宛：好像，仿佛。

[译文]　河边芦苇青苍苍，晶莹露水结成霜。我心中那美人儿，伫立在那河水旁。逆流而上去找她，道路险阻又太长。顺流而下寻她，仿佛就在水中央。

（3）巧笑倩兮[1]，美目盼兮[2]。(《国风·卫风·硕人》)

[注释]　[1]倩：笑时两腮出现的酒窝，或者指笑容美好的样子。[2]盼：眼睛黑白分明。

[译文]　浅笑盈盈酒窝俏，黑白分明眼波妙。

（4）彼采葛兮[1]，一日不见，如三月兮！彼采萧兮[2]，一日不见，如三秋兮[3]。彼采艾兮[4]，一日不见，如三岁兮！(《国风·王风·采葛》)

[注释]　[1]葛：一种蔓生植物，根可食，茎可制纤维。[2]萧：植物名。蒿的一种，即青蒿。有香气，古时用于祭祀。[3]三秋：通常一秋为一年，后又有专指秋三月的用法。这里三秋长于三月，短于三年，义同三季，九个月。[4]艾：植物名，菊科植物。

[译文]　那个采葛的姑娘啊，一日不见她，好像隔了三个月啊！那个采萧的姑娘啊，一日不见她，好像隔了三秋啊！那个采艾的姑娘啊，一日不见她，好像隔了三年啊！

（5）昔我往矣[1]，杨柳依依[2]。今我来思[3]，雨雪霏霏[4]。(《小雅·采薇》)

[注释]　[1]昔：从前，指出征时。[2]依依：茂盛貌。一说，依恋貌。[3]思：语末助词。[4]霏霏：雪大貌。

[译文]　回想当初出征时，杨柳依依随风吹。如今回来路途中，大雪纷纷满天飞。

（6）风雨如晦[1]，鸡鸣不已[2]。既见君子，云胡不喜？(《国风·郑风·风雨》)

[注释]　[1]晦：农历每月的最后一天，夜晚没有月亮。"风雨如晦"常用来形容社会黑暗、前途艰难。[2]已：停止。"鸡鸣不已"比喻在恶劣环境中而不改变气节、操守。

[译文]　风雨如晦，鸡鸣不已。见到爱人，谁说不喜？

（7）它山之石，可以攻玉[1]。(《小雅·鹤鸣》)

[注释]　[1]攻：雕刻。

[译文]　在别的山上的宝石，同样可以雕刻成玉器。

（8）靡不有初[1]，鲜克有终[2]。(《大雅·荡之什·荡》)

[注释]　[1]靡：无。初：开始。[2]鲜：少。克：能。

[译文]　事情开始还能有些法度，可惜很少能得善终。

二、周南·关雎

关关雎鸠[1],在河之洲[2]。窈窕淑女[3],君子好逑[4]。
参差荇菜[5],左右流之[6]。窈窕淑女,寤寐求之[7]。
求之不得,寤寐思服[8]。悠哉悠哉[9],辗转反侧[10]。
参差荇菜,左右采之。窈窕淑女,琴瑟友之[11]。
参差荇菜,左右芼之[12]。窈窕淑女,钟鼓乐之[13]。

[注释] [1]关关:鸟的和鸣声。雎鸠:一种水鸟。[2]河:黄河。洲:水中的陆地。[3]窈窕:相貌好。淑:品德好。[4]逑:配偶。[5]参差:长短不齐。荇菜:一种可食的水草。[6]流之:顺着水流来采摘。[7]寤:睡醒。寐:睡着了。寤寐:日日夜夜。[8]思服:思念。服:想。[9]悠:思念。[10]辗转:翻转。反侧:翻来覆去。[11]琴瑟友之:弹琴鼓瑟表示亲近。友:亲近。[12]芼:选择。[13]钟鼓乐之:敲击钟鼓使她快乐。

[译文] 关关和鸣的雎鸠,相伴在河中的小洲。那美丽贤淑的姑娘,是君子的好配偶。

参差不齐的荇菜,向左向右去捞它。那美丽贤淑的姑娘,醒来睡着都想念她。

想念却没法得到她,醒来睡着更思念她。悠长的思念哟,翻来覆去睡不着。

参差不齐的荇菜,向左向右去采它。那美丽贤淑的姑娘,弹琴鼓瑟来亲近她。

参差不齐的荇菜,向左向右去拔它。那美丽贤淑的姑娘,敲钟击鼓来取悦她。

三、卫风·氓

氓之蚩蚩[1],抱布贸丝[2]。匪来贸丝,来即我谋[3]。送子涉淇[4],至于顿丘[5]。匪我愆期[6],子无良媒。将子无怒[7],秋以为期[8]。

[注释] [1]蚩蚩:忠厚老实的样子。[2]布:布匹。贸:交易。[3]即:走近,靠近。谋:商量。[4]涉:渡。淇:淇河。[5]顿丘:地名。[6]愆期:拖延日期。[7]将:愿,请。[8]秋以为期:以秋天作为结婚的日期。

[译文] 憨厚农家小伙子,怀抱布匹来换丝。其实不是来换丝,是找机会谈婚事。送郎过了淇河西,到达顿丘情依依。不是我愿误佳期,你无媒人来行礼。望郎不要发脾气,秋天到了你来娶。

乘彼垝垣[1],以望复关[2]。不见复关,泣涕涟涟[3]。既见复关,载笑载言。尔卜尔筮[4],体无咎言[5]。以尔车来,以我贿迁[6]。

[注释] [1]乘:登。垝:毁坏,倒塌。垣:墙。[2]复关:诗中男子居住的地方。[3]涕:眼泪。涟涟:泪流的样子。[4]卜:用龟甲卜吉凶。筮:用蓍草占吉凶。[5]体:卜体,就是占卜所显示的现象。咎言:不吉利的话。[6]贿:财物,嫁妆。

[译文] 爬上那个破土墙,遥向复关凝神望。没看见心中的情郎,痴情的我泪落千

行。见到心中的情郎,又说又笑喜洋洋。情郎占卜又占筮,卜筮吉兆心欢畅。驾着你的车子来,拉走我的好嫁妆。

桑之未落,其叶沃若[1]。于嗟鸠兮[2]!无食桑葚[3]。于嗟女兮!无与士耽[4]。士之耽兮,犹可说也[5]。女之耽兮,不可说也。

[注释] [1]沃若:润泽的样子。这里比喻女子的年轻美貌。[2]于嗟:感叹词。于:同"吁"。鸠:斑鸠。兮:语气词,相当于"啊"。[3]桑葚:桑的果实。[4]士:未婚男子的统称。耽:沉湎于爱情。[5]说:通"脱",解脱。

[译文] 桑树叶子未落时,缀满枝头丰满貌。告诫那些斑鸠鸟,别把桑葚全吃了。提醒新婚媳妇们,别对男人情意深。男人如果爱上你,想要解脱很容易。女人如果沉湎情,要想解脱不容易。

桑之落矣,其黄而陨[1]。自我徂尔[2],三岁食贫[3]。淇水汤汤[4],渐车帷裳[5]。女也不爽[6],士贰其行[7]。士也罔极[8],二三其德[9]。

[注释] [1]陨:坠落。[2]徂尔:嫁给你。[3]食贫:过着贫苦的生活。[4]汤汤:水势浩大的样子。[5]渐:浸湿。帷裳:车帷子。[6]爽:差错。[7]贰:不专一,用如动词。行:行为。[8]罔:无。罔极:没有准则,行为不端。[9]二三其德:三心二意。

[译文] 桑树叶子落下来,枯黄憔悴没人理。自我嫁到你家来,多年穷苦受煎熬。淇河浩荡似我泪,水溅车帷泪满裳。作为妻子我没错,是你爱情不专一。行为不端无准则,三心二意花心肠。

三岁为妇,靡室劳矣[1];夙兴夜寐[2],靡有朝矣[3]。言既遂矣[4],至于暴矣[5]。兄弟不知,咥其笑矣[6]。静言思之,躬自悼矣[7]。

[注释] [1]靡:没有。室劳:家务劳动。[2]夙兴夜寐:早起晚睡。[3]朝:一朝一夕。[4]言:语助词。既:已经。遂:随心,满意。[5]暴:横暴。[6]咥:大笑的样子。笑:讥笑。[7]躬:自己,自身。悼:伤心。

[译文] 婚后多年守妇道,操持家务不辞劳。起早贪黑不言苦,里外忙碌非一朝。哪知家业好转后,反而对我施家暴。兄弟不知我处境,个个见我笑嘻嘻。静下心来仔细想,独自伤神泪暗流。

及尔偕老[1],老使我怨。淇则有岸,隰则有泮[2]。总角之宴[3],言笑晏晏[4]。信誓旦旦[5],不思其反[6]。反是不思[7],亦已焉哉[8]!

[注释] [1]及:同。偕老:白头到老。[2]淇:淇河。隰:低湿地。泮:通"畔",岸。[3]总:扎。总角:小孩子的头发扎成鬟髻叫"总角"。宴:快乐。[4]晏晏:欢乐、和悦的样子。[5]信誓:诚信的誓言。旦旦:诚恳的样子。[6]反:违反,变心。[7]反是:违反这誓言。是:誓言。[8]已:算了,终止。

[译文] 恋爱誓言白头偕老,如今此言使我怨恨。淇河滔滔有岸边,沼泽广阔有尽头。回想恋爱的欢乐时光,谈笑之间温柔善良。如今山盟海誓犹在耳,岂料反目成仇如此快。莫再回想背盟事,既已终结永罢休!

四、小雅·鹿鸣

呦呦鹿鸣[1],食野之苹[2]。我有嘉宾[3],鼓瑟吹笙。吹笙鼓簧[4],承筐是将[5]。人之好我,示我周行[6]。

[*注释*] [1]呦呦:鹿鸣声。[2]苹:艾蒿,可生食。[3]宾:客人。[4]鼓:弹。簧:笙上的簧片。[5]承:捧。将:献。[6]周行:大道,指至美、至善之道。

[*译文*] 鹿儿呼伴呦呦叫,同在原野吃艾蒿。我有满座好宾朋,弹瑟吹笙来欢迎。又吹笙来又鼓簧,赠送礼品装满筐。宾朋对我很友善,指我大道有方向。

呦呦鹿鸣,食野之蒿[1]。我有嘉宾,德音孔昭[2]。视民不恌[3],君子是则是效[4]。我有旨酒[5],嘉宾式燕以敖[6]。

[*注释*] [1]蒿:青蒿。[2]德音:美好的品德声誉。孔:很。昭:明亮,光明。[3]视:通"示"。恌:通"佻",轻佻。[4]则:效法。[5]旨酒:美酒。[6]式:语助词。燕:同"宴"。敖:同"遨",游玩。

[*译文*] 鹿儿呼伴呦呦叫,同在原野吃青蒿。我有满座好宾朋,品德高尚又显耀。示范民众不轻佻,君子贤人来仿效。我有美酒香又醇,宴请嘉宾任逍遥。

呦呦鹿鸣,食野之芩[1]。我有嘉宾,鼓瑟鼓琴。鼓瑟鼓琴,和乐且湛[2]。我有旨酒,以燕乐嘉宾之心[3]。

[*注释*] [1]芩:蒿类植物。[2]湛:深厚。[3]燕:安。燕乐:安乐。

[*译文*] 鹿儿呼伴呦呦叫,同在原野吃芩草。我有满座好宾朋,又弹瑟来又弹琴。又弹瑟来又弹琴,和美快活都欢心。我有美酒香而醇,用来快乐嘉宾心。

五、商颂·玄鸟

天命玄鸟,降而生商[1],宅殷土芒芒[2]。古帝命武汤[3],正域彼四方[4]。

[*注释*] [1]玄鸟:燕子,可能是商的图腾。传说女子简狄吞燕卵生了商的始祖契。[2]宅:居住。殷土:殷地。殷人在盘庚迁都前国号称商,迁都后国号称殷,其后人因此称商地为殷地。芒芒:通"茫茫",广大的样子。[3]古帝:上天、天帝。武汤:商王朝的建立者商汤,因为有武功又被称为"武汤"或"武王"。[4]正:通"征",征伐。域:邦国。

[*译文*] 天命燕子降人间,生下契来建殷商,住在殷地广又宽。古时天帝命武汤,征伐天下安四方。

方命厥后[1],奄有九有[2]。商之先后[3],受命不殆[4],在武丁孙子[5]。武丁孙子,武王靡不胜[6]。

[*注释*] [1]方:普遍。厥:其,指商汤。后:此指各部落的酋长、首领。[2]奄有:覆

盖、拥有。九有：九州。《尔雅·释地》："两河间曰冀州,河南曰豫州,河西曰雍州,汉南曰荆州,江南曰扬州,济南曰兖州,济东曰徐州,燕曰幽州,齐曰营州。"[3]先后：先君。[4]殆：同"怠",懈怠。[5]武丁：商汤第九代孙盘庚弟弟小乙的儿子,在位近六十年,复兴了中衰的商朝。"在武丁孙子"即"有武丁孙子"。[6]武王靡不胜：武丁孙子对于武王的事业没有不能胜任的。胜：胜任。

[译文] 遍告那些部落长,九州土地商拥有。殷商各位众先王,承受天命不懈怠,一直传到武丁王。武丁孙子敢担当,武汤遗业续辉煌。

龙旂十乘[1],大糦是承[2]。邦畿千里[3],维民所止[4],肇域彼四海[5]。

[注释] [1]龙旂：画有龙形图案的旗帜。乘：古代一车四马为一乘。[2]糦：酒食。是：指示代词,指"大糦"。承：奉献。[3]邦畿：疆界,封畿。[4]止：居住。[5]肇：开始,开辟。域：疆域。四海：《尔雅》以"九夷、八狄、七戎、六蛮"为"四海"。肇域四海：开辟疆域以至于四海。

[译文] 大车十辆插龙旗,各路诸侯献贡礼。国土疆域上千里,殷商百姓居住地,开拓疆域至四海。

四海来假[1],来假祁祁[2]。景员维河[3]。殷受命咸宜[4],百禄是何[5]。

[注释] [1]假：至。[2]假：到达。祁祁：众多的样子。[3]景：景山。员：周围。维：表判断,为。景员维河：景山周围是大河。[4]咸：全,都。[5]是：指示代词,指"百禄"。何：通"荷",承受、承担。

[译文] 四海诸侯来朝拜,车水马龙进贡多。景山周围是大河,殷受天命都说好,各样福禄全都有。

六、毛诗序

《关雎》,后妃之德也[1],风之始也[2],所以风天下而正夫妇也[3]。故用之乡人焉[4],用之邦国焉[5]。风,风也,教也,风以动之[6],教以化之[7]。

[注释] [1]后妃：天子之妻。旧说《关雎》是写后妃事,指周文王妃太姒。[2]风：指"十五国风"。这句是说《关雎》是十五国风中的第一篇。[3]风：教化。[4]乡人：百姓。[5]用之邦国：根据《仪礼》,诸侯行燕礼时,要歌《关雎》,用以教化臣子。[6]动：感动。[7]化：感化。

[译文] 《关雎》这首诗,是讲后妃美德的诗,它是《诗经》十五国风的第一篇,君王用它来教化天下百姓矫正夫妇之道的。所以它可以用来教化乡村百姓,也可以用来教化诸侯邦国。《国风》的风,就是讽喻、教化的意思,用讽喻来感动人们,教育就能教化人们。

诗者,志之所之也[1],在心为志,发言为诗。情动于中而形于言[2],言之不足,故嗟叹之,嗟叹之不足,故咏歌之[3],咏歌之不足,不知手之舞之,足之蹈之也。

[注释] [1]志之所之也：诗是用来抒发心志抱负的。志：意志、抱负。所之：即诗是

志所生出的,引申为所向、所往。[2]形:表现。[3]永歌:长歌,长声歌唱。

[译文] 诗,是用来抒发心志抱负的,在心里就是志向,用语言表达出来就是诗。情感在心里被触动必然就会表达为语言,语言不足以表达,就会吁嗟叹息,吁嗟叹息不足以表达,就会长声歌咏,长声歌咏不足以表达,就会情不自禁地手舞足蹈。

情发于声,声成文谓之音[1]。治世之音安以乐,其政和;乱世之音怨以怒,其政乖[2];亡国之音哀以思,其民困[3]。故正得失,动天地,感鬼神,莫近于诗[4]。先王以是经夫妇[5],成孝敬,厚人伦,美教化,移风俗。

[注释] [1]文:指宫、商、角、徵、羽这五声的称谓。音:音乐。[2]其政乖:指政治不正常。乖:反常、乖戾。[3]困:艰难、窘迫。[4]莫近于:莫过于。[5]以:用。经:常道,这里用作动词。经夫妇:使夫妇之道入于正常。

[译文] 情感要用声音来表达,声音组成宫、商、角、徵、羽之调,就是音乐。太平盛世的音乐平和而欢乐,当时的政治就清明和顺;动乱之世的音乐怨恨而愤怒,当时的政治就乖戾残暴;亡国之时的音乐悲哀而忧思,其国民就困顿贫穷。所以矫正政治的得失,感动天地鬼神,没有什么比诗更近于能实现这个目标。古代的君王正是以诗歌来矫正夫妻的关系,培养孝敬的行为,敦厚人伦的纲常,淳美教育的风气,改变不良的风俗的。

故诗有六义焉:一曰风,二曰赋,三曰比,四曰兴,五曰雅,六曰颂。上以风化下[1],下以风刺上,主文而谲谏[2],言之者无罪,闻之者足以戒,故曰风。至于王道衰,礼义废,政教失,国异政,家殊俗,而变风[3]、变雅作矣[4]。

[注释] [1]风:十五国风。[2]谲谏:用隐约的言辞谏劝而不直言过失。[3]变风:"正风":《周南》、《召南》;"变风":其余十三国风,是西周中衰以后及东周时候的作品。[4]变雅:"正雅":武王、周公、成王时期的作品,含"大雅"十八篇,"小雅"十六篇。"变雅":是西周中衰之后,厉、宣、幽王三朝的作品。作:兴起,产生。

[译文] 所以诗有六义:一叫"风",二叫"赋",三叫"比",四叫"兴",五叫"雅",六叫"颂"。上面的(统治者)用"风"来教化下面的(平民百姓),下面的(平民百姓)用"风"来讽喻上面的(统治者),用深隐的文辞作委婉的谏劝,(这样)说话的人不会得罪,听话的人足可以警戒,这就叫"风"。至于王道衰微,礼义废弛,政教丧失,诸侯各国各行其政,老百姓家风俗各异,于是"变风""变雅"的诗就出来了。

国史明乎得失之迹[1],伤人伦之废,哀刑政之苛,吟咏情性,以风其上,达于事变而怀其旧俗者也。故变风发乎情,止乎礼义。发乎情,民之性也;止乎礼义,先王之泽也。是以一国之事,系一人之本,谓之风;言天下之事,形四方之风,谓之雅。雅者,正也,言王政之所由废兴也。政有小大,故有小雅焉,有大雅焉。颂者,美盛德之形容,以其成功告于神明者也。是谓四始[2],诗之至也[3]。

[注释] [1]国史:王室的史官。[2]四始:"风""大雅""小雅""颂"。[3]诗之至:诗理之极,尽在于此。

[译文] 国家的史官明白政治得失的事实,悲伤人伦关系的废弛,哀怨刑法政治的苛刻,于是选择吟咏自己情感的诗歌,用来讽喻君上,这是明达于世上的事情(已经)变化,而

又怀念旧时风俗的,所以"变风"是发于内心的情感,但并不超越礼义。发于内心的情感是人的本性,不超越礼义是先王教化的恩泽犹存。因此,如果诗是吟咏一个邦国的事,只是表现诗人一个人的内心情感,就叫作"风";如果诗是说的天下的事,表现的是包括四方的风俗,就叫作"雅"。"雅",就是正的意思,说的是王政衰微兴盛的缘由。政事有小大之分,所以有的叫"小雅",有的叫"大雅"。"颂",就是赞美君王盛德,并将他成功的事业告诉祖宗神明。("风""小雅""大雅""颂")这就是"四始",诗理之极,尽在于此。

然则《关雎》《麟趾》之化[1],王者之风,故系之周公。南,言化自北而南也。《鹊巢》《驺虞》之德[2],诸侯之风也,先王之所以教,故系之召公。《周南》《召南》,正始之道,王化之基[3]。是以《关雎》乐得淑女,以配君子,忧在进贤,不淫其色;哀窈窕,思贤才,而无伤善之心焉。是《关雎》之义也。

[注释] [1]《关雎》《麟趾》:《关雎》是《诗经·国风·周南》的第一篇,《麟趾》是《诗经·国风·周南》的最后一篇。[2]《鹊巢》《驺虞》:《鹊巢》是《诗经·国风·召南》的第一篇,《驺虞》是《诗经·国风·召南》的最后一篇。[3]正始:端正其初始。王化:王业风化或王者教化。

[译文] 既然《关雎》至《麟趾》等篇的教化,是王者之风,所以都在周公名下。"南"是说王者教化自北向南进行的。《鹊巢》至《驺虞》等篇的美德,是诸侯之风,是先王用以教导百姓的,所以都在召公名下。《周南》《召南》,是正始之大道,是王化之根本。所以《关雎》的意思是乐意得到淑女以配君子,也就是忧虑君子进举贤德而不要一味沉溺于美色。留恋窈窕之女而思慕贤德之才,这样无伤于善道,就是《关雎》之篇的要义啊!

附:《毛诗序》的文艺思想

《毛诗序》是毛诗首篇《关雎》前的序,毛诗每篇都有小序,此大序是整个《诗经》的序,是儒家诗论的经典性总结,作者不详。主要文艺思想有。

1. 情志统一说——"在心为志"和"吟咏情性"

对诗歌本质认识的深化。《毛诗序》继承"诗言志"的观点,又有所突破,明确地提出了诗歌通过抒情来言志的特点。一方面肯定诗要言志,"诗者,志之所之也。在心为志,发言为诗。情动于中而形于言,言之不足,故嗟叹之,嗟叹之不足,故永歌之,永歌之不足,不知手之舞之,足之蹈之也"。另一方面又强调诗歌是"吟咏情性"的。情志统一的诗歌本质观,符合古代诗歌的实际,表明诗歌既表现人的理性精神(志),又表现人的情感态度。比单一的言志、言情说更进一步。

2. "发乎情,止乎礼义"

儒家诗学的思想规范。《毛诗序》中说:"变风发乎情,止乎礼义。发乎情,民之性也;止乎礼义,先王之泽也。"一方面指出"变风"、"刺诗"创作的合理性,不仅"发乎情",符合诗歌"吟咏情性"的本质,而且由"发乎情"创作的"变风"是"民之性也",这就把具有揭露批判性质的"变风"提到人性的高度进行肯定,为后世批判性诗歌创作提供了理论依据。另一方面又对"变风"创作提出了限制,认为诗歌的创作要符合"发乎情,止乎礼义"的原则,不能越出封建礼义的规范,在揭露和批判现实方面,要以十分委婉的方式,在统治者所允许的范围之内做一些它们可以接受的批评。这种要求影响了诗歌创作的健康发展,使诗歌成为封建说教的工具。

3."讽谏说"和"教化说"

对诗歌政治功用的强调。《毛诗序》中说:"所以风天下而正夫妇也。故用之乡人焉,用之邦国焉。风,风也,教也,风以动之,教以化之。""故正得失,动天地,感鬼神,莫近于诗。先王以是经夫妇,成孝敬,厚人伦,美教化,移风俗。""上以风化下,下以风刺上。"一方面,统治者应当利用诗歌来教化人民,维护统治者所需要的道德风尚、社会风气,以巩固统治秩序;另一方面,臣下应当用诗歌对君上进行劝谏,以改良政治。做到"言之者无罪,闻之者足以戒",充分肯定了文艺批评的意义和作用。下层百姓可以通过文艺对上层统治者进行批评,具有一定的民主因素,为文学家运用文艺批评揭露现实黑暗,提供了理论依据。

4."主文而谲谏"

对诗歌形式的要求。"主文"即注重文采,讲究形式;"谲谏"就是用隐约的言辞劝谏而不直言过失,应委婉含蓄,不可直露急切。要用文采优美、委婉曲折的诗歌对统治者进行讽谏,这样的诗歌更容易为统治者所接受。因为形式优美的诗歌能够给人带来快乐,委婉曲折的批评更符合人的接受心理。

5."变风变雅"

诗歌创作与时代发展。《毛诗序》:"至于王道衰,礼义废,政教失,国异政,家殊俗,而变风、变雅作矣。""变风、变雅"的诗歌是"伤人论之废,哀刑政之苛"的诗歌,这些诗歌的创作是社会历史发展变化的必然结果。表明《毛诗序》已认识到诗歌创作与时代发展的关系。

第四节 "三礼"

一、"三礼"简介

(一)"三礼"

指《周礼》《仪礼》《礼记》。"三礼"中最早成为"经"的是《仪礼》,唐立三礼为经,才加上了《周礼》《礼记》。

(二)《周礼》

《周礼》共六6篇:分别是《天官冢宰第一》《地官司徒第二》《春官宗伯第三》《夏官司马第四》《秋官司寇第五》《冬官司空第六》。其中《冬官司空第六》亡佚,以《考工记》补之。天官冢宰,即大宰,六卿首位,统领六官,总理政务。地官司徒,掌管教育、土地、人口、生产、赋税。春官宗伯,掌管礼制。夏官司马,掌管军队。秋官司寇,掌管刑法。冬官司空,掌管工程。合为"六卿"。

（三）《仪礼》

《仪礼》共十七篇：分别是《士冠礼》《士昏礼》《士相见礼》《乡饮酒礼》《乡射礼》《燕礼》《大射仪》《聘礼》《公食大夫礼》《觐礼》《丧服》《士丧礼》《既夕礼》《士虞礼》《特牲馈食礼》《少牢馈食礼》《有司》。

（四）《礼记》

《礼记》是战国至秦汉年间儒家学者解释说明经书《仪礼》的文章选集，是一部儒家思想的资料汇编。写作时间有先有后，其中多数篇章可能是孔子的七十二弟子及其学生们的作品，还兼收先秦的其他典籍。《礼记》中最重要的是《乐记》《大学》《中庸》三篇，《大学》《中庸》又属于"四书"范围，放在第二章"四书精华"部分讲解。

（五）《大戴礼记》与《小戴礼记》

《礼记》一书的编定是西汉礼学家戴德和他的侄子戴圣。戴德选编的八十五篇本叫《大戴礼记》，戴圣选编的四十九篇本叫《小戴礼记》，即我们今天所见的《礼记》。东汉末年，著名学者郑玄为《小戴礼记》做了出色的注解，后来这个本子便盛行不衰，并由解说经文的著作逐渐成为经典。

二、周礼·天官冢宰·大宰（节选）

大宰之职[1]，掌建邦之六典，以佐王治邦国：一曰治典[2]，以经邦国，以治官府，以纪万民[3]。二曰教典[4]，以安邦国，以教官府，以扰万民[5]。三曰礼典[6]，以和邦国，以统百官，以谐万民。四曰政典[7]，以平邦国，以正百官，以均万民。五曰刑典，以诘邦国，以刑百官，以纠万民[8]。六曰事典[9]，以富邦国，以任百官，以生万民[10]。

[注释] [1]大宰：仅次于天子的最高长官，既为天官之正，又统领六官，总掌各种施政纲领。[2]治典：治理政务的法典，是治政总纲。[3]纪：治理。[4]教典：实行教育的法典。[5]扰：顺服。[6]礼典：各种礼仪的法典。[7]政典：关于征伐、兵役、练兵、田猎等事的法典。[8]诘：禁止。纠：纠察。[9]事典：工程建设的法典。[10]富：财物充足。任：胜任。生：生养。

[译文] 大宰的职责，掌管建立国家的六种法典，以辅佐君王治理国家。第一是治典，用来治理天下各国，治理官府，治理民众。第二是教典，用来安定天下各国，教育官府的官吏，使民众顺服。第三是礼典，用来协调天下各国，统御百官，使民众和谐。第四是政典，用来使天下各国政治公平，百官政风端正，民众赋役平均。第五是刑典，用来禁止天下各国的叛逆，惩罚百官的违法者，纠察民众。第六是事典，用来使天下各国富强，百官胜任职事，民众能得生养。

以八法治官府：一曰官属[1]，以举邦治。二曰官职[2]，以辨邦治。三曰官联[3]，以会官治[4]。四曰官常[5]，以听官治。五曰官成[6]，以经邦治。六曰官法[7]，以正邦治。七曰官刑[8]，以纠邦治。八曰官计，以弊邦治[9]。

[注释] [1]官属：各官府的统属关系。[2]官职：各官府的职责范围。[3]官联：一个官府与其他官府协同办事的职责。[4]官治：各官府的职责。[5]官常：各官府的经常性职责。[6]官成：考核各官府完成事情的标准。[7]官法：各官府完成职责应遵循的法规。[8]官刑：赏罚官员的法规。[9]官计：考核各官府治绩。弊：听断，裁决。

[译文] 依据八种法则来治理官府。第一是官属，用来建立王国的统治体系。第二是官职，用来区别王国官吏的职责。第三是官联，用来会合各官共同办事。第四是官常，用来考察官吏的经常性工作。第五是官成，用来治理王国的政事。第六是官法，用来端正王国的政风。第七是官刑，用来纠察王国的政事。第八是官计，用来考核整个王邦的治理情况。

以八则治都鄙[1]：一曰祭祀，以驭其神。二曰法则[2]，以驭其官。三曰废置[3]，以驭其吏。四曰禄位，以驭其士[4]。五曰赋贡[5]，以驭其用。六曰礼俗[6]，以驭其民。七曰刑赏，以驭其威。八曰田役，以驭其众[7]。

[注释] [1]都鄙：王畿内公卿大夫的采邑及王子弟的食邑。[2]法则：都鄙的官府制度。[3]废：废除无能的官吏。置：任用贤人。[4]禄位：俸禄爵位。士：学士。[5]赋贡：赋税贡品。[6]礼俗：礼仪风俗。[7]田役：田猎、征伐、劳动所征伐的徒役。

[译文] 依据八种制度治理王畿内公卿大夫的采邑及王子弟的食邑。第一是祭祀制度，用来控制他们所祭祀神灵的尊卑、多少。第二是设置官府的法则，用来控制他们设置官府的数目。第三是废置制度，用来控制他们对家臣的升降。第四是禄位制度，用来控制他们对学士的任用。第五是赋贡制度，用来控制他们的财用。第六是礼仪风俗制度，用来管理教化他们的民众。第七是刑赏制度，用来树立他们的威信。第八是田役制度，用来役使他们的民众。

以八柄诏王驭群臣[1]：一曰爵[2]，以驭其贵。二曰禄，以驭其富。三曰予，以驭其幸[3]。四曰置，以驭其行[4]。五曰生，以驭其福。六曰夺[5]，以驭其贫。七曰废[6]，以驭其罪。八曰诛，以驭其过。

[注释] [1]柄：权柄。诏：辅助。[2]爵：爵位。[3]予：赐予。幸：恩幸。[4]行：品行。[5]夺：剥夺。[6]废：废黜。

[译文] 用八种权柄辅助君王统御群臣。第一是授予爵位的权柄，使贤臣尊贵。第二是授予俸禄的权柄，使贤臣富有。第三是赐予的权柄，使贤臣得宠幸。第四是安置官吏的权柄，劝励臣下的品行。第五是赦免死罪的权柄，使臣下得免死之福。第六是剥夺的权柄，使奸臣贫穷。第七是废黜的权柄，以惩罚罪臣。第八是诛杀的权柄，使罪臣遭祸。

以八统诏王驭万民[1]：一曰亲亲，二曰敬故，三曰进贤，四曰使能，五曰保庸[2]，六曰尊贵，七曰达吏，八曰礼宾。

[注释] [1]八统：八项原则。[2]庸：有功的人。

[译文] 用八项原则辅助君王统御民众：第一是亲近亲族，第二是尊敬故旧，第三是荐举贤人，第四是任用能人，第五是优待有功的人，第六是尊重地位高的人，第七是提拔勤

劳的小吏，第八是礼敬宾客。

以九职任万民：一曰三农[1]，生九谷[2]。二曰园圃，毓草木[3]。三曰虞衡[4]，作山泽之材。四曰薮牧[5]，养蕃鸟兽。五曰百工[6]，饬化八材。六曰商贾[7]，阜通货贿。七曰嫔妇[8]，化治丝枲。八曰臣妾[9]，聚敛疏材。九曰闲民[10]，无常职，转移执事。

[注释] [1]三农：有二说。郑众认为是山地之农、平地之农、泽地之农。郑玄认为是高原之农、平地之农、低湿地之农。现在的"三农"指农业、农村、农民。[2]九谷：黍、稷、梁、稻、麻、大豆、小豆、苽、小麦。[3]毓：同"育"。[4]虞衡：从事山林川泽工作的人。[5]薮牧：沼泽草地的牧民。[6]百工：各种工匠。[7]商贾：商人。运输曰商，坐卖曰贾。[8]嫔妇：平民妇女。[9]臣妾：卖身为奴的男女平民。[10]闲民：没有固定职业者。

[译文] 以九类职业任用民众：第一是在三种不同地形从事农业劳动，生产各种谷物。第二是园圃之业，培育各种瓜果蔬菜。第三是虞衡之业，开发利用山林川泽的材物。第四是薮牧之业，畜养鸟兽。第五是百工之业，利用各种原材料制造器物。第六是商贾之业，使财物流通。第七是嫔妇之业，治理丝麻。第八是臣妾之业，采集野生的草木果实。第九是闲民，没有固定职业，经常转换雇主为人做工。

以九赋敛财贿[1]：一曰邦中之赋，二曰四郊之赋[2]，三曰邦甸之赋[3]，四曰家削之赋[4]，五曰邦县之赋[5]，六曰邦都之赋[6]，七曰关市之赋，八曰山泽之赋，九曰币余之赋。

[注释] [1]赋：地税。[2]四郊：王城之外一百里的地区。[3]邦甸：距王城一百里至二百里的地区。[4]家削：距王城二百里至三百里的地区。[5]邦县：距王城三百里至四百里的地区。[6]邦都：距王城四百里至五百里的地区。

[译文] 用九种地税征收财物：第一是王城内的地税，第二是四郊的地税，第三是邦甸的地税，第四是家削的地税，第五是邦县的地税，第六是邦都的地税，第七是关市的税法，第八是山泽的税法，第九是给公用的剩余财物的回收法。

以九式均节财用[1]：一曰祭祀之式，二曰宾客之式，三曰丧荒之式，四曰羞服之式[2]，五曰工事之式，六曰币帛之式，七曰刍秣之式，八曰匪颁之式，九曰好用之式。

[注释] [1]九式：九种调节财物使用的法则。[2]羞：饮食所用。

[译文] 用九种法则调节财物的使用：第一是祭祀所用财物的法则，第二是接待宾客所用财物的法则，第三是遇死丧或灾荒所用财物的法则，第四是饮食和车服所用财物的法则，第五是工匠制作所用财物的法则，第六是行聘问礼所用财物的法则，第七是饲养牛马草料支出的法则，第八是分颁群臣俸禄所用财物的法则，第九是君王为与诸侯和臣下结恩好而赐予财物的法则。

以九贡致邦国之用[1]：一曰祀贡，二曰嫔贡[2]，三曰器贡，四曰币贡，五曰材贡，六曰货贡，七曰服贡，八曰斿贡[3]，九曰物贡。

[注释] [1]九贡：九种收取诸侯国贡奉财物的办法。[2]嫔：通"宾"，宾客。[3]斿：通"游"，玩赏。

[译文] 按九种贡法收取诸侯国贡奉的财物：第一是进贡祭祀所用的物品，第二是进

贡接待宾客所用的物品,第三是进贡宗庙礼器,第四是进贡聘问所用的物品,第五是进贡竹、木材等物品,第六是进贡珠贝、金、玉等自然之物,第七是进贡缝制礼服所用的材料,第八是进贡玩赏之物,第九是进贡各地土特产。

以九两系邦国之民[1]:一曰牧[2],以地得民。二曰长,以贵得民。三曰师,以贤得民。四曰儒,以道得民。五曰宗,以族得民。六曰主,以利得民。七曰吏,以治得民。八曰友,以任得民。九曰薮,以富得民。

[注释] [1]两:双方和谐的关系。[2]牧:诸侯国君。

[译文] 用九种和谐的办法联系天下各国的民众:第一是诸侯国君,以土地取得民众。第二是官长,以尊贵的爵位取得民众。第三是老师,以贤德取得民众。第四是儒士,以道艺取得民众。第五是大宗,以亲睦族人取得民众。第六是主人,以有利可依取得民众。第七是官吏,以治理民事取得民众。第八是朋友,以可托付信任取得民众。第九是掌管山林川泽的官吏,以山林川泽的材物取得民众。

三、仪礼·士昏礼[1]

昏礼。下达[2],纳采[3],用雁[4]。主人筵于户西[5],西上,右几。使者玄端至[6]。摈者出请事,入告。主人如宾服,迎于门外,再拜。宾不答拜。揖入。至于庙门,揖入。三揖,至于阶,三让。主人以宾升,西面。宾升西阶,当阿[7],东面致命。主人阼阶上北面再拜。授于楹间[8],南面。宾降,出。主人降,授老雁[9]。

[注释] [1]《士昏礼》记述士娶妻成婚的礼节仪式。《士昏礼》疏引郑玄《目录》说:"士娶妻之礼,以昏为期,因而名焉。"按规定,男子在昏时亲迎新妇。以昏为名,所以称作昏礼。今所谓婚,即本于此。士昏礼有六项内容,也叫作六礼。第一,纳采。男方家遣媒人向女方家提亲,女方家同意,男方家备礼至女方家求婚所行的礼仪。第二,问名。男方家使人问女子之名,以归卜其吉凶。第三,纳吉。男方家卜得吉兆,备礼告知女方家,至此,婚姻始定。第四,纳征。征即成,男方家在纳吉之后,送聘礼于女方家以成婚礼。第五,请期。男方家卜得迎娶吉日,备礼告于女方家,征得同意。第六,亲迎。至婚期,婿亲至女方家迎娶新妇完成婚礼。《礼记·中庸》说:"君子之道,造端乎夫妇。"因此,儒家对婚礼非常重视。《礼记·昏义》论婚礼的意义说:"礼之大体,而所以成男女之别,而立夫妇之义也。男女有别而后夫妇有义;夫妇有义而后父子有亲;父子有亲而后君臣有正。故曰,昏礼者,礼之本也。"儒家从这种血缘伦理道德观念出发,把婚礼看作整个礼制的基础。[2]下达:达即通达。男方家欲与女方家联姻,遣媒下通其言于女方家。[3]纳采:采即采择。经男方家向女方家提亲,女方家同意后,男方家备礼至女方家求婚之仪。这是婚礼的第一个步骤。[4]用雁:纳采用雁作为求婚的礼物。这是因为:雁为候鸟,取其顺乎阴阳之意;雁失去配偶后,终身不再成双,取其忠贞。[5]主人:此处指女子的父亲。[6]使者:男方家媒人。玄:黑色。端:多在祭祀场合穿的周代礼服。[7]当阿:阿即栋。凡士之庙,共五檩,中脊为栋。栋北一檩,下有室户。栋南一檩,称作前楣。楣前接檐一檩为庪。此当阿即至中脊(栋)下。[8]楹间:东西两楹之间。堂前部东西各一柱,称作楹。[9]老:家臣

之长者。

[译文] 婚事的礼仪：男方家先遣媒人向女方家提亲，然后行纳采礼，用雁作求婚的礼物。主人在祢庙堂上户西布设筵席。筵席以西为上，几设置于右方。使者身着玄端服而至。迎接宾客的人出来问事，入告于主人。主人身穿与宾客一样的礼服，出大门外迎接。主人两拜，宾客不答拜。宾主相揖进入大门。至庙门，相揖而入。如此相对三揖，到达堂前阶下，谦让三番。主人与宾客一同登堂，面朝西。宾从西阶登堂，至栋下面朝东致辞。主人在阼阶上方面朝北两拜。使者在堂上两楹之间授雁，面朝南方。宾下堂，出庙门。主人下堂，把雁交给年长的家臣。

摈者出请。宾执雁，请问名[1]。主人许。宾入，授，如初礼。

[注释] [1]问名：询问女子之名，以归卜其吉凶。

[译文] 迎接宾客的人出门问事。宾客执雁为礼，请问女子名字。主人许诺。宾客入门，将雁授予主人的仪式，与纳采的礼节相同。

摈者出请，宾告事毕。入告，出请醴宾[1]。宾礼辞，许。主人彻几改筵[2]，东上。侧尊甒醴于房中[3]。主人迎宾于庙门外，揖让如初，升。主人北面，再拜。宾西阶上，北面答拜。主人拂几授校[4]，拜送。宾以几辟[5]，北面设于坐，左之，西阶上答拜。赞者酌醴[6]，加角柶[7]，面叶[8]，出于房。主人受醴，面枋[9]，筵前，西北面，宾拜受醴，复位。主人阼阶上拜送。赞者荐脯醢[10]。宾即筵坐。左执觯，祭脯醢，以柶祭醴三。西阶上北面坐，啐醴[11]。建柶兴[12]。坐奠觯[13]，遂拜。主人答拜。宾即筵，奠于荐左。降筵，北面，坐取脯。主人辞。宾降，授人脯[14]，出。主人送于门外，再拜。

[注释] [1]醴宾：即礼宾。[2]彻几改筵：上纳采礼设几筵，乃为神而设，以西为上。此处为礼宾而设筵，改西上为东上，故称改筵。[3]侧：通"特"，单独。尊：置酒。甒：盛酒的瓦器。[4]拂几授校：校即几足。谓主人拭几，然后执几以几足授予宾。[5]宾以几辟：辟，避让谦退。主人以几授宾，拜送之，时宾有几在手，故以几辟。[6]赞者：辅助行礼的人。[7]角柶：形状像匙的一种礼器。[8]面：前。叶：角柶的大端，形状如叶，用来舀取醴。[9]枋：通"柄"。[10]荐：进献。脯：干肉。醢：肉酱。[11]啐：尝，小饮。[12]建：竖立。兴：起身。[13]奠：放置。[14]人：宾的随从。

[译文] 摈者出门问事，宾告知事已完毕。摈者入告主人，摈者出门请求以礼酬宾。宾推辞一番，然后答应。主人撤几，重新布设筵席，以东为上首。在房中设置一甒醴。主人至庙门外迎宾。入门揖让的礼节与前相同，宾主登堂。主人面朝北方两拜，宾在西阶的上方面朝北答拜。主人拭几，执几以几足授予宾，然后拜送。宾执几谦退避让一番，面朝北把几设置于座位左边，而后于西阶上方答拜主人。赞者斟醴，在觯上放置一角质的小匙，匙头朝前，从房中出至堂上。主人接过醴觯，转使匙柄朝前，进至筵席前，面朝西北方。宾拜而接受醴觯，复回原位。主人在阼阶的上方拜送宾。赞者把脯醢进置于筵前。宾即席坐下，左手执觯，祭脯醢，又用小匙祭醴三番。继而在西阶上方面朝西坐下，尝醴。然后将小匙插置觯中，站起。复又坐下，放觯于地上，随即一拜。主人答拜。宾即席，将觯放置于笾豆的东边。下筵席，面朝北坐下，取脯。主人辞让一番。宾下堂，将脯交从者，出门。主人送宾至大门外，两拜。

纳吉[1]，用雁，如纳采礼。

[注释] [1]纳吉：男方家占卜得吉，认为适于联姻，乃备礼告知女方家。此为婚礼第三个步骤。

[译文] 纳吉，以雁为礼物，礼节与纳采礼相同。

纳征[1]，玄𫄸束帛[2]，俪皮[3]，如纳吉礼。

[注释] [1]纳征：征即成，使使者纳币以成婚礼。男方家送聘礼于女方家以证定婚事。此为婚礼第四个步骤。[2]玄𫄸：玄、𫄸二色。玄：黑色。𫄸：浅红色。玄𫄸束帛，即玄𫄸二色的五匹帛（一说玄三𫄸二）。[3]俪皮：两张鹿皮。

[译文] 纳征，以黑、红两色的五匹帛和鹿皮两张作礼物，礼节与纳吉礼相同。

请期[1]，用雁。主人辞[2]，宾许，告期，如纳征礼。

[注释] [1]请期：男方家卜得迎娶的吉期，备礼告于女方家。为表示对女方家的尊重，男方家不直接告以吉期，而先请于女方家，然后告之，故称请期。此为婚礼的第五个步骤。[2]主人：女方的父亲。辞：推辞。

[译文] 请期，以雁为礼物。（宾请女方家确定迎娶的吉日）主人推辞，宾表示同意，然后告诉主人迎娶的吉期。其礼节与纳征礼相同。

期[1]，初昏，陈三鼎于寝门外东方[2]，北面，北上。其实：特豚，合升，去蹄[3]。举肺脊二、祭肺二[4]、鱼十有四、腊一肫[5]。髀不升[6]。皆饪[7]。设扃鼏[8]。设洗于阼阶东南[9]。馔于房中[10]：醯酱二豆[11]，菹醢四豆[12]，兼巾之。黍稷四敦[13]，皆盖。大羹湆在爨[14]。尊于室中北墉下[15]，有禁[16]。玄酒在西[17]。绤幂[18]，加勺，皆南枋。尊于房户之东，无玄酒，篚在南[19]，实四爵合卺[20]。

[注释] [1]期：娶妻之日。[2]昏：黄昏。寝门：此寝指新婚夫妻所居之宫。[3]特豚：一只小猪。合升：杀牲时剖成两半，煮后相合而放入鼎内。去蹄：除去蹄甲，因为污秽。[4]举肺：行礼所用肺有两种，一举肺，离割之，食时可祭可哜，故又称作离肺、哜肺。二祭肺，刌切之专用于祭，故又称刌肺、切肺。祭时举肺、祭肺皆有，食则只用举肺。[5]腊：干肉。肫：通"纯"，完整的干肉。一纯即一双。郑玄说："腊，兔腊也。"[6]髀：尾骨。[7]饪：熟。[8]扃：鼎上贯穿两耳的横杠，抬鼎时用。鼏：鼎上的覆盖物。[9]洗：洗手的器皿。[10]馔：摆放食物。[11]醯酱：醯：醋。一说醯、酱为二物；一说醯酱为醯与酱相合而成。[12]菹醢：肉酱。[13]黍：黍子。稷：小米。敦：青铜食器，圆形。[14]大羹湆在爨：在灶上煮羹汁。湆：肉汁。在爨：炊在火上。[15]尊：酒樽。墉：墙。[16]禁：祭祀时盛放酒樽的礼器。[17]玄酒：祭祀时当酒用的清水。[18]绤幂：绤：粗葛布。幂：盖巾。绤幂即粗葛布的盖巾。[19]篚：筐类竹器。[20]合卺：卺：婚礼时所用的酒器，一瓠分成两个瓢叫作卺。未用时两瓢合在一起盛于篚内，所以叫合卺。

[译文] 在迎娶之日，天色黄昏时，在寝门外的东边陈放三只鼎，面向北，以北为上。鼎中所盛之物有：一只小猪，除去蹄甲，合左右体盛于鼎中。举肺脊、祭肺各一对，鱼十四尾，除去尾骨部分的干兔一对。以上各物，皆为熟食。鼎上设置抬扛和鼎盖。洗设置在阼

阶的东南面。房中所设置的食物有醯酱两豆、肉酱四豆，六豆共用一巾遮盖。黍稷四敦，敦上都有盖子。煮肉汁炖在火上。酒樽设在室中北墙下，樽下有禁。玄酒（水）置于酒樽的西面。用粗葛布为盖巾，酒樽上放置酒勺，勺柄都朝南。在堂上房门的东侧置酒一樽，不设玄酒。篚在酒樽南边，内装四只酒爵和合卺。

主人爵弁，纁裳缁袘[1]。从者毕玄端。乘墨车[2]，从车二乘，执烛前马。妇车亦如之，有裧[3]。至于门外。主人筵于户西，西上，右几。女次[4]。纯衣纁袡[5]，立于房中，南面。姆纚笄宵衣[6]，在其右。女从者毕袗玄，纚笄，被纲黼[7]，在其后，主人玄端迎于门外，西面再拜。宾东面答拜。主人揖入，宾执雁从。至于庙门，揖入，三揖，至于阶。三让，主人升，西面。宾升，北面，奠雁，再拜稽首[8]。降，出。妇从，降自西阶。主人不降送。婿御妇车，授绥，姆辞不受[9]。妇乘以几，姆加景[10]，乃驱，御者代。婿乘其车先。俟于门外。

[注释] [1]主人：新婿。爵：同"雀"，因为弁的颜色像雀头一样赤而微黑。弁：一种用皮革做成的帽子。袘：裳的下缘。古代上衣下裳。[2]从：随从。毕：全部。墨车：《周礼·春官·巾车》说："大夫乘墨车，士乘栈车。"墨车为大夫所乘之车。亲迎士乘大夫之车，是表示隆重之义。[3]裧：车帷幕。[4]次：一种头饰。[5]纯衣：丝衣。纁：浅红色。袡：衣边。[6]姆：以妇道教女子的女师。纚笄：头饰。纚：束发巾，宽整幅（二尺二寸），长六尺。笄：簪子。宵衣：即绡衣，黑色，妇女助祭之服。姆于此执礼事亦得服之。绡：生丝。以生丝织缯亦曰绡。[7]女从者：从嫁的侄娣。袗：纯色。玄：黑色。被纲黼：披上绣着花纹的单层披肩。纲：单衣。黼：绣在衣服上的黑白相间的花纹。[8]稽首：一种跪拜礼，叩头及地。[9]婿御妇车，授绥：新婿为新妇驾车，把引车绳交给新妇。绥：引车绳，拉手登车用。姆辞不受：《礼记·曲礼》说："凡仆人之礼，必授人绥。若仆者降等，则受；不然，则否。"就是说，乘车者的身份如比驾车人低，就不接受仆的授绥，这是表示不敢当的意思。姆比婿身份低，故不受。[10]景：一种御避风尘的罩衣。

[译文] 新婿身着爵弁服，饰以黑色下缘的浅绛色裙。随从皆身穿玄端。新婿乘坐墨车，并有两辆随从的车子。随从人役手执灯烛在车前照明。新妇的车子与新婿相同，并张有车帷。车队到女方家大门外停下。主人在堂上房西面布设筵席，以西为上首，几在右边。新妇梳理好头发，穿上饰有浅绛色衣缘的丝衣，面朝南站立于房中。女师以头巾束发，身穿黑色丝质礼服，站在新妇的右边。从嫁的娣侄皆身着黑色礼服，用巾束发肩着绣有花纹的单披肩，跟随于新妇之后。主人身穿玄端到大门外迎接，面朝西两拜。新婿面朝东答拜。主人揖新婿，入门。新妇执雁随后入门。到庙门前，相揖而入，如此三揖，到达堂下阶前。谦让三番，主人上堂，面朝西。宾上堂，面朝北，把雁放置于地，两拜，叩头至地。新婿下堂出门。新妇随后，从西阶下堂。主人不下堂相送。新婿亲自为新妇驾车，把引车绳交予新妇。女师推辞不接引车绳。新妇登几上车，女师为新妇披上避风尘的罩衣，于是驱马开车，这时御者代替新婿为新妇驾车。新婿乘坐自己的马车，行驶在前，先期到达，在大门外等候。

妇至，主人揖妇以入。及寝门，揖入，升自西阶。媵布席于奥[1]。夫人于室，即席。妇尊西，南面。媵、御沃盥交[2]。赞者彻尊幂。举者盥，出，除鼏，举鼎入[3]，陈于阼阶南，西面，北上。匕俎从设[4]，北面载[5]，执而俟。匕者逆退[6]，复位于门东，北面，西上。赞者设酱于席前,菹醢在其北,俎入,设于豆东,鱼次[7]。腊特于俎北。赞设黍于酱东,稷在其东,设湆于酱南。设对酱于东[8],菹醢在其南,北上。设黍于腊北,其西稷。设湆于酱北。御布对席。赞启会,却于敦南,对敦于北[9]。赞告具。揖妇,即对筵,皆坐,皆祭。祭荐、黍、稷、肺。赞尔黍[10],授肺脊。皆食,以湆酱[11]。皆祭举,食举也[12]。三饭[13],卒食。赞洗爵,酌酳主人[14]。主人拜受。赞户内北面答拜。酳妇亦如之。皆祭。赞以肝从[15]。皆振祭[16],哜肝,皆实于菹豆。卒爵[17],皆拜。赞答拜,受爵,再酳如初。无从[18]。三酳用卺,亦如之。赞洗爵,酌于户外尊。入户,西北面奠爵,拜,皆答拜。坐祭。卒爵,拜,皆答拜。兴。主人出,妇复位。乃彻于房中[19],如设于室,尊否。主人说服于房,媵受。妇说服于室,御受[20]。姆授巾。御衽于奥,媵衽良席在东[21],皆有枕,北止[22]。主人入,亲说妇之缨。烛出。媵餕主人之余,御餕妇余[23]。赞酳外尊酳之。媵侍于户外,呼则闻。

[注释] [1]媵:新妇随嫁的人,即侄(新娘的侄女)娣(新娘的妹妹)。奥:室之西南角。[2]御:夫家之女役。沃:浇水。盥:盥洗。交:互相。沃盥交,即媵为新婿浇水盥洗,御为新妇浇水盥洗。[3]举者:抬鼎的人。[4]匕俎从设:执匕人与执俎人随鼎而入,并设置匕、俎。匕:匙、勺类取食器。俎:陈置牲体的礼器。[5]载:把牲体盛于俎。[6]匕者逆退:执匕者三人,后入者先退。[7]鱼次:鱼序设在俎东。[8]对酱:妇酱。婿东面,妇西面。[9]会:敦盖。启:揭开。却:仰。敦南:婿敦之南。对敦:与婿敦相对,即妇敦。夫妇二席相向。赞者开启敦盖,一仰置于婿敦之南,一仰置于妇敦之北,各取其便。[10]尔:近,移之使近。[11]以:用。[12]举:即上举肺。以其举以祭以食,故名。[13]三饭:《少牢馈食礼》贾公彦疏说:"一口谓之一饭。"三饭即三口。但"三口"与今天所说吃三口饭的意义不同。古人吃饭不用筷子而用手取食。取食一次即一饭,也就是贾公彦所说的"一口"。[14]酳:酳有二义:漱以洁口;饮以安食。[15]以肝从:既饮酒,继进肝以为肴。[16]振祭:振:动。振祭为古代九祭之一。[17]卒爵:犹今所谓干杯。卒,尽。[18]无从:相对于上"以肝从"而言,谓不以肝从。[19]彻于房中:撤至中之馔,设于房中。[20]说服:说通脱,脱去礼服。此处媵侍婿,御侍妇,与上文"媵御沃盥交"义同。[21]衽:卧席。此处衽作动词用,即铺设卧席。良:丈夫。[22]北止:脚朝北。止即趾。[23]餕:食之余。餕主人之余,餕妇余,皆谓吃尽余食。

[译文] 新妇到婿家,新婿对妇一揖,请她进门。到寝门前,新婿又揖妇请入,从西阶上堂。新妇从嫁的侄娣在室的西南角布设筵席。新婿进室内入席。新妇的位置在酒尊之西,面朝南。媵与御相互交换:媵为新婿浇水盥洗,御则为新妇浇水盥洗。赞者撤除酒尊上的盖巾。抬鼎人盥洗后出门,撤去鼎盖,抬鼎入内,放置在阼阶之南,面朝西,以北为上。执匕人和执俎人随鼎而入,把匕、俎放置于鼎旁,执俎人面朝北把牲体盛置于俎上,执俎立而待。执匕人从后至前,依次退出,回到寝门外东侧原来的位置,面朝北,以西为上。赞者在席前设酱,肉酱放在酱的北边。执俎人入内,把俎设置于肉酱的东边。鱼依序设置在俎东。兔腊单独陈放在俎的北面。赞把黍敦设置在酱的东边,稷敦更在黍敦之东。肉汁陈放在酱南边。在稍靠东边的地方为新妇设酱,肉酱在酱之南,以北为上首。黍敦设置于兔腊北边,稷敦在黍敦之西。肉汁陈放在酱的北边。御在婿席的对面为新妇设席。赞打开婿敦的盖子,仰置于敦南地上,妇敦的敦盖,则仰置于敦北。赞报告新婿馔食已安排完毕。新婿对新妇作揖,请她入对面筵席,然后一起坐下,都进行祭祀。依次祭黍、稷和肺。赞将黍移置席上,并把肺脊进授予新婿新妇。新婿新妇就着肉汁和酱进食。两个人一起祭举

肺,食举肺。取食三次进食便告结束。赞洗爵,斟酒请新婿漱口安食。新婿拜而接受,赞在室门之内面朝北答拜。又请新妇漱口安食,礼节如上。两个人皆祭酒,赞进肝以佐酒。新婿、新妇执肝振祭,尝肝后放置于菹豆中。干杯,皆拜。赞答拜,接过酒爵,第二次服侍新婿新妇漱口饮酒,礼节与第一次相同。不进有佐酒。第三次漱口饮酒,以卺酌酒,礼仪如前。赞洗爵,在室外的尊中斟酒。进门,面朝西北,置爵于地一拜,新婿、新妇皆答拜。赞坐地祭酒,然后干杯,一拜,新婿、新妇皆答拜。站立起来。新婿出室,新妇则回复到原位。撤去室中筵席食物,按照原来的布局设置在房中,不设酒尊。新婿在房中脱去礼服,交与媵。新妇在室中脱掉礼服,交与御。女师将佩巾交与新妇。御在室中西南角铺设卧席,媵在稍东的位置为新婿铺设卧席,都设有枕头,脚朝北,新婿入室,亲自为新妇解缨。撤出灯烛。媵吃新婿余下的食物,御则吃新妇余下的食物。赞斟房外尊的酒为媵和御漱口安食。媵在室门外伺候,呼唤能够听得到。

夙兴,妇沐浴纚笄,宵衣以俟见。质明,赞见妇于舅姑[1]。席于阼,舅即席。席于房外,南面,姑即席。妇执笲枣栗[2],自门入。升自西阶,进拜,奠于席。舅坐抚之[3],兴,答拜。妇还,又拜。降阶,受笲腶脩[4]。升,进,北面拜,奠于席。姑坐,举以兴,拜,授人。

[注释] [1]见:谓赞者通报使新妇与公婆相见。舅姑:公公和婆婆。《尔雅·释亲》:"妇称夫之父曰舅,称夫之母曰姑。"[2]笲:一种盛物的竹器。[3]抚之:抚摸之,表示已接受礼物。[4]腶脩:捶捣而加姜桂的干肉。

[译文] 次日早晨起床,新妇沐浴之后,以簪子和头巾束发,身穿黑色丝质礼服,等候拜见公婆。平明时分,赞引新妇拜见公婆。在阼阶上方设席,公公即席。在房外设席,面朝南,婆婆入席。新妇手执一笲枣栗,从(公婆)寝门入内。从西阶上堂,向东前至公公席前一拜,把枣栗放置于席上。公公坐下以手抚摸枣栗笲(表示已接受新妇所献的礼物),然后站起,对新妇答拜。新妇回至原位,对公公又一拜。新妇下西阶,从侍者手中接过腶脩笲。然后上堂,向北前至婆婆席前,面朝北拜,把笲放置席上。婆婆坐下,手持腶脩笲站起,拜,把笲交与从侍者。

赞醴妇。席于户牖间[1],侧尊甒醴于房中。妇疑立于席西[2]。赞者酌醴,加柶,面枋。出房,席前北面。妇东面拜受,赞西阶上北面拜送。妇又拜。荐脯醢。妇升席,左执觯,右祭脯醢。以柶祭醴三。降席,东面坐,啐醴。建柶,兴,拜,赞答拜,妇又拜。奠于荐东,北面坐取脯。降,出,授人于门外[3]。

[注释] [1]牖:窗户。[2]疑立:安定正立。[3]人:新娘送嫁来的人。

[译文] 赞者代公、婆设筵酬答新妇。在堂上室的门、窗之间布设筵席,在房中设置一甒醴。新妇端正安静地站立在席的西边。赞者斟醴于觯,在觯上放置小匙,匙柄朝前。从房中出来至席前,面朝北方。新妇面朝东拜,接觯,赞者在西阶上方,面朝北拜送。新妇复又一拜。赞者将脯醢进置于席前。新妇入席,左手持觯,右手祭脯醢。用小匙祭醴三次。下筵席面朝东坐下尝醴。把小匙插置于觯中,站立起来,一拜,赞者答拜,新妇又一拜。把醴觯放置于脯醢的东边,面朝北坐下,取脯在手。下堂出门,在寝门外把脯交给从人。

舅姑入于室,妇盥馈[1]。特豚,合升,侧载[2]。无鱼腊,无稷。并南上。其他如取(娶)女礼。妇赞成祭[3],卒食,一酳,无从。席于北墉下[4]。妇彻,设席前如初,西上。妇馂,舅辞,易酱[5]。妇馂姑之馔。御赞祭豆、黍、肺、举肺脊,乃食。卒,姑酳之,妇拜受,姑拜送。坐祭,卒爵,姑受奠之。妇彻于房中,媵御馂,姑酳之。虽无娣,媵先。于是与始饭之错[6]。

[注释] [1]馈:进食于人。[2]合升侧载:合左右牲体盛于鼎,独置半牲于俎。侧:特、独。[3]赞成祭:佐助公婆完成祭食之礼。[4]北墉:室中之北墙。[5]舅辞易酱:舅辞谢妇之馂,亲为之更换酱作为回报。礼必有报。下文姑酳新妇,亦此义。[6]与始饭之错:媵从妇而馂舅之饭余;御从夫而馂姑之饭余。始饭:舅姑所食。错:交错。

[译文] 公婆进入寝室,新妇伺候公婆盥洗进食。一只小猪,合左右体盛于鼎中,放置俎上时,则独用其右体。不设鱼、兔腊和稷,都以南为上首。其他食物的设置和迎娶时的布局相同。新妇佐助公婆完成祭食之礼,吃完饭,则侍奉公婆以酒漱口安食,不用佐酒的菜肴。新妇在室中北墙下设席,撤去公婆的馔食,按照原先的次序设置于新设的席前,以西为上。新妇吃公公的余食,公公辞谢,并为新妇更换酱(作为回报)。新妇又吃婆婆食余之物。御侍奉新妇祭豆、黍、肺、举肺脊,然后进食。吃毕,婆婆为新妇的酒漱口安食,新妇拜而接受,婆婆拜送。新妇坐下祭酒,然后干杯。婆婆接过酒爵放置于地。新妇把食物撤置于房中,媵和御吃这些余食,婆婆亲自为她们酳酒漱口安食。即使没有娣从嫁,也要让媵先食。至此,媵与御相互交错:媵吃公公的余饭,御则吃婆婆的余饭。

舅姑共飨妇以一献之礼[1]。舅洗于南洗,姑洗于北洗[2],奠酬。舅姑先降自西阶,妇降自阼阶。归妇俎于妇氏人[3]。

[注释] [1]飨:以酒食款待人。[2]舅洗于南洗,姑洗于北洗:公公在庭中所设的南洗洗爵,婆婆则在北堂所设的北洗洗爵。[3]妇氏人:女家送亲的人。归妇俎于妇氏人:此处是说命有司把妇俎之牲授予妇氏人,其将归示新妇之父母,以明新妇所受之礼遇。

[译文] 公婆共同以"一献之礼"来款待新妇。公公在庭中所设的南洗洗爵,婆婆则在北堂所设的北洗洗爵,酬酒后一献礼成,新妇把酒爵放置于荐的东边。饮酒完毕,公婆先从西阶下堂,然后新妇从阼阶下堂。有司把妇俎之牲交与女家送亲的人,以便向新妇的父母复命。

舅飨送者以一献之礼,酬以束锦[1]。姑飨妇人送者,酬以束锦。若异邦,则赠丈夫送者以束锦。

[注释] [1]送者:女方家有司。

[译文] 公公又以"一献之礼"来款待送亲的人,酒至酬宾,又以一束锦相赠。婆婆酬劳女送亲者,酬宾时亦以一束锦相赠。如果是与别国通婚,则另外赠送男方亲人一束锦。

若舅姑既没,则妇入三月,乃奠菜[1]。席于庙奥[2],东面,右几。席于北方[3],南面。祝盥,妇盥,于门外,妇执笲菜,祝帅妇以入[4]。祝告,称妇之姓,曰:"某氏来妇[5],敢奠嘉菜于皇舅某子[6]。"妇拜扱地[7],坐,奠菜于几东席上。还,又拜如初。妇降堂[8],取笲菜,入。祝曰:"某氏来妇,敢告于皇姑某氏。"奠菜于席,如初礼。妇出,祝阖牖户。老醴妇于房中[9],南面,如舅姑醴妇之礼。壻飨送者丈夫、妇人,如舅姑飨礼。

[注释] [1]奠菜:郑注:"以筐祭菜。"公婆死后始成亲者,新妇于婚礼后三月择日往公婆庙中,具素食供献公婆的神主,以成就生前妇盥馈奉养公婆之义,即此奠菜,亦称庙见。[2]席于庙奥:庙,考妣之庙。[3]北方:室内北墙下。[4]帅:引导。入:入室。[5]某氏:新妇之姓氏。来妇:谓来此为媳妇。[6]嘉:美。皇:君。某子:如称张子、李子。一说应为谥或字之称。[7]扱地:手至地,为妇人重拜,犹男子之稽首。[8]降堂:出至阶上。[9]老:家臣之长者。老醴妇:上见舅姑后有礼妇之仪,此与之同。

[译文] 如果是公婆去世后结婚,新妇则在婚礼三个月之后择日到公婆庙中,具素食供献公婆的神主。在庙室内西南角设席,面朝东,几在右边。又在室内北墙下设席,面朝南。祝和新妇各自盥洗完毕,新妇手执菜笲立于庙门外,祝引导着新妇入内。祝口称新妇的姓氏,对公公的神主祷告说:"某氏来做您家的媳妇,冒昧前来向尊敬的公公敬献精美的菜蔬。"新妇下拜至地,坐下,将菜供献于几东边的席上。回至原位,与上次一样又一次下拜。新妇下堂,另取一份笲菜,进入室内。祝祷告说:"某氏来做您家的媳妇,冒昧告知尊敬的婆婆。"把菜供献于席上,礼仪与前相同。新妇退出之后,祝关闭上门窗。年长的家臣代公婆在房中设席酬答新妇,与赞者代公婆醴妇的礼节相同。新婿酬劳新妇的男、女送者,与公婆酬劳送者的礼仪相同。

四、礼记·乐记[1](节选)

凡音之起,由人心生也。人心之动,物使之然也。感于物而动,故形于声。声相应,故生变;变成方[2],谓之音。比音而乐之[3],及干戚羽旄[4],谓之乐。

[注释] [1]《乐记》是中国古代有关音乐和文艺理论的专著,其中讨论了音乐和文艺的起源、效果、作用等重要问题。[2]成方:犹言成曲调。[3]比:组合。乐:指演奏乐曲。[4]干:盾牌。戚:一种斧子。羽:野鸡的羽毛。旄:牛尾。这些东西都是跳舞时用的道具。

[译文] 一切音乐的产生,都源于人的内心。人们的内心的活动,是受到外物影响的结果。人心受到外物的影响而萌动起来,因而通过声音表现出来。各种声音相互应和,由此产生变化,由变化产生曲调,叫作歌曲。将歌曲组合起来进行演奏,并配上道具进行舞蹈,叫作乐。

乐者,音之所由生也,其本在人心之感于物也。是故其哀心感者,其声噍以杀[1];其乐心感者,其声啴以缓[2];其喜心感者,其声发以散[3];其怒心感者,其声粗以厉;其敬心感者,其声直以廉[4];其爱心感者,其声和以柔。六者非性也,感于物而后动,是故先王慎所以感之者。故礼以道其志[5],乐以和其声[6],政以一其行,刑以防其奸[7]。礼乐刑政,其极一也[8],所以同民心而出治道也[9]。

[注释] [1]噍以杀:急促而低沉。[2]啴以缓:舒展而和缓。[3]发:振奋。散:奔放。[4]廉:端正方直。[5]道:同"导",诱导。[6]和其声:调节人们的情感。[7]奸:邪恶。[8]极:最终目的。[9]出:实现。治道:治国的道理。

[译文] 乐是由声音生成的,它产生的本源在于人心对外物的感受。因此,心中产生悲哀的情感,发出的声音就急促而低沉;心里产生快乐的情感,发出的声音就舒展而和缓;

心中产生喜悦的情感,发出的声音就振奋而奔放;心里产生愤怒的情感,发出的声音就粗犷而激越;心里产生崇敬的情感,发出的声音就庄重而正直;心里产生爱恋的情感,发出的声音就和悦而温柔。这六种情感并非出自人的天性,而是受到外物的激发才产生的。所以先王重视内在的情感。因此,礼仪是用来诱导人的志向的,音乐是用来调和人的情感的,政令是用来统一人的行为的,刑罚是用来防止邪恶行为的。礼仪、音乐、刑罚和政令,它们的最终目的是相同的,都是用来统一民心,实现治国的道理。

凡音者,生人心者也。情动于中,故形于声,声成文[1],谓之音。是故治世之音安以乐[2],其政和;乱世之音怨以怒,其政乖[3];亡国之音哀以思,其民困[4]。声音之道,与政通矣。

[注释] [1]文:条理。[2]治世:太平盛世。[3]乖:混乱。[4]困:困苦。

[译文] 一切音乐都产生于人的内心。情感在心中激荡,便通过声音表现出来。声音组合成曲调就叫作音乐。因此,太平盛世的音乐安详而快乐,这是政治宽和的表现;动乱时代的音乐哀怨而愤怒,这是政治混乱的表现;亡国时代的音乐悲哀,这是人民困苦的表现。音乐的道理,与政治是相通的。

……

凡音者,生于人心者也。乐者,通伦理者也[1]。是故知声而不知音者,禽兽是也;知音而不知乐者,众庶是也。唯君子为能知乐。是故审声以知音,审音以知乐,审乐以知政,而治道备矣[2]。是故不知声者不可与言音,不知音者不可与言乐。知乐,则几于礼矣[3]。礼乐皆得,谓之有德。德者,得也。是故乐之隆,非极音也[4];食飨之礼[5],非致味也[6]。《清庙》之瑟[7],朱弦而疏越[8],壹倡而三叹[9],有遗音者矣[10]。大飨之礼,尚玄酒而俎腥鱼[11],大羹不和[12],有遗味者矣。是故先王之制礼乐也,非以极口腹耳目之欲也,将以教民平好恶[13],而反人道之正也。

[注释] [1]伦:人伦。理:事物的道理。[2]治道:治国的方法。[3]几:接近。[4]极:达到顶点。[5]食飨:古代合祭祖先的礼仪。[6]致:达到极点。[7]清庙:《诗·周颂》中的一篇,周人祭祀文王演奏的乐章。[8]朱弦:朱红色熟丝作的弦,发音沉浊。疏:疏朗。越:瑟底部的孔。[9]倡:同"唱"。[10]遗:遗弃。[11]尚:崇尚。玄酒:水。上古祭祀时用水。[12]大羹:祭祀时用的肉汁。不和:不调味。[13]平:节制。

[译文] 一切音乐都产生于人的内心。乐与事物的伦理相同。所以只懂得声音却不懂得音乐的,是禽兽;只懂得音乐而不懂得乐理的,是普通百姓。只有君子才懂得乐的意义。因此,从分辨声音而懂得音乐,从分辨音乐而懂得乐理,从分辨乐理而懂得政治的道理,这就具备了治理国家的方法。所以不懂得声音的人,不可与他讨论音乐。不懂得音乐的人,不可与他讨论乐理。懂得了乐理,就接近懂得礼仪了。礼仪和乐理都懂,就叫作有德。德的意思就是得到。所以音乐的隆盛,并不是为了极尽对音乐的享受。合祭祖先的礼仪,不一定是为了极尽对味道极其鲜美的祭品的享受。演奏《清庙》所用的瑟,要有朱红色的弦而底部有疏朗的孔,一个人领唱,三个人应和,演奏结束后还有余音值得回味。合祭的礼仪,崇尚玄酒,盘中盛的是生鱼,肉汁也不调味,吃过以后还有余味。因此,先王制礼作乐,目的不是为了尽量满足人们口腹耳目的欲望,而是用礼乐来教导民众,使好恶之

情得到节制,从而回归到人生的正途上来。
……

乐由中出,礼自外作。乐由中出,故静[1];礼自外作,故文[2]。大乐必易,大礼必简。乐至则无怨[3],礼至则不争。揖让而治天下者[4],礼乐之谓也。暴民不作,诸侯宾服[5],兵革不试[6],五刑不用[7],百姓无患,天子不怒,如此则乐达矣。合父子之亲,明长幼之序,以敬四海之内,天子如此,则礼行矣。

[注释] [1]静:安静。这里指潜移默化的影响。[2]文:礼仪制度。[3]至:通达。[4]揖让:礼让。[5]宾服:服从,归顺。[6]试:使用。[7]五刑:指墨、劓、剕、宫、大辟五种刑罚。

[译文] 乐由内心产生,礼体现于外表。乐由内心产生,因此使人和心平静;礼体现于外表,有种种礼仪规定。最好的乐必定是平易的,最好的礼必定是简朴的。乐通达内心则民众没有怨恨,礼仪通行则民众没有冲突。能使人们互相谦让而天下得到治理的,就是礼乐。暴民不起来作乱,诸侯都来归顺,不必使用武力,不动用多种刑罚,百姓没有忧患,天子不动怒,这就表明乐普遍实行了。父子相互亲睦,长幼之间次序明确,四海之内的人都相互尊敬,这就表明礼普遍实行了。

……

礼者,殊事合敬者也[1];乐者,异文合爱者也[2]。礼乐之情同,故明王以相沿也。故事与时并[3],名与功偕[4]。故钟鼓管磬,羽龠干戚[5],乐之器也;屈伸俯仰,缀兆舒疾[6],乐之文也;簠簋俎豆,制度文章[7],礼之器也;升降上下,周还裼袭[8],礼之文也。故知礼乐之情者能作,识礼乐之文者能述[9]。作者之谓圣,述者之谓明。明圣者,述作之谓也。

[注释] [1]殊事:规定高低贵贱的差别。合敬:使人们相互敬重。[2]异文:用不同艺术形式影响人心。合爱:使人们相互亲近。[3]事:指制礼作乐。并:相合。[4]名:指为礼乐命名。偕:相符。[5]钟、鼓、管、磬:都是古代的乐器。羽、龠、干、戚:都是古代舞蹈时的道具。[6]屈伸俯仰:指舞蹈的各种姿势。缀:指舞蹈的行列。兆:指舞者活动的区域。舒、疾:指舞蹈节奏的舒缓、疾速。[7]簠簋俎豆:都是古代祭祀或宴饮时盛事物的器皿。制度文章:指各种礼仪的规定。[8]周还:同"周旋",指回旋的动作。裼:祖开上衣。袭:掩住上衣。[9]述:传承。

[译文] 礼用来规定人的高低贵贱的差别,使人们相互敬重;乐用不同形式来影响人心,使人们相互亲近。礼和乐的本质相同,因此,历代英明的君王都以礼乐相沿袭。他们制礼作乐都依据时代的变化,为礼乐命名都要与建功立业相吻合。因此,钟、鼓、管、磬、羽、龠、干、戚这些乐器和舞具,都是乐的用具;屈、伸、俯、仰等舞姿,排列聚散和舒缓疾速的动作,都是乐的表现情状;簠、簋、俎、豆等器具和各种规格规定,都是礼的工具;升降、上下、回旋、袒衣、掩衣,都是礼的表现形式。因此,懂得礼乐性质的人能够制礼制乐,懂得礼和乐的表现形式的人能够传承礼乐。制礼制乐的人叫作"圣",传承礼乐的人叫作"明","明"和"圣",就是传承和创制的意思。

乐者,天地之和也;礼者,天地之序也。和,故百物皆化;序,故群物皆别。乐由天作,礼以地制。过制则乱,过作则暴[1]。明于天地,然后能兴礼乐也。论伦无患[2],乐之情也;欣喜欢爱,乐之官也[3];中正无邪,礼之质也;庄敬恭顺(慎),礼之制也[4]。若夫礼乐之施于金石[5],越于声音[6],用于宗庙社稷,事乎山川鬼神,则此所与民同也。

[注释] [1]暴:越出正道。[2]论伦无患:意思是和谐而不乱。[3]官:犹"事"。"事"在此是功能的意思。[4]制:指职能。[5]金石:钟、磬一类的东西。[6]越:传播。

[译文] 乐所表现的是天地间的和谐;礼所表现的是天地间的秩序。因为和谐,所以万物能化育生长;因为秩序,所以万物能呈现出差别。乐依天道而凿,礼按地理而制。制礼超过分寸会造成混乱,作乐超过分寸会越出正轨。明白天地的道理,然后才能制礼作乐。和谐而不混乱,是乐的内在精神;让人欣喜欢爱,是乐的功能;中正无邪,是礼的本质;庄重恭顺,是礼的职能。至于运用乐器来表现礼乐,声音使礼乐得到传播,用于宗庙社稷的祭祀活动,山川鬼神的祭祀,统治者与民众都要共同这样做。

……

昔者舜作五弦之琴[1],以歌《南风》[2]。夔始制乐,以赏诸侯[3],故天子之为乐也,以赏诸侯之有德者也。德盛而教尊,五谷时孰,然后赏之以乐,故其治民劳者,其舞行缀远[4];其治民逸者,其舞行缀短。故观其舞,知其德;闻其谥,知其行也。

[注释] [1]五弦之琴:相传为舜制作的乐器,琴有宫、商、角、徵、羽五根弦。[2]南风:远古诗歌的名称。[3]夔:人名,相传为舜乐官,后世把他尊为乐祖。[4]行缀:歌舞行列中人所处的位置。

[译文] 从前,舜创制了五弦琴,用来伴唱《南方》诗。夔最初创制乐,是用来赏赐给诸侯的。因此,天子创制乐的目的,是赏赐给有德行的诸侯。德行盛大,尊崇教化,五谷按时成熟,然后才会得到乐的赏赐。因此,诸侯治理民众治理得不好,使他们劳苦,赏赐的歌舞行列就稀疏;诸侯治理民众治理得好,使他们安闲,赏赐的歌舞行列就稠密。因此,观察舞蹈行列,就会知道诸侯的德行;听到赏赐的谥号,就会知道诸侯生前的行为。

……

天地之道:寒暑不时则疾[1];风雨不节则饥。教者,民之寒暑也,教不时则伤世;事者[2],民之风雨也,事不节则无功。然则先王之为乐也,以法治也,善则行象德矣[3]。

[注释] [1]疾:指灾祸。[2]事:指制度。[3]象:吻合,符合。

[译文] 天地运行的规律是:寒暑不按时交替,就会发生灾祸;风雨不调和就会出现饥荒。教化对于民众就像寒暑的变化一样,不及时施教就会危害社会;制度对于民众就像风雨的调和一样,没有节度就难见功效。因此,从前的君王创制乐,是当作治理民众的一种方法,恰当地适用,就会使民众的行为与道德相吻合。

……

乐也者,圣人之所乐也[1],而可以善民心,其感人深,其移风易俗,故先王著其教焉[2]。

[注释] [1]乐:喜爱,爱好。[2]著:设立,建立。

[译文] 乐是圣人所喜欢的,它可以使民心向善,深刻地感动人心,使民风习俗改变。因此,从前的君王设立了专门机构来实施乐教。

夫民有血气心知之性[1]，而无哀乐喜怒之常。应感起物而动，然后心术形焉[2]。是故志微、噍杀之音作[3]，而民思忧；啴谐、慢易、繁文、简节之音作[4]，而民康乐；粗厉、猛起、奋末、广贲之音作，而民刚毅；廉直、劲正、庄诚之音作，而民肃敬；宽裕、肉好、顺成、和动之音作，而民慈爱；流辟、邪散、狄成、涤滥之音作，而民淫乱。

[注释] [1]血气：指性格、气质。知：同"智"。[2]心术：指喜怒哀乐等情感。[3]噍杀：急促。[4]啴谐：和谐。慢易：缓慢轻松。繁文：文采华美。简节：节奏宽简。

[译文] 虽然人人都有性格、气质、心智这些本性，但哀、乐、喜、怒等情感变化并没有规律。人心受到外物的刺激而产生反应，然后才表现为一定的情感。因此，细微、急速的音乐，表现了人们心中的忧虑；和谐舒展、轻松和缓、音色华美、节奏宽简的音乐，表现了人心安详乐观；粗犷激越、豪迈奔放、昂扬振奋、宏大愤激的音乐，表现了人们的刚毅之情；清明正直、刚正有力、庄重真诚的音乐，表现了人们心中的肃然之情；宽畅从容、圆润洪亮、流利活泼、平和顺畅的音乐，表现了人们心中的慈爱之情；放荡、散乱、轻佻、淫秽的音乐，表现了人们心中的淫乱之情。

……

土敝则草木不长[1]，水烦则鱼鳖不大[2]，气衰则生物不遂[3]，世乱则礼慝而乐淫[4]。是故其声哀而不庄，乐而不安，慢易以犯节，流湎以忘本[5]，广则容奸[6]，狭则思欲[7]。感条畅之气[8]，而灭平和之德，是以君子贱之也。……

[注释] [1]土敝：土地贫瘠。[2]烦：动荡不宁。[3]遂：生长。[4]慝：败坏。淫：放纵无度。[5]流湎：沉溺。忘本：丧失法度。[6]广：指节奏缓慢。[7]狭：指节奏急促。[8]条畅：同"涤荡"，逆乱。

[译文] 土地贫瘠，草木就不能生长；水动荡不宁，鱼鳖就不能长大；元气衰竭，万物就不能生长；世道混乱，礼就衰败，乐就淫佚。因此，乐的声音悲哀而不庄重，喜悦而不安详，散漫而不合节拍，放纵而丧失法度。缓慢的节奏中包藏着邪恶，急促的节奏则刺激欲念。感受逆乱的气息，灭除平和的德行，所以君子鄙视这样的音乐。

故曰：乐者，乐也。君子乐得其道，小人乐得其欲。以道制欲，则乐而不乱；以欲忘道，则惑而不乐。是故君子反情以和其志，广乐以成其教，乐行而民乡方，可以观德矣。德者，性之端也[1]；乐者，德之华也[2]。金石丝竹，乐之器也。诗，言其志也；歌，咏其声也；舞，动其容也。三者本于心，然后乐器从之。是故情深而文明，气盛而化神，和顺积中，而英华发外[3]，唯乐不可以为伪。……

[注释] [1]端：正。[2]华：光华。[3]英华：光华。这里形容乐之美。

[译文] 所以说，音乐是使人快乐的。君子高兴的是他自己得到道德的修养，小人高兴的是他自己得到欲望的满足。用道德来约束欲望，就能快乐而不过度；追求欲望的满足而忘了道德，就会迷惑而失去快乐。所以君子本着人的性情以和谐他们的意志，推广"和乐"来完成对人们的教化。乐教施行而民众就归向正道，由此也就可以察见君子的道德了。德是人性之正，乐是德之光华，金、石、丝、竹是乐的工具。诗抒发内心意志，歌吟唱心中声音，舞表演内心姿态。诗、歌、舞都源本于内心，然后用乐器来伴奏。因此，情感深厚

就会文采鲜明,气度宏大就会变化神奇,和顺的情感聚积在心中,就会有美好的神采表现出来,只有乐才不可能伪装出来。

君子曰:"礼乐不可斯须去身[1]。"致乐以治心[2],则易、直、子、谅之心,油然生矣[3]。易、直、子、谅之心生则乐,乐则安,安则久,久则天,天则神。天则不言而信,神则不怒而威。致乐以治心者也。

[注释] [1]斯须:片刻,须臾。[2]致:详审。[3]子:同"慈",慈爱。谅:诚信。[4]易慢:轻佻怠慢。

[译文] 君子说:"礼乐片刻都不能离开身心。"详细审视乐的作用以提升内心修养,那么平易、正直、慈爱、诚信之心就会油然而生。具有平易、正直、慈爱和诚信之心,就会感到快乐,感到快乐就会使内心安宁,内心安宁就能长久地自我修养,长久地自我修养就能被人信之如天,畏之如神。这就有如天虽不言,而四季的交替从不失信;神虽不怒而人人敬畏其威严。这就是详细审视乐的作用而提升内心修养的结果。

致礼以治躬则庄敬,庄敬则严威。心中斯须不和不乐,而鄙诈之心入之矣;外貌斯须不庄不敬,而易慢之心入之矣。故乐也者,动于内者也;礼也者,动于外者也。乐极和,礼极顺,内和而外顺,则民瞻其颜色而弗与争也,望其容貌而民不生易慢焉。故德辉动于内,而民莫不承听;理发诸外,而民莫不承顺。故曰:致礼乐之道,举而错之天下无难矣[1]。

[注释] [1]错:同"措"。

[译文] 详细审视礼的作用是为了端正仪表举止,使人庄重恭敬,庄重恭敬就会有威严。如果心中有片刻不平和与不快乐,卑鄙奸诈的念头就会进入;如果外表有片刻不庄重与不恭敬,轻佻怠慢的念头就会侵入。因此,乐是影响人的内心的,礼是端正人的外表的。乐使人内心极其平和,礼使人外表极其恭顺。内心平和而外表恭顺,人们看到这样的气色表情就不会同他争斗,看到这样的仪表举止就不会产生轻佻怠慢的念头。因此,德行的光辉萌动于内心,人们就不会不顺从;行为的准则从外貌上表现出来,人们也不会不顺从。所以说,研究礼和乐的道理,再把它们付诸行动,天下就没有难事了。

……

夫乐者,乐也[1],人情之所不能免也。乐必发于声音,形于动静[2],人之道也[3]。声音动静,性术之变[4],尽于此矣。故人不耐无乐[5],乐不耐无形,形而不为道,不耐无乱。先王耻其乱,故制《雅》《颂》之声以道之,使其声足乐而不流,使其文足论而不息[6],使其曲直、繁瘠、廉肉、节奏,足以感动人之善心而已矣[7],不使放心邪气得接焉,是先王立乐之方也。

[注释] [1]乐:快乐。[2]动静:动作,这里指声音和动作。[3]道:指情理。[4]表达方式。[5]耐:同"能"。[6]息:泯灭。[7]瘠:少,简单。廉:细小。肉:洪亮。

[译文] 乐的意思是欢乐,是人的性情之中不可缺少的。欢乐必然要借声音来表达,借动作来表现,这是人之常情。声音和动作表现人们内心思想情感的变化,全部表现无遗。因此,人不能没有欢乐,欢乐不能不表现出来,表现得不合规范,就不能不发生混乱。先前的君王以乐引起混乱为耻,所以创制了《雅》和《颂》的乐歌来加以引导,使乐歌足以令

人快乐而不放纵,使乐歌的文辞足以明晰而不隐晦,使乐歌的曲折、平直、繁杂、简洁、细微、洪亮和节奏足以激发人们的向善之心,不让放纵邪恶的念头来影响人心,这就是前代君主制定乐的宗旨。

第五节 《春秋》

一、"《春秋》三传"简介

（一）《春秋》

《春秋》是鲁国的编年史,相传经过了孔子的修订。记载了从鲁隐公元年(公元前722年)到鲁哀公十四年(公元前481年)共二百四十二年的历史,是中国现存最早的一部编年体史书。

（二）"《春秋》三传"

《春秋》的文字非常简练,事件的记载很简略,后人不易理解,所以诠释之作相继出现,对书中的记载进行解释和说明,称之为"传"。其中左丘明的《春秋左氏传》,公羊高的《春秋公羊传》,谷梁赤的《春秋谷梁传》,合称《春秋》三传,列入儒家经典。

（三）"素王、素臣"

《春秋左氏传·序》："仲尼自卫反鲁,修《春秋》,立素王,丘明为素臣。"素王,指孔子；素臣,指左丘明。

（四）《春秋》五例："春秋笔法"的基本内涵

《春秋》是编年体的史书,以年为记录的基本单位,而且记事极为简约,全书一万六千余字,每年记录数条至十数条,每条中最短者仅一字,最长者不过四十七字。这种提纲式或标题式的书写方法,为古史记事的原始方式,类似于简单的"大事记"。但在后人看来,《春秋》曾经圣人之手,其意蕴未必是简单的。《左传·成公十四年》说："《春秋》之称,微而显,志而晦,婉而成章,尽而不汙,惩恶而劝善,非圣人谁能修之?"这是最早言及《春秋》笔法的一段文字,指出其书写方法的特点是：用词细密而意义显明,记载事实而含蓄深远,婉转而顺理成章,穷尽而无所歪曲,警戒邪恶而奖励善良。《左传·昭公三十一年》又言："《春秋》之称,微而显,婉而辩。"结合五例来说明《春秋》笔法的,是晋代杜预《春秋左氏传·序》："故发传之体有三,而为例之情有五。一曰微而显。文见于此而起义在彼,'称族,尊君命'、'舍族,尊夫人'、'梁亡'、'城缘陵'之类是也。二曰志而晦。约言示制,推以知例。参会不地,与谋曰'及'之类是也。三曰婉而成章。曲从义训,以示大顺。诸所讳避,璧假许田之类是也。四曰尽而不汙,直书其事,具文见意。丹楹、刻桷、天王求车、齐侯献捷之类是也。五曰惩恶而劝善。求名而亡,欲盖而章。书齐豹'盗'、三叛人名之类是也。"下面结合"五例"来说明《春秋》笔法的基本内涵。

(1)"微而显"。"微而显"就是"辞微而义显",即用词不多而含义明显。如《春秋·成公十四年》曰:"秋,叔孙侨如如(往)齐逆(迎)女。……九月,侨如以夫人妇姜氏至自齐。"这里称"叔孙侨如",叔孙氏是氏族名,因为侨如奉君命出使,为了尊重君命,所以称族名叔孙。下文称侨如,不称氏族名,因为侨如迎接夫人归来,为了尊重夫人,所以舍去族名只称侨如。表面上看,这只是称呼言辞的细微变化,但在这种变化的背后却隐藏着尊重对象的不同。《春秋·僖公十九年》曰:"梁亡。"不说秦国灭掉梁国,可见秦国无罪,只说"梁亡"是指责梁君虐待人民,人民溃散,招致灭亡,是梁君自取灭亡。《春秋·僖公十四年》曰:"春,诸侯城缘陵。"莒国要灭亡杞国,齐桓公不能救,率领诸侯在缘陵筑城,把杞国迁到缘陵。桓公不能救,是缺点,所以不记齐桓公。"梁亡"与"城缘陵"也是"微而显",虽然作者的用意没有用语言直接说明,但是懂得这种写法的人,透过这种"文见于此,而起义在彼"的写法能够看出作者的用意。这就是"微而显"的典范。

(2)"志而晦"。"志"是"记"的意思,"晦"是"微"的意思。"志而晦"就是叙事简约而含意隐微。《春秋·桓公二年》曰:"九月,入杞。公及戎盟于唐。冬,公至自唐。"桓公及戎在唐地相会,两人互相推让,不肯做盟主,会不成,故称公至自唐,只点明相会之地,而不说盟会成功。倘若三国以上结会,盟会成功,则一人为盟主,其余二人听命,就不称至自某地,而用"会"字表示盟会成功。《春秋·宣公七年》曰:"夏,公会齐侯伐莱。"传例曰:"凡师出,与谋约及,不与谋曰会。"意思是说,在出兵的事上,事前参与谋划的称"及",就是"彼与我同谋计议,议成而后出师,则以相连及为文。"事前不参与谋划的称"会",就是"彼不与我同谋,不得已而往应命,则以相会合为文。""及"与"会"因一字所异而显出意义的差别。这就是记事简言有叙而其文晦微。在儒家看来,不隐恶、不抑善是《春秋》记事的基本态度,但蕴含于具体事实的陈述之中,所以可以说成"志而晦"。

(3)"婉而成章"。这是讲避讳,通过委曲之辞以表达避讳之意。《春秋·僖公十六年》曰:"冬,十有二月,公会齐侯、宋公、陈侯、卫侯、郑伯、许男、邢侯、曹伯于淮。"《春秋·僖公十七年》曰:"十有七年夏,灭项。""九月,公至自会。"《左传》称僖公在淮上会诸侯,出兵灭项国。齐桓公因此把僖公扣留,到九月才放他回鲁国。这里只记"十有七年夏,灭项","九月,公至自会",这是把僖公被扣留的事情隐讳了。《春秋·桓公元年》曰:"郑伯以璧假许田。"鲁国在京城有许田,郑国在泰山有祊田,两国想互换,因祊田抵不上许田,郑国补上一块璧。这两块田都是天子赐的,照例是不能互换的,所以不说换,只说用璧来借许田。杨伯峻先生认为:"郑伯以祊加璧与鲁易许田,此实交换,而经、传以假借言之者,盖袭用当时辞令。"《春秋·谷梁传》则云:'非假而曰假,讳易地也。'"这两件事皆"屈曲其辞,从其义训,以示大顺之道,是其辞婉曲而成其篇章也。"这种避讳而婉曲成篇的方法就叫"婉而成章"。在"婉而成章"的书法中不乏惩恶劝善之义。

(4)"尽而不汙"。所谓"尽而不汙"就是尽其事实而不纡曲。《春秋·庄公二十三年》曰:"秋,丹桓宫楹。"即把桓公宫内的柱子漆成红色。当时诸侯的柱子漆黑色,漆红色违礼,所以记下。《春秋·庄公二十四年》曰:"春,王三月,刻桓宫桷。"在桓公宫内椽子上雕刻花纹。照礼制,诸侯的桷不雕刻。《春秋·桓公十五年》曰:"春,二月,天王使家父来求车。"照礼制,诸侯不向天子进贡车子。《春秋·庄公三十一年》曰:"六月,齐侯来献戎捷。""献戎捷"即把俘虏献给鲁国。照礼制,诸侯国之间不能遣送俘虏。这些都是直书其事,不加隐讳,来显示他们做了违礼的事情,以见讥刺的意思。这种"直言其事,尽其事实"的方法,就是"尽而不汙"。这一手法被司马迁发展为据事直书的"实录"精神,班固在《汉书·司马迁传》中说:"然自刘向、扬雄博极群书,皆称迁有良史之材,服其善序事理,辨而不华,质而不俚,其文直,其事核,不虚美,不隐恶,故谓之实录。"文直事核、美恶必显,便是《史记》实录精神的基本表现。"尽而不汙"的实录精神就是要求史家从客观史实出发,以客观公正的态度著史,不以个人好恶定褒贬。《春秋》通过"尽而不汙"来达到"惩恶"的教化作用。

(5)"惩恶而劝善"。这是讲惩戒恶人,奖劝善人,"善名必书,恶名不灭,所以为惩劝"。《春秋·昭公二十年》曰:"秋,盗杀卫侯之兄絷。"杀人的是卫国之卿齐豹,卿应该记名,因他借杀人来求名,所以不记他的名,贬称为盗,"盗"是贱人有罪之称。《春秋·襄公二十一年》曰:"邾庶其以漆、闾丘来奔。"邾国人庶其带着漆地和闾丘来投奔鲁国。《春秋·昭公五年》曰:"夏,莒牟夷以牟娄及防、兹来奔。"莒国的牟夷带了牟娄、防、兹三地来投奔鲁国。《春秋·昭公三十一年》曰:"冬,(邾)黑肱以滥来奔。"邾国的黑肱带了滥地来投奔。这三个人地位不高,本不当记在《春秋》里,因他们叛国,所以记下人名来惩戒,使恶名不灭。这就是"惩恶而劝善"。

总之,《春秋》"五例"实即史书的写作方法,是《春秋》笔法的基本内涵。钱钟书在《管锥编》中说:"就史书之撰作而言,'五例'之一、二、三、四示载笔之体,而其五示载笔之用。"就是说,在《春秋》五例中,前四点属文法、修辞方面的特点,而"惩恶而劝善"则是讲《春秋》的社会功能。就文法、修辞而言,又可分为两类:一为直书其事,如"尽而不汙";一为微婉隐晦,如"微而显"、"志而晦"、"婉而成章"。

(五)"微言大义":"春秋笔法"的意义生成

《春秋》笔法是含有"微言大义"的笔法,不仅具有方法论的价值,更是一种意义的生成方式,所以它称作"义法"。何谓"微言大义"或"义法"？皮锡瑞解释说:"《春秋》有大义,有微言。所谓大义者,诛讨乱贼,以戒后世是也;所谓微言者,改立法制,以致太平是也。"就是说,"义",指大义,也就是所包含的惩恶劝善,经邦济世的原则和内容;"法",指"书法",也称"书例",就是记事严格的体例和法度,各种"书例"都表达某种褒贬态度。"义"与"法"是统一而不可分的,"义"通过"法"来表达,"法"则是"义"的载体。二者实际上就是意义生成与表达方式的关系。

《春秋》存在"微言大义",古人早有论述。孟子是较早认定孔子作《春秋》并论其义者,《孟子·滕文公下》说:"世衰道微,邪说暴行有作,臣弑其君者有之,子弑其父者有之。孔子惧,作《春秋》。《春秋》,天子之事也。是故孔子曰:知我者,其惟《春秋》乎！罪我者,其惟《春秋》乎！……昔者禹抑洪水而天下平,周公兼夷狄、驱猛兽而百姓宁,孔子成《春秋》,而乱臣贼子惧。"孟子把孔子作《春秋》看成使天下百姓安宁的天子大事,汉儒称孔子为素王,根据就在于孟子说的孔子作《春秋》,以行天子之事,即通过陈述历史事件以褒善贬恶,在礼崩乐坏之际以此代替天子的赏罚,所以"义"也就是"法"。《春秋》之道亦即王道。董仲舒说:"《春秋》之道,奉天而法古。……所闻天下无二道,故圣人异治同理也。古今通达,故先贤传其法于后世也。《春秋》之于世事也,善复古,讥易常,欲其法先王也。"受董仲舒的影响,司马迁也认为,《春秋》"约其辞文,去其烦重,以制义法,王道备,人事浃"。把《春秋》义法作为王道的内容。司马迁又在《太史公自序》中说:"余闻董生曰:'周道衰废,孔子为鲁司寇,诸侯害之,大夫壅之。孔子知言之不用,道之不行也,是非二百四十二年之中,以为天下仪表,贬天子,退诸侯,讨大夫,以达王事而已矣。'子曰:'我欲载之空言,不如见之于行事之深切著明也。'夫《春秋》,上明三王之道,下辨人事之纪,别嫌疑,明是非,定犹豫,善善恶恶,贤贤贱不肖,存亡国,继绝世,补敝起废,王道之大者也。"董生即董仲舒,他认为孔子修《春秋》有救世的目的和功效,即通过真实的历史记录,树立起评判人事的是非原则,这种原则并非诉之于概念的空言,而是以历史人物的事实为依据。司马迁也认为《春秋》是"别嫌疑,明是非,定犹豫,善善恶恶,贤贤贱不肖"。这种意义是如何生成和表达出来的?就是通过"微言大义"体现出来的。具体表现在三个方面。

一是定名分,即"正名"的思想。《论语·子路》中说:"名不正,则言不顺;言不顺,则事不成;事不成,则礼乐不兴;礼乐不兴,则刑罚不中;刑罚不中,则民无所措手足。"春秋时代,王纲解纽,礼崩乐坏,天下大乱。孔子认为当务之急在于恢复周礼,因此,正名就是当务之急。正名的要求是"君君、臣臣、父父、子子",即君臣父子各有其本分,各等级之人各守本分,就可以维护封建等级秩序和封建伦理关系。由此,《春秋》的"微言大义"就主要在于政治伦理之"义"。即:为政治而作史,为伦理教化而修史。司马迁就将《春秋》当成政治伦理教科书,"故有国者不可以不知《春秋》,前有谗而弗见,后有贼而不知。为人臣者不可以不知《春秋》,守经事而不知其宜,遭变事而不知其权。为人君父而不通于《春秋》之义者,必蒙首恶之名。为人臣子而不通于《春秋》之义者,必陷篡弑之诛,死罪之名。其实皆以为善,为之不知其义,被之空言而不敢辞。……故《春秋》者,礼义之大宗也。"通过正名寄寓褒贬,达到惩恶劝善的政治教化目的,正是"微言大义"的重要内容和表现。

二是大一统。"大"就是重视、尊重之意;"一统"是指天下诸侯皆统系于周天子。如《春秋》经的开始,隐公元年的第一句话是:"元年,春,王正月。"这是很平常简单的陈述句。《左传》的解释是:"元年,春,王周正月,不书即位,摄也。"在"王正月"中加一"周"字,表明春秋用的是周代的正朔,然后又用"摄也"说明未书鲁隐公即位的原因,均属史实的补充,无义理的发挥。而《公羊传》则用讲经的问答方式,对字词和句法的含义作了发挥,如云:"元年者何?君之始年也。春者何?岁之始也。王者孰谓?谓文王也。曷为先言王而后言正月?王正月也。何言乎王正月?大一统也。公何以不言即位?成公意也。何成乎公之意?公将平国而反之桓。曷为反之桓?桓幼而贵,隐长而卑,其为尊卑也微,国人莫知。"徐彦《疏》:"王者受命,制正月以统天下,令万物无不一一皆奉之以为始,故言大一统也。"孔子在诸侯纷争,不尚一尊的春秋乱世,提出"大一统"的思想,在当时有进步意义。至于后代的公羊学家将《春秋》大一统思想发展为中央集权的封建专制一统思想则又当别论。

三是尊王攘夷。尊王攘夷就是尊崇周王,承认周天子是天下唯一的主宰,是各国诸侯的共主。只有尊王,才能有利于巩固统一的中央政权,才能实现孔子的王道理想。司马迁在《史记·孔子世家》里说孔子晚年,"乃因史记作《春秋》,上至隐公,下讫哀公十四年,十二公。据鲁,亲周,故殷,运之三代。约其文辞而指博。故吴楚之君自称王,而《春秋》贬之曰:'子',践土之会实召周天子,而《春秋》讳之曰:'天王狩于河阳。'推此类以绳当世。贬损之义,后有王者举而开之。《春秋》之义行,则天下乱臣贼子惧焉。"这种"文约而指博"的方法,就是在用字选词上,寓"贬损之义",哪怕是一个字的不同,也寓深刻意义在其中。表面看起来仅仅是记录史实,而实际上这一字之差便包含着巨大的或褒或贬之意蕴。例如"吴楚之君自称王",孔子便在《春秋》中称他们为"子",这一字之差,便揭露了吴楚之君的"称王"野心,贬斥了乱臣贼子。此即所谓一字之褒贬,重于万言,它能够"以绳当世",使"天下乱臣贼子惧。"这就是"微言大义"式的《春秋》话语解读方式与表述方式。司马迁对此高度赞誉曰:"孔子在位听讼,文辞有可与人共者,弗独有也。至于为《春秋》,笔则笔,削则削,子夏之徒不能赞一辞。弟子受《春秋》,孔子曰:'后世知丘者以《春秋》,而罪丘者亦以《春秋》。"可见孔子对这种善善恶恶,文约指博,以一字褒贬来体现微言大义的《春秋》笔法是很重视的。通过"笔削"字词的选择来寓褒贬深意,实现王道思想。

(六)"属辞比事":"春秋笔法"的文法规范

《春秋》笔法所蕴含的深刻义理是通过文法的修辞方式来实现的。《礼记·经解》云:"属辞比事,《春秋》教也。"就是说,善于连缀文辞、比附事实而判断是非,是《春秋》的教化。可见,《春秋》具有示范文法的作用。就文法而言,《春秋》笔法的文法规范表现在"属辞"和"比事"两个方面。"属辞"就是连属文辞,包括字词的选择使用和"积字成句"的方法,即字法和句法;"比事"就是排比事例,即史书的叙事结构,属于篇法与章法。

(1)字法。讲究用字是从《春秋》开始的,并对后世史传体的写作产生了深远的影响。韩愈《进学解》云:"《春秋》谨严"。这种"谨严",首先表现在用字的准确和简洁上。由于当时削竹为简、书写不便等原因,《春秋》在字词的选择使用上,比较注意用最少的词汇,精确地表达思想,如选用不同的侵、进、围、迁、入、战、克、追、取、灭等词汇,表示作者对战争性质与情况的看法与态度。因书写不便而带来的用语简练,前人早就有所论述。孙矿在《与李于田论文书》中说:"古人无纸,汗青刻简,为力不易,非千锤百炼,度必不朽,岂轻以载竹木。"章学诚在《乙卯劄记》中说:"古人作书,漆文竹简,或著缣帛,或以刀削,繁重不胜。是以文词简严,章无剩句,句无剩字,良由文字艰难,故不得已而作书,取足达意而止。非第不屑为冗长,且亦无暇为冗长也。"阮元在《文言说》中也说:"古人无笔砚纸墨之便,往往铸金刻石,始传久远。其著之简策者,亦有漆书刀削之劳,非如今人下笔千言,言事甚易也。"这些说法虽然不是专对《春秋》而言,但《春秋》也不能免于此。所以,钱钟书先生在《管锥编》中说:"文不得不省,辞不得不约,势使然尔。"

(2)句法。句法讲究字词的安排顺序,就是词序。如《春秋》僖公十六年春正月,有这样的记载:"陨石于宋五。是月,六鹢退飞,过宋都。"此一义例常被用来说明《春秋》书法。《公羊传》的解释是:"曷为先言陨而后言石?陨石记闻,闻其磌然,视之则石,察之则五。……曷为先言六而后言鹢?六鹢退飞,记见也。视之则六,察之则鹢,徐而察之则退飞。五石六鹢,何以书?记异也。外异不书,此何以书?为王者之后,记异也。"认为这是记异以戒示王者,先写什么,后写什么都有讲究,叙事严谨,一丝不苟。这种严密的词序安排,一字不苟的文字书写方法,是成就《春秋》"微言大义"的有效方式。董仲舒说:"《春秋》辨物之理,以正其名。名物如其真,不失秋毫之末。故名陨石,则后其五,言退鹢,则先其六。圣人之谨于正名如此。君子于其言,无所苟而已,五石、六鹢之辞是也。"可见,"石五""六鹢"的词序反映出记录者观察的先后次序,若写成"五石""鹢六"则谬而不真。再如《春秋》

定公二年,有"雉门及两观灾"的记事。对此,《春秋公羊传》说:"其言雉门及两观灾何?两观微也。然则曷为不言雉门灾及两观,主灾者两观也。时灾者两观,则曷为后言之?不以微及大也。何以书?记灾也。"认为虽是雉门(宫门)两旁的观(台楼)遭火灾,却先记雉门而"及"两观,这就有了分别轻重的意思。可见,《春秋》用词对词序极为讲究,先言主言重,后言次言轻,把谨严的词序安排与正名之义联系起来,是"春秋笔法"在词序上的一个突出特点,至今仍在汉语书写中发挥着示范作用。

(3) 篇章法。篇章法讲究篇章结构的安排布局,在《春秋》中,主要体现为史书的叙事结构。方苞讲"义法","法"就是"言有序",就是指排比事例的叙事结构。刘知几《史通·叙事》云:"夫国史之美者,以叙事为工,而叙事之工者,以简要为主。"西晋杜预在《春秋左氏传序》中说:"《春秋》者,鲁史记之名也。记事者,以事系日,以日系月,以月系时,以时系年,所以纪远近、别同异也。故史之所记,必表年以首事。年有四时,故错举以为所记之名也。"这是对《春秋》编年记事的说明。刘知几在《史通·二体》中对编年体和纪传体的长短优劣进行了比较。在论编年体的长处时说:"夫《春秋》者,系日月而为次,列时岁以相续,中国外夷,同年共世,莫不备载其事,形于目前。理尽一言,语无重出。此其所以为长也。"认为编年体以时间先后为序,是一种以时序为中心的叙事结构,其优点在于"理属一言,语无重出。"刘勰在《文心雕龙·史传》中将史传文体的叙事特点作了简洁而精当的概括,他说:《春秋》"睿旨存亡幽隐,经文婉约";《左传》"实得微言,乃原始要终,创为传体","实圣文之羽翮,记籍之冠冕也。"在《史传》"赞语"中,刘勰高度评价《春秋》《左传》所开创的属辞比事之体:"赞曰:史肇轩黄,体备周孔。世历斯编,善恶偕总。腾褒裁贬,万古魂动。辞宗丘明,直归南董。"

(七)尚简用晦:"春秋笔法"的文法特征

《春秋》笔法的文法特征在于尚简用晦。刘勰在《文心雕龙·宗经》篇指出:"《春秋》辨理,一字见义,五石六鹢,以详备成文,雉门两观,以先后显旨;其婉章志晦,谅以邃矣。尚书则览文如诡,而寻理即畅;春秋则观辞立晓,而访义方隐。"称赞《春秋》精于文理,用字简炼;行文婉曲,含义隐蔽而深刻。

(1)尚简。司马迁在《史记·十二诸侯年表序》中认为,孔子作《春秋》是"约其辞文,去其烦重,以制义法。""约其辞文,去其烦重"就是辞约事简的"尚简"特征。杜预在《春秋左传序》中说:"《春秋》虽以一字为褒贬,然皆须数句以成言。"刘勰在《文心雕龙·征圣》中说:"春秋一字以褒贬,丧服举轻以包重,此简言达旨也。"刘知几在《史通》中说:"《春秋》变体,其言贵于省文。"如何"尚简"呢?刘知几认为,省句、省字是"尚简"之法。刘知几说:"然则省句为易,省字为难,洞识此心,始可言史矣。苟句尽馀剩,字皆重复,史之烦芜,职由于此。"在唐代,不仅刘知几根据杜预"春秋笔法"的约言示例提出了"尚简"原则,唐初古文运动的提倡者们,大多也倡导这一原则。萧颖士在《赠韦司业书》中说:"孔圣断唐虞以下,删帝王之书,因鲁史记而作《春秋》,托微词以示褒贬,全身远害之道博,惩恶劝善之功大。"宋代的古文运动承继了这一传统,欧阳修针对当时把碑传文当作应酬文字的观点,在《论尹师鲁墓志》中提出了"简而有法"的写作原则,并认为"此一句,在孔子六经,惟《春秋》可当之。其他经非孔子自作文章,故虽有法,而不简也。""尚简"说直接影响了"桐城派"的文法思想。方苞论文就提倡"春秋笔法"的"尚简"原则,认为"《易》、《诗》、《书》、《春秋》及

《四书》,一字不可增减,文之极则也。"把"尚简"看作"义法"的根本:所取必至约,然后义法之精可见。

(2)用晦。董仲舒在《春秋繁露》中说:"《春秋》记天下之得失,而见所以然之故。其幽而明,无传而著,不可不察也。""幽而明"就是"用晦"特征。刘勰《文心雕龙·征圣》云:"虽精义曲隐,无伤其正言;微辞婉晦,不害其体要。体要与微辞偕通,正言共精义并用;圣人之文章,亦可见也。"《春秋》"一字褒贬"、"一字见义"恰恰是通过隐晦的方式来达到的,所以,"婉章志晦"是一种"隐义以藏用"式的文法话语方式。《宗经》篇又说:"五例微辞以婉晦,此隐义以藏用也。"刘知几在《史通》中说:"既而丘明授经,师范尼父。夫经以数字包义,而传以一句成言,虽繁约有殊,而隐晦无异。……斯皆言近而旨远,辞浅而义深,虽发语已殚,而含意未尽。使夫读者望表而知里,扪毛而辨骨,睹一事于句中,反三隅于字外。晦之时义,不亦大哉!"这是谈《春秋》、《左传》的用晦之法。钱钟书先生对"用晦"进一步探讨说:"《史通》所谓'晦',正《文心雕龙·隐秀》篇所谓'隐','余味曲包','情在词外';施用不同,波澜莫二。刘氏复终之曰:'夫读古史者,明其章句,皆可咏歌';则是史是诗,迷离难别。老生常谈曰:'六经皆史',曰'诗史',盖以诗当史,安知刘氏直视史如诗,求诗于史乎?惜其跬步即止,未能致远入深。"在钱先生看来,史之"晦"就是诗之"隐",诗、史虽不同而可相通。"尚简用晦"的"春秋笔法"就源自"诗三百"的比兴寄托之法。《孟子·离娄下》云:"王者之迹熄而《诗》亡,《诗》亡然后《春秋》作。晋之《乘》、楚之《梼杌》、鲁之《春秋》,一也。其事则齐桓、晋文,其文则史。孔子曰:其义丘窃取之矣。"孔子修《春秋》不仅"窃取"了《诗》的褒贬之"义",还"窃取"了《诗》之"法"。可以说,"春秋笔法"尚简用晦的特征是孔子对"诗三百"比兴寄托手法的借用和发挥,意在追求"一字定褒贬"的美刺效果。

总之,合书法和义例而言的《春秋》笔法,既可作为修史的凡例,又可视为文法典范。杜预在《春秋左氏传序》中认为:"其文缓,其旨远,将令学者原始要终,寻其枝叶,究其所穷。"刘勰在《文心雕龙·征圣》中说:"四象精义以曲隐,五例微辞以婉晦,此隐义以藏用也。""春秋笔法"开创了"文缓旨远"的表达方式。当"春秋笔法"由修史义例变为文章楷模之后,就成为一种对中国文章写作影响很大的写作范式,尚简和用晦成为文章写作中处理繁简和隐显关系的准则,追求行文的简洁和意蕴的丰富,寓褒贬于叙事之中,通过写或不写的选择,详略与隐显的不同,以至用词和语气的微妙差别,委婉而曲折地透露出作者的是非和爱憎。从司马迁的《史记》,到唐宋八大家的古文,以至晚清的桐城派散文都可以看到这种笔法的运用。

二、春秋·隐公元年

元年[1],春,王正月[2]。

[注释] [1]元年:鲁隐公执政第一年,周平王四十九年,即公元前722年。[2]王:周平王,公元前770年即位,公元前720年去世。

[译文] 鲁隐公元年,春天,正月。

[左传]元年,春,王周正月[1]。不书即位,摄也[2]。

[注释] [1]王周:为区别商朝而言。[2]书:书写。摄:代理。

[译文] 元年,春,周历正月,《春秋》没有记载隐公即位,这是由于他只是摄政。

[公羊传]元年,春,王正月。元年者何[1]?君之始年也[2]。春者何?岁之始也。王者孰谓?谓文王也。曷为先言王而后言正月?王正月也。何言乎王正月?大一统也[3]。公何以不言即位?成公意也。何成乎公之意?公将平国而反之桓[4]。曷为反之桓?桓幼而贵,隐长而卑,其为尊卑也微[5],国人莫知。隐长又贤,诸大夫扳隐而立之[6]。隐于是焉而辞立,则未知桓之将必得立也。且如桓立,则恐诸大夫之不能相幼君也,故凡隐之立,为桓立也。隐长又贤,何以不宜立?立適以长[7],不以贤;立子以贵,不以长。桓何以贵?母贵也。母贵则子何以贵?子以母贵,母以子贵[8]。

[注释] [1]元年:天子即位的第一年。《公羊传》认为:天子才能称元年,诸侯不能称元年。隐公是诸侯而称元年,故有此疑问。[2]君:鲁隐公。[3]大一统也:全国统一。"大一统也"体现了《公羊传》解释词义和阐明义理的特点,下文"立適以长,不以贤;立子以贵,不以长"、"子以母贵,母以子贵"都是《公羊传》阐明的义理。[4]公将平国而反之桓:隐公将把国家治理好以后把王位交还给桓公。平:使太平。[5]其为尊卑也微:他们的尊卑差别是很微小的。[6]扳:扳动,扭转,这里是极力推举的意思。[7]適:通"嫡",嫡夫人之子,地位尊贵。[8]子以母贵,母以子贵:妾子立,则母为夫人。桓公母原为妾,因桓公以公子身份得立,遂贵为夫人,故有此说。

[译文] 鲁隐公元年,春天,周历正月。"元年"两个字是什么意思?是指国君即位的第一年。"春"字是什么意思?是一年的开始。"王"指的是谁?指的是周文王。为什么先说王而后说正月?这是为了说明是周王朝的正月。为什么说周王朝的正月?是为了表示尊重周天子的一统天下。为什么不说隐公即位?这是为了成全隐公的意愿。为什么说是成全隐公的意愿?因为隐公准备治理好国家,然后还政于桓公。为什么还政于桓公?因为桓公年幼却地位尊贵,隐公年长却地位卑下,他们之间尊卑的差别是很小的,国都里的人并不知道。隐公年长而有德行,众大夫推举隐公而立他为国君。隐公在这时要是推辞即位,就不知道桓公是否一定能被立为国君。如果桓公立为国君,又恐怕众大夫不能辅佐幼君。所以总的来说,隐公的即位,正是为了桓公将来即位。隐公年长而有德行,为什么不宜立为国君?这是因为立嫡子,凭年长不凭德行;立庶子,凭尊贵不凭年长。桓公为什么尊贵?因为他的母亲尊贵。母亲尊贵,儿子为什么就尊贵?母凭子贵,子凭母贵。

[谷梁传]元年,春,王正月。虽无事,必举正月,谨始也[1]。公何以不言即位?成公志也[2]。焉成之?言君之不取为公也。君之不取为公,何也?将以让桓也。让桓正乎?曰不正[3]。《春秋》成人之美,不成人之恶。隐不正而成之,何也?将以恶桓也[4]。其恶桓,何也?隐将让而桓弑之,则桓恶矣。桓弑而隐让,则隐善矣。善则其不正焉,何也?《春秋》贵义而不贵惠,信道而不信邪[5]。孝子扬父之美,不扬父之恶。先君之欲与桓[6],非正也,邪也。虽然,既胜其邪心以与隐矣[7],已探先君之邪志,而遂以与桓,则是成父之恶也。兄弟,天伦也[8]。为子受之父,为诸侯受之君,已废天伦,而忘君父,以行小惠,曰小道也。若隐者,可谓轻千乘之国,蹈道则未也[9]。

[注释] [1]谨:重视。[2]成公志也:成全隐公让位给桓公的愿望。[3]曰不正:隐公长桓公幼,隐公让位给桓公是不正确的,不合乎正道。[4]恶:厌恶。[5]义:出于国家统治

方面考虑的道义。惠:指为了个人目的的私恩小惠。信:"伸",伸张。扬:发扬,传扬。[6]先君:鲁惠公,为隐公、桓公的父亲。与:给予。[7]既胜其邪心以与隐矣:天子之位归于隐公是以正道制邪心,此句意味隐公让位给桓公是成父亲的恶名。[8]兄弟,天伦也:兄先弟后,是天然的次序。[9]千乘之国:一车四马为一乘,千乘之国就是指拥有一千辆这样马车的国家。这里比喻大国。蹈:践行。

[译文] 鲁隐公元年,春天,正月。虽然没有事情,但也一定要记正月,这是表示重视君王的开始。对隐公为什么不记载即位二字呢?这是成全隐公让位给桓公的愿望。为什么说成全隐公让位给桓公的愿望呢?这是说隐公不想当国君。隐公不想当国君,为什么?想把君位让给桓公。让给桓公对么?回答说"不对"。《春秋》都是成全人的好事,而不成全人的坏事。隐公的做法不对,为什么要成全他呢?是为显露桓公的坏。为什么要显露出桓公的坏呢?隐公将要让位给桓公,桓公却要杀了他,就显出桓公的坏了。桓公弑兄,隐公谦让,就显示出隐公的好。隐公好,又认为他不对,这是为什么呢?《春秋》经常尚礼义而不崇尚小恩小惠,伸张正义而不伸张邪恶。孝子显扬父亲的美名,不能显扬父亲的坏名声。惠公想把君位给桓公,这是不对的,是邪恶的。虽然这样,他既然战胜了邪恶的想法,把君位给了隐公,隐公也已经探测到父亲的邪恶想法,却还把君位让给桓公,这就铸成了父亲的恶名。兄弟,是天然的亲属关系。做儿子的从父亲那接受一切,如同当诸侯的从君王那里接受一切,隐公废弃了兄弟的长幼的顺序,忘记了君父,来行小恩小惠,这叫小德。像隐公这样的人,算是轻视君位的人,至于说履行正义之道,还没有做到。

三、子产不毁乡校(《左传·襄公三十一年》)

郑人游于乡校[1],以论执政[2]。然明谓子产曰[3]:"毁乡校,何如?"子产曰:"何为?夫人朝夕退而游焉[4],以议执政之善否。其所善者,吾则行之;其所恶者,吾则改之。是吾师也,若之何毁之?我闻忠善以损怨[5],不闻作威以防怨[6]。岂不遽止[7]?然犹防川[8],大决所犯,伤人必多,吾不克救也;不如小决使道[9],不如吾闻而药之也[10]。"然明曰:"蔑也,今而后知吾子之信可事也[11]。小人实不才[12]。若果行此,其郑国实赖之,岂唯二三臣[13]?"

仲尼闻是语也,曰:"以是观之,人谓子产不仁[14],吾不信也。"

[注释] [1]乡校:古时乡间的公共场所,既是学校,又是乡人聚会议事的地方。[2]执政:政事。这里是指乡人需在乡校议论政治的得失。[3]然明:郑国大夫鬷蔑,字然明。[4]退:工作完毕后回来。[5]忠善:尽力做善事。损:减少。[6]作威:摆出威风。[7]遽:迅速。[8]防:堵塞。川:河流。[9]道:同"导",疏通,引导。[10]药之:以之为药,用它做治病的药。[11]信:确实,的确。可事:可以成事。[12]小人:自己的谦称。不才:没有才能。[13]二三:泛指复数,这些,这几位。[14]仁:仁厚。

[译文] 郑国人到乡校休闲聚会,议论执政者施政措施的好坏。郑国大夫然明对子产说:"把乡校废除了,怎么样?"子产说:"为什么要废除?人们早晚干完活儿回来到这里游玩,议论一下施政措施的好坏。他们喜欢的,我们就推行;他们讨厌的,我们就改正。这是我们的老师,为什么要毁掉它呢?我听说尽力做好事以减少怨恨,没听说过依权仗势来

防止怨恨。依仗权势难道不能很快制止这些议论吗？然而那样做就像堵塞河流一样：河水大决口造成的损害，伤害的人必然很多，我是挽救不了的；不如开个小口导流，不如我们听取这些议论后把它当作治病的良药。"然明说："我现在才知道您确实可以成大事。我确实没有才能。如果真的这样做，恐怕郑国真的就有了依靠，岂止是有利于我们这些臣子！"

孔子听到了这番话后说："照这些话看来，人们说子产不仁，我不相信。"

四、春秋左氏传序（《春秋序》《春秋经传集解序》）

《春秋》者，鲁史记之名也。记事者，以事系日，以日系月，以月系时[1]，以时系年，所以纪远近，别同异也。故史之所记，必表年以首事。年有四时，故错举以为所记之名也[2]。

[注释] [1]时：季。[2]错：交错间隔。

[译文] 《春秋》是鲁国官所记史事的书名。要记述史事，就把史事都挂在（一定的）日期下面，把日期都挂在（一定的）月份下面，把月份都挂在（一定的）季度下面，把季度都挂在（一定的）年份下面，这是用来表明所记史事哪些发生得早，哪些发生得晚，区别哪些是发生在同一年季月日，哪些不是发生在同一年季月日的方法。因此，史官记述史事，必定标注年份，才开始记事。一年有（春夏秋冬）四季，交错间隔地（以春兼代夏，以秋兼代冬），举出"春秋"，以作为所记史事的书名。

《周礼》有史官，掌邦国四方之事，达四方之志。诸侯亦各有国史。大事书之于策，小事简牍而已。《孟子》曰："楚谓之《梼杌》，晋谓之《乘》，而鲁谓之《春秋》，其实一也。"韩宣子适鲁，见《易象》与鲁《春秋》，曰："周礼尽在鲁矣，吾乃今知周公之德，与周之所以王。"[1]韩子所见，盖周之旧典礼经也[2]。

[注释] [1]王：统一天下。[2]礼经：礼仪的规范。

[译文] （按照）周朝的礼制，（周王室）设有史官，主管（接受）四方诸侯国关于那里发生的事情（的报告），宣达给四方诸侯（王室所发生的事情）的文书。诸侯各国也有它们自己的国史。大事写在策上，小事写在未编成策的竹简或木牍上。孟子说："楚国的国史叫作《梼杌》，晋国的国史叫作《乘》，而鲁国的国史叫作《春秋》，其实是一样（性质）的。"晋国韩宣子到了鲁国，看见《易象》（即《周易》）和鲁国的国史《春秋》，说："周王室的礼制全都保存在鲁国啊，我这才知道周公的盛德和周王室之所以能够统治天下的原因了。"韩宣子看到的鲁国国史《春秋》，大概是王室原有的制度和礼仪的规范（记载的）的根据。

周德既衰，官失其守。上之人不能使《春秋》昭明，赴告策书，诸所记注[1]，多违旧章。仲尼因鲁史策书成文[2]，考其真伪，而志其典礼[3]，上以遵周公之遗制，下以明将来之法。其教之所存，文之所害[4]，则刊而正之[5]，以示劝戒。其余则皆即用旧史，史有文质[6]，辞有详略，不必改也。故《传》曰："其善志。"又曰："非圣人孰能修之？"盖周公之志，仲尼从而明之。

[注释] [1]注：记载。[2]因：根据。[3]典礼：制度和礼仪。[4]害：害名教。[5]刊：删除。[6]史：史官。

[译文] 周王室之德衰败以后，官吏失去了（他们原来的）职守。在史官位置上的人不能使《春秋》得到彰明，赴告策书许多记载的文字，大都违背旧日的规章。（因此）孔子根据鲁国国史策书已成之文，考订它的真伪（真的就沿袭，伪的就订正），而记识它的制度和礼仪（合乎制度礼仪的就褒扬，不合制度礼仪的就贬斥）。对上来说，以此来遵从周公遗留下来的礼制（使旧日的礼制得兴）；对下来说，以此来明确将来的法度（使后世有所效法）。那（史事中）存在名教善恶之义，文字没加褒贬，因而损害名教的文字就进行删改、纠正，以显示奖励和惩罚。其余的文字就是旧史的成文。史官有的有文采，有的朴实，文字有的详尽，有的简略，这些都不必改动了。所以《左传》说：" 《春秋》善于记事。"又说："如果不是圣人谁能修出《春秋》这样的史书呢？"周公的思想由孔子继承下来并得到了完善的阐释。

左丘明受经于仲尼，以为经者不刊之书也。故传或先经以始事，或后经以终义，或依经以辨理，或错经以合异，随义而发[1]。其例之所重[2]，旧史遗文，略不尽举，非圣人所修之要故也。身为国史[3]，躬览载籍[4]，必广记而备言之。其文缓[5]，其旨远，将令学者原始要终[6]，寻其枝叶，究其所穷。优而柔之，使自求之；餍而饫之，使自趋之。若江海之浸，膏泽之润，涣然冰释，怡然理顺，然后为得也。

[注释] [1]发：发传。[2]重：重复。[3]史：史官。[4]籍：书籍。[5]缓：宽泛。[6]原始要终：探究事物发展的起源和结果。

[译文] 左丘明从孔子那里承受《春秋》经文，认为《春秋》是不可删改的史书。所以传文有的在经文之前，用以叙明后面经文所记史事的初始；有的在经文之后，用以表明前面经文所述经义的结局；有的根据经文所记之事，辨明其中包含的道理；有的使用与经文不合的文字，表明彼此是实同而名不同；都随经文义理之所在而发传。那类似重复的经文，都是旧史遗留的策书之文，予以省略，不全部发传，因为这不是圣人修撰《春秋》的关键缘故。左丘明身为鲁国史官，亲身博览史馆群书，必然广泛记录，详尽叙述。他的传文宽泛，他的旨趣深远。让学习《春秋》的人探究事物发展的起源和结果，寻觅其细枝末节，穷尽其所有的幽隐之点。宽舒他们的心境，使他们自己求索其高意；满足他们的喜爱，使他们自己奔趋其深理。（左丘明写的《春秋传》）就像江海之泽浸泡得远，如膏泽之雨滋润得广，涣然如春冰解冻，怡然都众理皆顺，然后才算是得其所了。

其发凡以言例[1]，皆经国之常制[2]，周公之垂法[3]，史书之旧章，仲尼从而修之，以成一经之通体[4]。其微显阐幽[5]，裁成义类者，皆据旧例而发义，指行事以正褒贬。诸称"书"、"不书"、"先书"、"故书"、"不言"、"不称"、"书曰"之类，皆所以起新旧，发大义，谓之变例。然亦有史所不书，即以为义者，此盖《春秋》新意，故传不言"凡"，曲而畅之也。其经无义例[6]，因行事而言，则传直言其归趣而已。非例也。

[注释] [1]发：揭示。凡：指传中五十个"凡"。以：及。[2]经：治理。常制：固定的制度。[3]垂：流传。[4]通体：一般体例。[5]微显：从显探微。阐幽：将幽阐明。[6]义例：主旨和体例。

[译文] 那从《春秋》经中揭示的（五十个）"凡"（的通则），以及所说的（相应的）事例，都是治理国事的固定制度，周公流传下来的法令，史书的旧有规章，孔子遵从而进行修撰，成为《春秋》一经的一般体例。那从明显的经文中探出隐蔽的经义，对隐蔽的经文加以阐

明,制裁成的按经义来区分类别的传文,都是根据旧典凡例而发明经义,指其所行之事而定褒贬。诸如称"书"、"不书"、"先书"、"故书"、"不言"、"不称"、"书曰"之类,都是创立新旧体例,发明《春秋》大义的方法,叫作变例。不过也有史册不写的史事,(不写正合孔子心意),就以不写作为经义的,这也是《春秋》新意。所以《左传》不说"凡不书",(只是每事发传),使史策不写的史事,变曲折而为通畅。那所记史事没有(得失善恶的)主旨和体例,根据行事说话,那么传文直接讨论这件事的指归趋向罢了。这(也是例),叫作非例。

故发传之体有三[1],而为例之情有五。一曰微而显。文见于此而起义在彼,"称族,尊君命;舍族,尊夫人"、"梁亡"、"城缘陵"之类是也。二曰志而晦。约言示制[2],推以知例[3]。"参会不地"[4]、"与谋曰及"之类是也。三曰婉而成章[5]。曲从义训[6],以示大顺。诸所讳辟[7],"璧假许田"之类是也。四曰尽而不汙[8]。直书其事,具文见意。"丹楹刻桷"、"天王求车"、"齐侯献捷"之类是也。五曰惩恶而劝善。求名而亡,欲盖而章[9],书齐豹"盗"、三叛人名之类是也。推此五体[10],以寻经、传[11],触类而长之[12],附于二百四十二年行事,王道之正[13],人伦之纪[14],备矣。

[注释] [1]传:体例。三:指正例、变例、非例。[2]约言:记载简要。[3]推:推断。[4]参会不地:三国以上开会称作至自会,不称至自某地。[5]章:篇章。[6]曲从义训:指用通行词训释古语词词义。[7]辟:通"避"。[8]汙:曲的意思。[9]章:彰。[10]体:情形。[11]寻:探求。[12]长:推广展开。[13]正:正法。[14]纪:纪纲。

[译文] 因此,所发传文有(正例、变例、非例)三种体例,而作为相应的事例有五种情形:一是文词隐蔽而义理显著。文词出现在这里,然而兴起的义理在那里。"称呼族号是尊重国君的命令;舍去族号是尊重夫人"、"梁国灭亡"、"修建缘陵城"之类,就是这种情形。二是记事有序而文词精微。用简要的记载展示法制,从事情的推断知道体例。"三国以上开会(称作至自会),不称至自某地"、"参与谋划叫做及"之类,就是这种情形。三是文词婉转而成篇章。曲意依顺原有训释的意义,为了展示大顺的常道,有许多讳避的地方,"用玉璧借许田"之类,就是这种情形。四是事实详尽而不曲折。直接写那件事,全能从文字中看出意思。"用朱红涂漆柱子"、"雕刻方椽子"、"周天子(使家父来鲁国)求取马车"、"齐侯来鲁国进献戎捷"之类,就是这种情形。五是惩戒邪恶而勉励良善。求名而名亡,欲盖而弥彰。把齐豹写成"盗",写上邾国庶其、黑肱、莒国牟夷三叛人名之类,就是这种情形。推究这五种情形,来探求《春秋》经和《左氏》传,触类而推广展开,附于二百四十二年间时人所行之事,(于是)王道之正法,人理之纪纲,就完备地包括在内了。

或曰:"《春秋》以错文见义。若如所论,则经当有事同文异而无其义也。先儒所传,皆不其然。"答曰:"《春秋》虽以一字为褒贬,然皆须数句以成言。非如八卦之爻,可错综为六十四也,固当依传以为断。"古今言《左氏春秋》者多矣,今其遗文可见者十数家。大体转相祖述[1],进不成为错综经文以尽其变,退不守丘明之传。于丘明之传,有所不通,皆没而不说,而更肤引《公羊》《谷梁》[2],适足自乱。预今所以为异:专修丘明之传以释经[3]。经之条贯必出于传[4]。传之义例,总归诸"凡"。推变例以正褒贬,简二传而去异端[5],盖丘明之志也。其有疑错,则备论而阙之,以俟后贤。然刘子骏创通大义,贾景伯父子、许惠卿,皆先儒之美者也。末有颍子严者,虽浅近亦复名家。故特举刘、贾、许、颍之违[6],以见同异。分经之年,与传之年相附,比其义类[7],各随而解之,名曰《经传集解》。又别集诸例及地名、谱第、历数,相与为部,凡四十部,十五卷,皆显其异同,从而释之,名曰《释例》。将令学者观其所聚,异同之说,《释例》详之也。

[注释] [1]祖述:遵循前人学说。[2]肤:肤浅。[3]修:研究。[4]条贯:条理。[5]简:选。二传:指《公羊传》、《谷梁传》。[6]违:互有相反。[7]比:按照。

[译文] 有人说:"《春秋》以交错不同的文字显现出交错不同的意思。如果像你所议论的,那么经文中会有事情相同,记述的文字(详略)不同,那么(详略)不同的文字就没有意义了,先代儒者所传授的都不是这样。"回答说:"《春秋》虽然以一个字作为褒贬,不过都必须有几句话才能成为言语。不是像八卦的爻可以交错综合成六十四卦的,所以应当根据传文的解释来作为判断。"从古到今谈论《左氏春秋》的太多了,现在他们遗留下来的文字,可以看到的有十几家。大体转相效法、遵循前人的学说,进不能完成使经文交错综合以穷尽它的变化,退不能遵守左丘明的传文。对于左丘明的传文有不通晓的地方,都隐没而不加解说,而且另外肤浅地引用《公羊》、《谷梁》用以解释《左氏》,恰好足以造成自相错乱。预现在所做与众不同的是:专门研究左丘明的传文来解释《春秋》经文。经文的条理必定出于传文。传文的主旨和体例,总的来说归之于那(五十个)"凡"(的正例)。推究变例以定其褒贬,选择《公羊》《谷梁》二传中的合乎经义的(作为注释),舍去那不合经义的,这是符合左丘明的本意的。其中遇有疑惑错乱的地方,就备论并空缺着,以等待以后有才能的人来解答。不过(前汉)刘子俊(刘歆)开创引传解经的大义,(后汉)贾景伯(贾逵)父子(逵父贾徽)、许惠卿(许淑)(继之而起),都是先代儒者中的佼佼者。末了有叫颍子严(颍容)的,虽然学识浅近,也仍是名家。所以特别举出刘、贾、许、颍四家的互有相反,以便看到同和不同的地方。区分经文的年份,使它们和传文(相应)年份互相附着起来,按照经传的意义来区分类别,各顺着年份而进行解释,取名叫《春秋经传集解》。又另外聚集各种事例以及地名、谱第、历数,相互集解为部,总共四十部十五卷,都显示出它们的不同或同,从而加以注释,取名叫《释例》。打算使学习《春秋》经传的人看到所聚集的事例,对于不同或同的说法,《释例》记录得更详细。

或曰:"《春秋》之作,《左传》及《谷梁》无明文,说者以仲尼自卫反鲁,修《春秋》,立素王,丘明为素臣。言《公羊》者,亦云黜周而王鲁,危行言孙[1],以辟当时之害[2],故微其文,隐其义。《公羊》经止获麟,而《左氏》经终孔丘卒,敢问所安[3]?"答曰:异乎余所闻。仲尼曰:"文王既没,文不在兹乎[4]?"此制作之本意也。叹曰:"凤鸟不至,河不出图,吾已矣夫!"盖伤时王之政也。麟凤五灵,王者之嘉瑞也。今麟出非其时,虚其应而失其归[5],此圣人所以为感也。绝笔于获麟之一句者,所感而起,固所以为终也[6]。

[注释] [1]危行:高行。孙:通"逊",恭顺。[2]辟:通"避"。[3]所安:如何。[4]文:文王之道。[5]应:瑞应。归:归所。[6]所以:以获麟。

[译文] 有人说:"《春秋》的著作,《公羊》和《谷梁》都没有明确的文字,解说《左传》的人认为孔子从卫国返回鲁国以后,修撰了《春秋》,自立为素王,左丘明为素臣。解说《公羊》的也说贬黜周王室而以鲁国为王。行为高尚,言辞恭顺,因逃避当时的危害,所以使文字隐蔽,使意义隐讳。《公羊》依据的《春秋》写到获麟为止,而《左氏》依据的《春秋》写到孔子死。请问您是怎样的看法?"回答说:"我所听到的不是这样。"孔子说:"文王已经死了,

文王之道难道不在这里吗？"这是孔子写作《春秋》的本意。孔子叹道："凤鸟不至，河不出图，我就这样完了吗？"这是感伤当时王者的政事不能招致这样的祥瑞啊！麟、凤（鱼、龙、白虎）五灵，是王者好的开端。现在麒麟出现的不是时候。（上无圣主）虚其瑞应，（为人所获）失其归所，这是圣人为之感伤的原因。"绝笔在获麟"这一句的意思，是表明因获麟有所感而开始做《春秋》，因此把获麟作为所修《春秋》的终结啊！

曰："然则，《春秋》何始于鲁隐公？"答曰："周平王，东周之始王也；隐公，让国之贤君也。考乎其时则相接，言乎其位则列国[1]，本乎其始则周公之祚胤也。若平王能祈天永命，绍开中兴[2]，隐公能弘宣祖业，光启王室，则西周之美可寻[3]，文武之迹不坠[4]。是故因其历数，附其行事，采周之旧，以会成王义[5]，垂法将来。所书之王，即平王也；所用之历，即周正也；所称之公，即鲁隐也。安在其黜周而王鲁乎？"子曰："如有用我者，吾其为东周乎！"此其义也。若夫制作之文，所以章往考来，情见乎辞[6]。言高则旨远，辞约则义微[7]，此理之常，非隐之也。圣人包周身之防，既作之后，方复隐讳以辟患[8]，非所闻也。子路欲使门人为臣，孔子以为欺天。而云仲尼素王，丘明素臣，又非通论也。先儒以为制作三年，文成致麟，既已妖妄，又引经以至仲尼卒，亦又近诬。据《公羊》经止获麟，而《左氏》小邾射不在三叛之数，故余以为感麟而作，作起获麟，则文止于所起，为得其实。至于"反袂拭面"，称"吾道穷"，亦无取焉。

[注释] [1]列国：诸侯。[2]绍：继续。[3]寻：找回。[4]迹：事迹。[5]王义：王者之义。[6]见：看到。[7]约：简要。[8]辟：通"避"。

[译文] 又说："既然如此，那么《春秋》为什么从鲁隐公开始？"回答说："周平王是东周最初的王；鲁隐公是让国的贤君。考察隐公做国君的初年，正是周平王的末年，时间相接；说到隐公的地位，他是诸侯，他的始祖是周公的后代。如果平王能够（抚养下民），祈求上天，赐予长命，继续先王之绩，开创中兴之功，隐公能够高扬祖宗的遗业，广大周朝的王室，那么西周的美盛就可以再现，文王、武王的业绩就可以不致坠落。因此，按照其年月历数，附上当时人的行事，采用周王室的旧日礼制，会合成王者之义，流传（可作范型的）大法于后世。《春秋》所写的王，就是平王；所用的历数，就是周历；所称的公，就是隐公。哪里有什么罢黜周王室而以鲁国为王呢？"孔子说："如果有任用我的，我恐怕要为东周吧！"大概就是这个意思。至于说到写作《春秋》的文字，彰明已往、考知将来的原因，真实情况从文词中可以看到。言论高超意见就远大，文辞简要意思就隐蔽，这是常理，不是隐讳。圣人防备包容周身，已经写作《春秋》之后又隐讳来避免祸难，这是没有听说过的。子路（在孔子病重时）想要让门人称臣，孔子认为这是欺天，而说孔子是素王，左丘明是素臣，更不是通论了。先代的儒者认为《春秋》是写作了三年，整个文字写成于获麟，已经是妖妄，又引经文到孔子死，也就更近于欺骗了。据《公羊》解释的经到获麟为止，而《左氏》小邾射不在三叛人之数，所以我认为《春秋》是获麟有感而作，起于获麟，而整个文字也终结在获麟，是为了得到实际情况的。至于《公羊》所说，孔子听说获麟就把袖子反过来擦拭脸上的泪痕，说："我的道穷尽了啊！"这也是不可取的。

第二章　四书精华

"四书"是指孔子的《论语》、孟子的《孟子》、曾子的《大学》、子思的《中庸》。其中,《大学》和《中庸》都是《礼记》中篇目。孔子去世后,儒家分为八派。儒家"八派"之说,始见于《韩非子·显学》:"自孔子之死也,有子张之儒(代表人物:子张),有子思之儒(代表人物:子思),有颜氏之儒(代表人物:颜回),有孟氏之儒(代表人物:孟子),有漆雕氏之儒(代表人物:漆雕开),有仲良氏之儒(代表人物:仲梁子),有孙氏之儒(代表人物:荀子),有乐正氏之儒(代表人物:乐正子春)。"荀子把子思和孟子看成是一派。从师承关系来看,子思学于孔子的得意弟子之一曾子,孟子又学于子思;从《中庸》和《孟子》的基本观点来看,也大体上是相同的,所以有"思孟学派"的说法。后代因此而尊称孔子为"圣人",曾子为"宗圣",子思为"述圣",孟子为"亚圣",颜回为"复圣"。并称"儒家五大圣人"。

第一节　《论语》

一、《论语》简介

(一) 孔子生平

《论语》是记载孔子及其学生言行的一部书。孔子(公元前551—公元前479),名丘,字仲尼,春秋时鲁国陬邑(今山东曲阜)人。儒家学派创始人,中国古代最著名的思想家、政治家、教育家,对中国思想文化的发展有极其深远的影响。孔子年轻时做过"委吏""乘田"一类的小官,鲁定公时,孔子曾任中都宰、大司寇,鲁定公十二年(公元前498年),孔子"由大司寇行摄相事"(《史记·孔子世家》),政治生涯到了顶峰。由于与当时主宰鲁国政权的季孙氏、叔孙氏、孟孙氏三家政治观点不和,孔子离开鲁国去周游列国,先后到了卫、宋、陈、蔡、楚等国,都没有受到重用。晚年回到鲁国一心一意讲学和整理古代文献资料,曾整理删定《诗经》《尚书》等,并根据鲁国史官所记《春秋》加以删修,使之成为中国第一部编年体历史著作。孔子讲学,学生多达三千人,其中著名的有七十二人。

(二)汉代三种《论语》版本

《论语》成书于春秋战国之际,是孔子的学生及其再传学生所记录整理。到汉代时,有《鲁论语》(20篇)、《齐论语》(22篇,比《鲁论语》多《问王》、《知道》两篇)、《古文论语》(21篇,比《鲁论语》多一篇《子张》)三种《论语》版本流传。东汉末年,郑玄以《鲁论语》为底本,参考《齐论语》和《古文论语》编校成一个新的本子,并加以注释。郑玄的注本流传后,《齐论语》和《古文论语》便逐渐亡佚了。

(三)"张侯论"

西汉末年,安昌侯张禹以《鲁论语》为基础,合《鲁论语》、《齐论语》为一,称为"张侯论"。

(四)孔子以"诗教"为核心的文学思想

(1)在文艺与道德修养的关系上,《论语·泰伯》提出"兴于诗,立于礼,成于乐"的基本原则。"兴于诗"是讲"修身必先学诗。"因为人的道德修养总是从具体的、感性的榜样学起,在孔子看来,《诗经》就提供了许多这样的典范,使人们的言谈立身行事有了可靠的合乎礼义的依据,"不学诗,无以言。""立于礼"中的"礼"是贯穿"仁"的原则精神的一系列礼节仪式的规定。它可以区分上下贵贱,匡正名分,使不同等级的人有与自己地位相当的言论行动,"不学礼,无以立。"从学习生动形象的《诗经》,到掌握礼的各种原则规定,实际上就是从感性认识进一步提高到理性认识,使自己立身行事,严格遵循礼的规定。

"成于乐"就是通过音乐的熏陶,来改造自己的性情,改造自己的内心世界,使自己从本能出发就合乎礼仪规范,做到"非礼无视,非礼无听,非礼无言,非礼无动。""乐"不是一般的"乐",而是浸透了仁的精神的先王的雅乐、正乐。

(2)关于文学批评的标准:《论语·为政》提出"诗三百,一言以蔽之,曰思无邪"的主张。"思"有两种解释:一是语助词,没有实际意义;二是指思想内容。"无邪"也有两种解释:一是汉儒认为:《诗经》三百篇完全符合儒家"正"而"不邪"的标准,为此他们给《诗经》加上了许多牵强附会的"史实",对爱情诗及表现普通百姓对社会黑暗愤激不满情绪的作品作了歪曲解释。二是宋儒认为:"无邪"是对读诗人而言。如果读诗人内心正而无邪念,就能从诗中获得教训,诗就起到了劝诫作用。宋儒的解释认识到了文学作品的价值与效果,不只决定于作品本身的内容,也与接受者的状况密切相关。我们认为:从审美方面看,就是提倡一种"中和"之美。"无邪"就是"中和"、"中正",孔子评论《关雎》说:"乐而不淫,哀而不伤。"认为优秀的文学作品在表达感情上应该适度,欢乐而不放纵,哀怨而不悲伤,情感表达要有节制。从音乐上讲,"中和"就是一种中正平和的乐曲,使儒家传统雅乐的主要美学特征。从文学作品看,要求从思想内容到文学语言,都不能过于激烈,应当尽量做到委婉曲折,不要过于直露。应当符合儒家的政治理想、伦理道德和审美标准。"过犹不及"认为超过了与赶不上同样是不好的。

(3)论文学的社会作用:兴、观、群、怨说。《论语·阳货》中说:"子曰:小子何莫学夫诗?诗可以兴,可以观,可以群,可以怨。迩之事父,远之事君,多识于草木鸟兽之名。""兴"是就文学作品的审美作用而言的,指诗歌生动具体的艺术形象可以激发人精神的兴奋,感情的波动,从吟诵诗歌中可以获得美的享受。朱熹:"感发意志。"孔安国:"引譬连类。"所谓"引譬连类"是指以诗中所说的事与生活实践中的事相联系比照,从而获得启发,揭示某种具有普遍性的道理。而这种对普遍性的道理的揭示,不是通过人们的理智,而是通过人们的情感来实现的。所以,"感发意志"与"引譬连类"构成了"兴"相辅相成的两个方面。"观"是就文学作品的认识作用而言的,侧重在诗歌所反映的社会政治与道德风尚、以及作者的思想倾向与感情心态。要求文艺确切地反映现实生活的真实状况。郑玄:"观风俗之盛衰。"朱熹:"考见得失。"体现了孔子文艺思想中的现实主义特征。"群"是就文学作品的团结作用而言的。认为文学作品可以使人们统一思想,提高认识,交流感情,加强团结。朱熹:"和而不流。"孔安国:"群居相切磋。"孔子的要求是"矜而不争,群而不党。""怨"是就文学作品的干预现实、批评社会的作用而言的,是对不良政治的讽刺和批判。允许百姓通过诗歌来揭露现实,表达对社会不合理现象的不满。孔安国:"怨刺上政。"黄宗羲:"怨不必专指上政。"朱熹:"怨而不怒",不符合孔子本意。"诗可以怨"开启了司马迁的"发愤着书"、韩愈的"不平则鸣"以及欧阳修的"穷而后工"说,产生了深远影响。

(4)文质彬彬:文学作品的内容与形式的统一。《论语·雍也》篇云:"子曰:质胜文则野,文胜质则史,文质彬彬,然后君子。""文"指文学作品的形式。"质"指文学作品的内容,"文质彬彬"就是要求文学作品的内容与形式的统一。

(5)论雅乐和郑声:提倡雅乐,反对郑声:《论语·卫灵公》:"放郑声,远佞人。郑声淫,佞人殆。""雅乐"是"古乐",是曲调平和中正,节奏比较缓慢的音乐。孔子认为:它可以陶冶人的思想感情,培养人高尚的道德品质。"郑声"是"新乐",是曲调变化较大,节奏明快强烈的音乐。孔子认为:它容易诱发人们的私欲,不利于培养人高尚的道德品质,因此,应禁绝之。这一说法表现了孔子文艺思想中比较保守的一面,是中国封建社会中看不起民间文艺,把小说、戏曲视为不登大雅之堂的重要根源。

二、学而第一

子曰[1]:"学而时习之[2],不亦说乎[3]?有朋自远方来[4],不亦乐乎?人不知而不愠[5],不亦君子乎?"

[*注释*] [1]子:古人对男子的尊称。《论语》中"子曰"的"子"都是对孔子的称呼。[2]时习:时常温习。[3]说:同"悦"。[4]朋:古时同门为朋,同志为友。同门就是同一师门,也就是同学的意思。[5]愠:怒。

[*译文*] 孔子说:"学习知识并时常去温习它,不是很高兴吗?有志同道合的人从远方来,不是很快乐吗?不被别人了解却不抱怨,不也是很有君子风度吗?"

子曰:"巧言令色[1],鲜矣仁!"

[*注释*] [1]令:好、善。色:脸色。"巧言令色"这里用作贬义,意思是擅长辞令,面目姣好者。

[译文] 孔子说:"花言巧语,装出和颜悦色的样子,这样的人是很少有仁德的。"

曾子曰[1]:"吾日三省吾身[2],为人谋而不忠乎?与朋友交而不信乎?传不习乎[3]?"
[注释] [1]曾子:孔子的学生,名参。[2]三省:多次自我反省。"三"表示多次,不是实指三次。"吾日三省吾身"体现了儒家鲜明的理性批判精神和自我反思的道德修养路径。[3]传:指老师传授的学业。
[译文] 曾子说"我每天多次自我反省:替别人谋划是否尽心竭力?与朋友交往是否守信?老师传授的学业是否时常温习?"

子曰:"弟子[1],入则孝,出则悌[2],谨而信,凡爱众,而亲仁[3]。行有余力,则以学文[4]。"
[注释] [1]弟子:指学生或年纪幼小的人。[2]"入"指"入父宫",即到父亲的房间里去;"出"指"出己宫",外出拜师学习。[3]亲仁:亲近有仁德的人。[4]行有余力,则以学文:体现了孔子做人第一,学问第二的思想。
[译文] 孔子说:"弟子们在父母面前要孝顺父母,出门在外要顺从师长,说话要谨慎而讲信用,博爱大众而特别亲近那些有仁德的人。做到了这些之后,才谈得上学习文化知识。"

子贡曰:"贫而无谄[1],富而无骄,何如?"子曰:"可也。未若贫而乐,富而好礼者也[2]。"子贡曰:"《诗》云:'如切如磋,如琢如磨[3]。'其斯之谓与[4]?"子曰:"赐也[5],始可与言诗已矣,告诸往而知来者[6]。"
[注释] [1]谄:巴结,奉承。[2]未若贫而乐,富而好礼者也:体现了孔子贫而乐道、富而好礼的理想境界。[3]如切如磋,如琢如磨:见《诗经·卫风·淇澳》。这两句诗有两种解释,一种认为切、磋、琢、磨分别指加工兽骨、象牙、玉、石头为器物的工艺,引申意义则指学者做学问和自己修养离开了切磋琢磨就不能成器。另一种解释则认为切、磋是指加工牙骨的工艺,切开了还得磋(锉平),琢、磨是指加工玉石的工艺,琢(雕刻)了还得磨(磨光滑)。引申意义则指学者做学问和自己修养要精益求精。从本节上下文的意义来看,宜作精益求精的理解。[4]其:大概,想必,表示推测的语气。[5]赐:子贡的名。[6]诸:之。
[译文] 子贡说:"贫穷而不去谄媚,富有而不骄傲奢侈,这种人怎么样?"孔子说:"可以,但不如贫穷而快乐,富贵而好礼的人。"子贡说:《诗经》上所说的切磋琢磨,精益求精,大概就是这个意思吧?"孔子说:"赐呀,现在可以和你谈论《诗经》了,因为你已经可以从我说过的话中领会我未告诉你的事,举一反三了。"

子曰:"不患人之不己知,患不知人也[1]。"
[注释] [1]患:忧虑,怨恨。不己知:"不知己"的倒装。不知人:不了解别人。
[译文] 孔子说:"不忧虑别人不了解自己,只忧虑自己不了解别人。"

三、为政第二

子曰:"为政以德[1],譬如北辰[2],居其所而众星共之[3]。"

[注释] [1]以:用。[2]北辰:北极星。[3]所:处所,位置。共:同"拱",环绕的意思。

[译文] 孔子说:"(周君)以道德教化来治理政事,就会像北极星那样,自己居于一定的方位,而群星都会环绕在它的周围。"

子曰:"《诗》三百[1],一言以蔽之[2],曰:'思无邪'[3]。"

[注释] [1]诗:指《诗经》一书,此书实有305篇,三百只是举其整数。[2]蔽:概括。[3]思无邪:思想纯正,没有邪念。此句为孔子及儒家文学批评的思想标准。

[译文] 孔子说:"《诗经》三百篇,可以用一句话来概括它,就是'思想纯正'。"

子曰:"温故而知新[1],可以为师矣。"

[注释] [1]故:已经学过的知识。新:刚刚学到的知识。

[译文] 孔子说:"在温习旧知识时,能有新体会、新发现,就可以当老师了。"

子曰:"君子不器[1]。"

[注释] [1]器:器皿。

[译文] 孔子说:"君子心胸宽广,不像器皿那样狭窄。"

子曰:"学而不思则罔[1],思而不学则殆[2]。"

[注释] [1]罔:迷惑,糊涂。[2]殆:疑惑,危险。

[译文] 孔子说:"只读书学习而不思考问题,就会惘然无知;只空想而不读书学习,就会疑惑。"

子曰:"由[1],诲女知之乎[2]!知之为知之,不知为不知,是知也[3]。"

[注释] [1]由:姓仲名由,字子路,孔子的学生。[2]女:同"汝",你。[3]知之为知之,不知为不知,是知也:体现了孔子实事求是的学习态度。

[译文] 孔子说:"由,我告诉你什么叫求知吧!知道的就是知道,不知道就是不知道,这就是智慧啊!"

四、八佾第三

孔子谓季氏[1]:"八佾舞于庭[2],是可忍[3],孰不可忍也?"

[注释] [1]季氏:鲁国正卿季孙氏,即季平子。[2]佾:古代乐舞的行列。古时一佾8人,八佾就是64人。据《周礼》规定,只有周天子才可以使用八佾,诸侯为六佾,卿大夫为四佾,士为二佾。季氏是正卿,只能用四佾。[3]可忍:可以容忍。

[译文] 孔子谈到季氏,说,"他用六十四人在自己的庭院中奏乐舞蹈,这样的事如果他可以容忍的话,还有什么事情是他不可容忍的呢?"

子曰:"人而不仁[1],如礼何?人而不仁,如乐何?"
[注释] [1]仁:仁德。
[译文] 孔子说:"一个人没有仁德,他怎么能实行礼呢?一个人没有仁德,他怎么能运用乐呢?"

子夏问曰:"巧笑倩兮,美目盼兮,素以为绚兮。[1]何谓也?"子曰:"绘事后素[2]。"曰:"礼后乎?"子曰:"起予者,商也[3]!始可与言《诗》已矣。"
[注释] [1]倩:面貌美好,笑得好看。兮:语助词,相当于"啊"。盼:眼睛黑白分明。绚:有文采。[2]绘:画。素:白底。绘事后素:先有白底然后画画。结合下文子夏的理解和孔子的赞誉,"绘事后素"指做人先有仁德后有礼仪。"素"是指实行礼仪的内心道德情操;"礼"是指对行为起约束作用的外在形式,即礼节仪式。孔子认为,外表的礼节仪式同内心的情操应是统一的,如同绘画一样,质地不洁白,就画不出丰富多彩的图案。[3]起:启发。予:我,孔子自指。商:子夏名商。
[译文] 子夏问孔子:"'笑得真好看啊,美丽的眼睛真明亮啊,用素粉来打扮啊',这几句话是什么意思呢?"孔子说:"这是说先有白底然后画画。"子夏又问:"那么,是不是说礼也是后起的事呢?"孔子说:"商,你真是能启发我的人!现在可以同你讨论《诗经》了。"

子曰:"周监于二代[1],郁郁乎文哉[2]!吾从周[3]。"
[注释] [1]监:借鉴。二代:夏代和商代。[2]郁郁:文采盛貌。是丰富、浓郁之意。[3]从周:遵从周礼。
[译文] 孔子说:"周朝的礼仪制度借鉴于夏、商二代,周朝的礼仪制度是多么丰富多彩啊。我遵从周朝的制度。"

子曰:"《关雎》,乐而不淫,哀而不伤[1]。"
[注释] [1]淫:过分、放荡。乐而不淫,哀而不伤:体现了"思无邪"的艺术观。
[译文] 孔子说:"《关雎》这篇诗,快乐而不放荡,忧愁而不哀伤。"

子谓韶:"尽美矣,又尽善也[1]。"谓武:"尽美矣,未尽善也[2]。"
[注释] [1]韶:相传是古代歌颂舜的一种乐舞。美:声音动听,指乐曲的音调、舞蹈的形式。善:内容妥善,指乐舞的思想内容。[2]武:相传是歌颂周武王的一种乐舞。
[译文] 孔子讲到"韶"乐时说:"艺术形式美极了,内容也很好。"谈到"武"这一乐舞时说:"艺术形式很美,但内容却差一些。"

五、里仁第四

子曰:"富与贵,是人之所欲也。不以其道得之,不处也[1]。贫与贱,是人之所恶也,不以其道得之,不去也。"

[注释] [1]处:享受、接纳。

[译文] 孔子说:"富裕和显贵是每个人都想要得到的,但不用正当的方法得到它,人们就不会去享受。贫穷与低贱是每个人都厌恶的,但不用正当的方法去摆脱它,就摆脱不了。"

子曰:"朝闻道[1],夕死可矣。"

[注释] [1]道:儒道。

[译文] 孔子说:"早晨得知了道,就算当天晚上死去也心甘。"

子曰:"君子怀德[1],小人怀土[2];君子怀刑[3],小人怀惠。"

[注释] [1]怀:思念。[2]土:乡土。[3]刑:法制惩罚。

[译文] 孔子说:"君子思念的是道德,小人思念的是乡土;君子想的是法制,小人想的是恩惠。"

子曰:"君子喻于义[1],小人喻于利。"

[注释] [1]义:大义。

[译文] 孔子说:"君子明白大义,小人只知道小利。"

子曰:"见贤思齐焉,见不贤而内自省也[1]。"

[注释] [1]自省:自我反省。

[译文] 孔子说:"见到贤人,就应该向他学习、看齐,见到不贤的人,就应该自我反省(自己有没有与他类似的错误)。"

子曰:"父母在,不远游[1],游必有方[2]。"

[注释] [1]游:指游学、游官、经商等外出活动。[2]方:一定的地方。

[译文] 孔子说:"父母在世,不远离家乡。如果不得已要出远门,也必须有一定的地方。"

子曰:"三年无改于父之道[1],可谓孝矣。"

[注释] [1]三年:泛指多年。

[译文] 孔子说:"如果儿子长期不改变父亲的原则,可以说他做到了孝。"

子曰:"君子欲讷于言而敏于行[1]。"

[注释] [1]讷:迟钝。这里指说话要谨慎。[2]敏:敏捷、快速。

[译文] 孔子说:"君子说话要谨慎,而行动要敏捷。"

六、公冶长第五

宰予昼寝[1],子曰:"朽木不可雕也,粪土之墙不可圬也[2],于予与何诛[3]?"子曰:"始吾于人也,听其言而信其行;今吾于人也,听其言而观其行。于予与改是[4]。"

[注释] [1]宰予:孔子的弟子,善言语。[2]粪土:腐土,脏土。圬:抹墙用的抹子。这里指用抹子粉刷墙壁。[3]诛:责备,批评。[4]与:语气词。

[译文] 宰予白天睡觉。孔子说:"腐朽的木头无法雕刻,粪土垒的墙壁无法粉刷。对于宰予这个人,责备还有什么用呢?"孔子说:"起初我对于人,听了他说的话便相信了他的行为;现在我对于人,听了他讲的话还要观察他的行为。在宰予这里,我改变了观察人的方法。"

子贡问曰:"孔文子何以谓之'文'也[1]?"子曰:"敏而好学[2],不耻下问[3],是以谓之'文'也。"

[注释] [1]孔文子:卫国大夫孔圉,"文"是谥号,"子"是尊称。[2]敏:敏捷、勤勉。[3]不耻下问:孔子一贯的治学方法,就是不仅听老师、长辈的教导,向老师、长辈求教,而且还求教于不如自己知识多的人,而不以这样做为可耻。

[译文] 子贡问道:"为什么给孔文子一个'文'的谥号呢?"孔子说:"他聪敏勤勉而好学,不以向学识不如他的人请教为耻,所以给他谥号叫'文'。"

七、雍也第六

子曰:"贤哉,回也!一箪食[1],一瓢饮,在陋巷[2],人不堪其忧,回也不改其乐[3]。贤哉,回也!"

[注释] [1]箪:古代盛饭用的竹器。[2]巷:此处指颜回的住处。[3]乐:乐于学。不改其乐:就是贫贱不能移的精神,这里包含了一个具有普遍意义的道理,即人总是要有一点精神的,为了自己的理想,就要不断追求,即使生活清苦困顿也自得其乐。

[译文] 孔子说:"颜回的品质是多么高尚啊!一箪饭,一瓢水,住在简陋的小屋里,别人都忍受不了这种穷困和清苦,颜回却没有改变他好学的乐趣。颜回的品质是多么高尚啊!"

子曰:"质胜文则野[1],文胜质则史[2],文质彬彬[3],然后君子。"

[注释] [1]质:朴实,自然,无修饰的,指文学作品的内容。文:文采,经过修饰的,指文学作品的形式。野:粗野,指缺乏文采。[2]史:史官、历史著作,孔子认为历史著作虚夸。所以"史"指言词华丽,这里有虚伪、浮夸的意思。[3]文:指外在的仪表。质:指人的内在品质。彬彬:指文与质的配合很恰当。"文质彬彬"要求既具有"仁"的品格,又具有"礼"的文饰,要文质并重。

[译文] 孔子说:"质朴多于文采,就流于粗俗;文采多于质朴,就流于虚伪浮夸。只

有质朴和文采配合恰当,才是个君子。"

子曰:"知之者不如好之者[1];好之者不如乐之者。"
[注释] [1]好:爱好。
[译文] 孔子说:"懂得它的人不如爱好它的人;爱好它的人又不如以它为乐的人。"

子曰:"知者乐水[1],仁者乐山;知者动,仁者静;知者乐,仁者寿[2]。"
[注释] [1]知:同"智"。乐:喜爱的意思。[2]知者乐,仁者寿:这里所说的"智者"和"仁者"不是一般的人,而是有道德修养的"君子"。
[译文] 孔子说:"智者喜爱水,仁者喜爱山;智者爱动,仁者爱静;智者快乐,仁者长寿。"

八、述而第七

子曰:"述而不作[1],信而好古,窃比于我老彭[2]。"
[注释] [1]述:传述。作:创造。[2]窃:私,私自,私下。老彭:人名,但究竟指谁,学术界说法不一。有的说是殷商时代一位"好述古事"的"贤大夫"有的说是老子和彭祖两个人,有的说是殷商时代的彭祖。
[译文] 孔子说:"只阐述而不创作,相信而且喜好古代的东西,我私下把自己比作老彭。"

子曰:"默而识之[1],学而不厌,诲人不倦[2],何有于我哉[3]?"
[注释] [1]识:记住。[2]诲:教诲。[3]何有于我哉:对我有什么难呢?
[译文] 孔子说:"默默地记住(所学的知识),学习不觉得厌烦,教人不知道疲倦,这对我能有什么困难呢?"

子曰:"志于道,据于德[1],依于仁,游于艺[2]。"
[注释] [1]德:能把道贯彻到自己心中而不失去就叫德。[2]艺:指孔子教授学生的礼、乐、射、御、书、数等六艺,都是日常所用。孔子培养学生以仁、德为纲领,以六艺为基本,使学生能够得到全面均衡的发展。
[译文] 孔子说:"以道为志向,以德为根据,以仁为凭借,活动于(礼、乐等)六艺的范围之中。"

子在齐闻《韶》[1],三月不知肉味,曰:"不图为乐之至于斯也。"
[注释] [1]《韶》:舜时古乐曲名。
[译文] 孔子在齐国听了《韶》乐,很长时间尝不出肉的滋味,他说:"想不到《韶》乐的美达到了这样迷人的地步。"

子不语怪、力、乱、神。

[译文] 孔子不谈论怪异、暴力、变乱、鬼神。

子曰:"三人行,必有我师焉。择其善者而从之,其不善者而改之。"

[译文] 孔子说:"三个人一起走路,其中必定有人可以做我的老师。我选择他好的地方向他学习,看到他不好的地方就作为借鉴,并自己改掉它。"

子以四教:文、行、忠、信[1]。

[注释] [1]文:文献、古籍等。行:指德行。忠:尽己之谓忠,对人尽心竭力的意思。信:以实之谓信,诚实的意思。

[译文] 孔子教授学生文、行、忠、信四项内容。

子曰:"君子坦荡荡[1],小人长戚戚[2]。"

[注释] [1]坦荡荡:心胸宽广、开阔。[2]长戚戚:经常忧愁、烦恼的样子。

[译文] 孔子说:"君子心胸宽广,小人经常忧愁。"

九、泰伯第八

曾子有疾,孟敬子问之[1]。曾子言曰:"鸟之将死,其鸣也哀;人之将死,其言也善。君子所贵乎道者三:动容貌[2],斯远暴慢矣[3];正颜色[4],斯近信矣;出辞气[5],斯远鄙倍矣[6]。笾豆之事[7],则有司存[8]。"

[注释] [1]孟敬子:即鲁国大夫孟孙捷。问:探望、探视。[2]动容貌:使自己的内心感情表现于面容。[3]暴慢:粗暴、放肆。[4]正颜色:使自己的脸色庄重严肃。[5]出辞气:出言、说话。指注意说话的言辞和口气。[6]鄙:粗野。倍:同"背",背理,悖理。[7]笾豆之事:笾和豆都是古代祭祀和典礼中的用具。[8]有司:指主管祭祀、礼仪事务的官吏。

[译文] 曾子有病,孟敬子去看望他。曾子对他说:"鸟快死了,它的叫声是悲哀的;人快死了,他说的话是善意的。君子所应当重视的道有三个方面:使自己的容貌庄重严肃,这样可以避免粗暴、放肆;使自己的脸色一本正经,这样就接近于诚信;使自己说话的言辞和语气谨慎小心,这样就可以避免粗野和悖理。至于祭祀和礼节仪式,自有主管这些事务的官吏来负责。"

子曰:"兴于《诗》[1],立于礼,成于乐。"

[注释] [1]兴:开始。

[译文] 孔子说:"(人的修养)开始于学《诗经》,自立于学礼,完成于学乐。"

子曰:"不在其位,不谋其政。"

[译文] 孔子说:"不在那个职位上,就不考虑那职位上的事。"

子曰:"大哉尧之为君也[1]!巍巍乎!唯天为大,唯尧则之[2]。荡荡乎[3],民无能名焉[4]。巍巍乎!其有成功也,焕乎其有文章[5]!"

[注释] [1]尧:中国古代传说中的圣君。[2]则:效法、为准。[3]荡荡:广大的样子。[4]名:形容、称说、称赞。[5]焕:光辉。

[译文] 孔子说:"尧这样的君主,真伟大啊!多么崇高啊!只有天最高大,只有尧才能效法天的高大。(他的恩德)多么广大啊,百姓们真不知道该怎样来称赞它。他的功绩多么崇高,他制定的礼仪制度多么光辉啊!"

十、子罕第九

子畏于匡[1],曰:"文王既没[2],文不在兹乎[3]?天之将丧斯文也,后死者不得与于斯文也[4];天之未丧斯文也,匡人其如予何[5]?"

[注释] [1]匡,地名,在今河南省长垣县西南。畏:受到威胁。[2]文王:周文王,姓姬名昌,西周开国之君周武王的父亲,是孔子认为的古代圣贤之一。[3]兹:这里,指孔子自己。[4]后死者:孔子这里指自己。与:同"举",掌握。[5]如予何:奈我何,把我怎么样。

[译文] 孔子被匡地的人们围困时,他说:"周文王死了以后,周代的礼乐文化不都体现在我的身上吗?上天如果想要消灭这种文化,那我就不可能掌握这种文化了;上天如果不消灭这种文化,那么匡人又能把我怎么样呢?"

子曰:"吾自卫反鲁[1],然后乐正[2],《雅》、《颂》各得其所。"

[注释] [1]自卫反鲁:公元前484年(鲁哀公十一年)冬,孔子从卫国返回鲁国,结束了14年游历不定的生活。[2]乐正:调整乐曲的篇章。

[译文] 孔子说:"我从卫国返回到鲁国以后,乐才得到整理,《雅》和《颂》各有适当的安排。"

子在川上曰:"逝者如斯夫,不舍昼夜。"

[译文] 孔子在河边说:"消逝的时光就像这河水一样,不分昼夜地向前流去。"

子曰:吾未见好德如好色者也。

[译文] 孔子说:"我没有见过像好色那样喜欢美德的人。"

子曰:"三军可夺帅也[1],匹夫不可夺志也[2]。"

[注释] [1]三军:三军包括大国所有的军队。此处言其多。[2]匹夫:平民百姓,主要指男子。志:志向,志气。孔子把"理想"称为"志",就是人的志向、志气。"匹夫不可夺志",反映出孔子对于"志"的高度重视,甚至将它与三军之帅相比。

[译文] 孔子说:"一国军队,可以夺去它的主帅;一个男子汉,他的志向却是不能强迫改变的。"

子曰:"岁寒,然后知松柏之后凋也[1]。"

[注释] [1]凋:凋谢。

[译文] 孔子说:"到了寒冷的季节,才知道松柏是最后凋谢的。"

十一、先进第十一

子曰:"先进于礼乐[1],野人也[2];后进于礼乐[3],君子也[4]。如用之,则吾从先进。"

[注释] [1]先进:指先学习礼乐而后再做官的人。[2]野人:朴素粗鲁的人,或指乡野平民。[3]后进:先做官后学习礼乐的人。[4]君子:这里指统治者。

[译文] 孔子说:"先学习礼乐而后再做官的人,是(原来没有爵禄的)平民;先当了官然后再学习礼乐的人,是统治者。如果让我选用人才,那我主张选用先学习礼乐的人。"

德行[1]:颜渊、闵子骞、冉伯牛、仲弓。言语[2]:宰我、子贡。政事[3]:冉有、季路。文学[4]:子游、子夏。

[注释] [1]德行:指能实行孝悌、忠恕等道德。[2]言语:指善于辞令,能处理外交。[3]政事:指能从事政治事务。[4]文学:指通晓诗书礼乐等古代文献。

[译文] 德行好的有:颜渊、闵子骞、冉伯牛、仲弓。善于辞令的有:宰我、子贡。擅长政事的有:冉有、季路。通晓文献知识的有:子游、子夏。

季路问事鬼神。子曰:"未能事人,焉能事鬼?"曰:"敢问死?"曰:"未知生,焉知死?"

[译文] 季路问怎样去侍奉鬼神。孔子说:"没有能侍奉好人,怎么能侍奉鬼呢?"季路说:"请问死是怎么回事?"(孔子回答)说:"还不知道活着的道理,怎么能知道死呢?"

子贡问:"师与商也孰贤[1]?"子曰:"师也过,商也不及。"曰:"然则师愈与[2]?"子曰:"过犹不及[3]。"

[注释] [1]师:即子张。商:即子夏。[2]愈:胜过,强些。[3]过犹不及:即中庸思想的具体说明。

[译文] 子贡问孔子:"子张和子夏二人谁的才德更出众呢?"孔子回答说:"子张过分,子夏不足。"子贡说:"那么是子张强一些吗?"孔子说:"过分和不足是一样的。"

十二、颜渊第十二

子曰:"非礼勿视,非礼勿听,非礼勿言,非礼勿动[1]。"

[注释] [1]非礼勿视,非礼勿听,非礼勿言,非礼勿动:人们的看、听、说、做都要符合礼的规定。通过人们的道德修养自觉地遵守礼的规定。这是孔子思想的核心内容。

[译文] 孔子说:"不合于礼的,不要看;不合于礼的,不要听;不合于礼的,不要说;不合于礼的,不要做。"

子曰："己所不欲，勿施于人[1]。"

[注释] [1]己所不欲，勿施于人：这是要求宽以待人。

[译文] 孔子说："自己不愿意的，不要强加于别人。"

棘子成曰[1]："君子质而已矣，何以文为？"子贡曰：惜乎，夫子之说君子也。驷不及舌[2]。文犹质也，质犹文也，虎豹之鞟[3]，犹犬羊之鞟。

[注释] [1]棘子成：卫国大夫。古代大夫都可以被尊称为夫子，所以子贡这样称呼他。[2]驷不及舌：指话一说出口，就收不回来了。驷：拉一辆车的四匹马。[3]鞟：去掉毛的兽皮，即革。

[译文] 棘子成说："君子只要具有好的品质就行了，要那些表面的仪式有什么用呢？"子贡说："真遗憾，夫子您这样谈论君子。一言既出，驷马难追。本质就像文采，文采就像本质，都是同等重要的。去掉了毛的虎、豹皮，就如同去掉了毛的犬、羊皮一样。"

齐景公问政于孔子[1]，孔子对曰："君君，臣臣，父父，子子。"公曰："善哉！信如君不君，臣不臣，父不父，子不子，虽有粟，吾得而食诸？"

[注释] [1]齐景公：名杵臼，齐国国君，公元前547年—公元前490年在位。[2]君君，臣臣，父父，子子：春秋时期的社会变动，使当时的等级名分受到破坏，孔子认为这是国家动乱的主要原因。所以他告诉齐景公，"君君，臣臣，父父，子子"，恢复这样的等级秩序，国家就可以得到治理。

[译文] 齐景公问孔子如何治理国家。孔子说："做君主的要像君的样子，做臣子的要像做臣子的样子，做父亲的要像做父亲的样子，做儿子的要像做儿子的样子。"齐景公说："讲得好呀！如果君不像君，臣不像臣，父不像父，子不像子，虽然有粮食，我能吃得上吗？"

子曰："君子成人之美，不成人之恶，小人反是。"

[译文] 孔子说："君子成全别人的好事，而不助长别人的恶处。小人则与之相反。"

曾子曰："君子以文会友，以友辅仁。"

[译文] 曾子说："君子以文章学问来结交朋友，依靠朋友帮助自己培养仁德。"

十三、子路第十三

子曰："诵《诗》三百，授之以政，不达[1]；使于四方，不能专对[2]。虽多，亦奚以为[3]？"

[注释] [1]达：通达。这里是会运用的意思。[2]专对：独立对答。[3]以：用。亦奚以为：又有什么用呢？

[译文] 孔子说："把《诗》三百篇背得很熟，让他处理政务，却不会办事；让他当外交使节，不能独立地交涉。背得很多，又有什么用呢？"

子曰:"其身正,不令而行;其身不正,虽令不从。"

[译文] 孔子说:"自身正了,即使不发布命令,老百姓也会去执行;自身不正,即使发布命令,老百姓也不会服从。"

子夏为莒父宰[1],问政,子曰:"无欲速,无见小利。欲速则不达[2],见小利则大事不成。"

[注释] [1]莒父:鲁国的一个城邑,在今山东省莒县境内。[2]欲速则不达:求快反而达不到目的。这贯穿着辩证法思想,即对立的事物可以互相转化。

[译文] 子夏是莒父的总管,他问孔子怎样办理政事。孔子说:"不要求快,不要贪求小利。求快反而达不到目的,贪求小利就做不成大事。"

子曰:"君子和而不同[1],小人同而不和。"

[注释] [1]和:不同的东西和谐地配合,叫作"和",各方面之间彼此不同。同:相同的东西相加或与人相混同,叫作"同"。各方面之间完全相同。"和而不同"是孔子思想体系中的重要组成部分。君子可以与他周围的人保持和谐融洽的关系,君子对待任何事情都必须经过自己的独立思考,不人云亦云,盲目附和;小人没有自己独立的见解,只求与别人完全一致,而不讲求原则,小人不能与别人保持融洽友好的关系。"和而不同"显示出孔子思想的深刻哲理和高度智慧。

[译文] 孔子说:"君子讲求和谐而不同流合污,小人只求完全一致,而不讲求协调。"

子曰:"君子泰而不骄,小人骄而不泰。"

[译文] 孔子说:"君子安静坦然而不傲慢无礼,小人傲慢无礼而不安静坦然。"

十四、宪问第十四

子曰:"有德者必有言,有言者不必有德。仁者必有勇,勇者不必有仁[1]。"

[注释] [1]仁者必有勇,勇者不必有仁:解释言论与道德、勇敢与仁德之间的关系。这是孔子的道德哲学观,他认为勇敢只是仁德的一个方面,勇敢和仁德不能画等号,所以人除了有勇以外,还要修养其他各种道德,从而成为有德之人。

[译文] 孔子说:"有道德的人一定有言论,有言论的人不一定有道德。仁德的人一定勇敢,勇敢的人都不一定有仁德。"

子曰:"君子而不仁者有矣,夫未有小人而仁者也。"

[译文] 孔子说:"君子中存在没有仁德的人,而小人中不会存在有仁德的人。"

子曰:"为命[1],裨谌草创之[2],世叔讨论之[3],行人子羽修饰之[4],东里子产润色之[5]。"

[注释] [1]命:指国家的政令。[2]裨谌:人名,郑国的大夫。[3]世叔:即子太叔,名游吉,郑国的大夫。子产死后,继子产为郑国宰相。[4]行人:官名,掌管朝觐聘问,即外交事务。子羽:郑国大夫公孙挥的字。[5]东里:地名,郑国大夫子产居住的地方。

[译文] 孔子说:"郑国发表的公文,都是由裨谌起草,由世叔提出意见,由外交官子羽加以修饰,由子产做最后修改润色。"

子曰:"贫而无怨难,富而无骄易。"

[译文] 孔子说:"贫穷而能够没有怨恨,这是很难做到的;富裕而不骄傲,这是容易做到的。"

子曰:"晋文公谲而不正[1],齐桓公正而不谲[2]。"

[注释] [1]晋文公:姓姬名重耳,春秋时期有作为的政治家,著名的霸主之一。公元前636年—前628年在位。谲:欺诈,玩弄手段。孔子主张"礼乐征伐自天子出",对违礼行为一概加以指责。晋文公称霸后召见周天子,这对孔子来说是不可接受的,所以他说晋文公诡诈。[2]齐桓公:姓姜名小白,春秋时期有作为的政治家,著名的霸主之一。公元前685年—前643年在位。齐桓公打着"尊王"的旗号称霸,孔子认为他的做法符合于礼的规定。所以他对晋文公、齐桓公做出上述评价。

[译文] 孔子说:"晋文公诡诈而不正派,齐桓公正派而不诡诈。"

子曰:"君子上达,小人下达。"

[译文] 孔子说:"君子向上通达仁义,小人向下通达财利。"

子曰:"古之学者为己,今之学者为人。"

[译文] 孔子说:"古代的人学习是为了提高自己,而现在的人学习是为了给别人看。"

子曰:"不患人之不己知,患其不能也。"

[译文] 孔子说:"不忧虑别人不知道自己,只担心自己没有本事。"

或曰:"以德报怨,何如?"子曰:"何以报德?以直报怨,以德报德[1]。"

[注释] [1]以直报怨,以德报德:用正直来报答怨恨,用恩德来报答恩德。孔子不同意"以德报怨"的做法,认为应当是"以直报怨"。不以有旧恶旧怨而改变自己的公平正直,也就是坚持了正直,"以直报怨"对个人道德修养极为重要。

[译文] 有人说:"用恩德来报答怨恨怎么样?"孔子说:"用什么来报答恩德呢?应该是用正直来报答怨恨,用恩德来报答恩德。"

十五、卫灵公第十五

颜渊问为邦。子曰:"行夏之时[1],乘殷之辂[2],服周之冕[3],乐则韶舞[4]。放郑声[5],

远佞人[6]。郑声淫,佞人殆[7]。"

[注释] [1]夏之时:夏代的历法,便于农业生产。[2]辂:天子所乘的车。殷代的车是由木制成的,比较朴实。[3]周之冕:周代的帽子。[4]韶舞:是舜时的舞乐,孔子认为是尽善尽美的。[5]放:禁绝、排斥、抛弃的意思。郑声:郑国的乐曲,孔子认为是淫声。[6]远:远离。[7]殆:危险。

[译文] 颜渊问怎样治理国家。孔子说:"用夏代的历法,乘殷代的车子,戴周代的礼帽,奏韶乐,禁绝郑国的乐曲,疏远能言善辩的人。郑国的乐曲浮靡不正派,能言善辩的人太危险。"

子曰:"人无远虑,必有近忧。"

[译文] 孔子说:"人如果没有长远的考虑,就一定会有眼前的忧患。"

子曰:"君子病无能焉,不病人之不己知也。"

[译文] 孔子说:"君子只怕自己没有才能,不怕别人不知道自己。"

子曰:"君子求诸己,小人求诸人。"

[译文] 孔子说:"君子求之于自己,小人求之于别人。"

子曰:"君子矜而不争,群而不党。"

[注释] [1]矜:庄重。

[译文] 孔子说:"君子庄重而不与别人争执,合群而不结党营私。"

子曰:"君子不以言举人,不以人废言。"

[译文] 孔子说:"君子不凭一个人说的话来举荐他,也不因为一个人不好而不采纳他的话语。"

子贡问曰:"有一言而可以终身行之者乎?"子曰:"其恕乎!己所不欲,勿施于人。"

[译文] 子贡向孔子问道:"有没有一个字可以终身奉行的呢?"孔子回答说:"那就是恕吧!自己不愿意的,不要强加给别人。"

子曰:"巧言乱德,小不忍,则乱大谋。"

[译文] 孔子说:"花言巧语就败坏人的德行,小事情不忍耐,就会败坏大事情。"

子曰:"过而不改,是谓过矣。"

[译文] 孔子说:"有了过错而不改正,这才真叫错了。"

子曰:"吾尝终日不食,终夜不寝,以思,无益,不如学也。"

[译文] 孔子说:"我曾经整天不吃饭,彻夜不睡觉,来思考问题,结果没有什么好处,还不如去学习。"

子曰:"道不同,不相为谋。"

[译文] 孔子说:"主张不同,不互相谋划。"

子曰:"辞达而已矣。"

[译文] 孔子说:"言辞只要能表达意思就行了。"

十六、季氏第十六

孔子曰:"君子有三戒:少之时,血气未定,戒之在色;及其壮也,血气方刚,戒之在斗;及其老也,血气既衰,戒之在得[1]。"

[注释] [1]这是孔子对人从少年到老年这个过程中需要注意的问题做出的忠告。

[译文] 孔子说:"君子有三种事情应引以为戒:年少的时候,血气还不成熟,要戒除对女色的迷恋;等到身体成熟了,血气方刚,要戒除与人争斗;等到老年,血气已经衰弱了,要戒除贪得无厌。"

孔子曰:"生而知之者,上也;学而知之者,次也;困而学之,又其次也;困而不学,民斯为下矣。"

[译文] 孔子说:"生来就知道的人,是上等人;经过学习以后才知道的,是次一等的人;遇到困难再去学习的,是又次一等的人;遇到困难还不学习的人,这种人就是下等的人了。"

鲤趋而过庭,曰:"学《诗》乎?"对曰:"未也。""不学《诗》,无以言。"鲤退而学《诗》。他日,又独立,鲤趋而过庭,曰:"学《礼》乎?"对曰:"未也。""不学《礼》,无以立。"鲤退而学《礼》。

[译文] 孔鲤(孔子的儿子)快步从庭里走过,孔子说:"学《诗》了吗?"孔鲤回答说:"没有。"孔子说:"不学《诗》,就不懂得怎么说话。"孔鲤回去就学《诗》。又有一天,孔子又独自站在堂上,孔鲤快步从庭里走过,孔子说:"学《礼》了吗?"孔鲤回答说:"没有。"孔子说:"不学《礼》,就不懂得怎样立身。"孔鲤回去就学《礼》。

十七、阳货第十七

子曰:"性相近也,习相远也。"

[译文] 孔子说:"人的本性是相近的,由于习染不同才相互有了差别。"

子曰:"小子何莫学夫《诗》?《诗》,可以兴,可以观,可以群,可以怨[1]。迩之事父[2],远之事君,多识于鸟兽草木之名。"

[注释] [1]兴:激发感情的意思。观:观察了解天地万物与人间万象。群:合群。怨:讽谏上级,怨而不怒。[2]迩:近。

[译文] 孔子说:"学生们为什么不学习《诗经》呢?学《诗经》可以激发志气,可以观察天地万物及人间的盛衰与得失,可以使人懂得合群的必要,可以使人懂得怎样去讽谏上级。近可以用来侍奉父母,远可以侍奉君主,还可以多知道一些鸟兽草木的名字。"

子谓伯鱼曰:"女为《周南》《召南》矣乎[1]?人而不为《周南》《召南》,其犹正墙面而立也与[2]?"

[注释] [1]《周南》《召南》:《诗经·国风》中的第一、二两部分篇名。周南和召南都是地名。这是当地的民歌。[2]正墙面而立:面向墙壁站立着。

[译文] 孔子对伯鱼说:"你学习《周南》《召南》了吗?一个人如果不学习《周南》《召南》,那就像面对墙壁而站着吧?"

子曰:"道听而途说,德之弃也。"

[译文] 孔子说:"在路上听到传言就到处去传播,这是道德所唾弃的。"

子曰:"恶紫之夺朱也[1],恶郑声之乱雅乐也,恶利口之覆邦家者[2]。"

[注释] [1]恶:憎恨。紫:杂色。夺:代替。朱:正色。[2]利口:犟嘴利舌之人。覆:颠覆。

[译文] 孔子说:"我厌恶用紫色取代红色,厌恶用郑国的声乐扰乱雅乐,厌恶用伶牙俐齿颠覆国家的人。"

子曰:"唯女子与小人为难养也。近之则不孙,远之则怨。"

[译文] 孔子说:"只有女子和小人是难以教养的。亲近他们,他们就会无礼;疏远他们,他们就会报怨。"

第二节 《孟子》

一、《孟子》简介

(一) 孟子生平

孟子(公元前372年—公元前289年),名轲,战国时邹人,受业于孔子之孙子思,继承并发展了孔子所创立的儒家学说。

(二)孟子的文学思想

孟子的文学思想对后世影响较大的是:"与民同乐"的文学观、"以意逆志"和"知人论世"的文学批评方法论、"知言养气"。

(1)"与民同乐"的文学观。《孟子·梁惠王》下中说:"乐民之乐者,民亦乐其乐;忧民之忧者,民亦忧其忧。乐以天下,忧以天下,然而不王者,未之有也。"这里的"乐"指快乐之乐,指对一切美好事物的享受,自然包括诗歌在内,应以民之乐为乐,以民之忧为忧。孟子"与民同乐"的文艺思想直接来源于他"仁政"的政治理想,"仁政"思想的核心是以民为本,他提出了"民为本,社稷次之,君为轻"的思想,这是因为他认识到,如果不争取民心,新兴的统治君主就难以巩固已经获得的政权。正因为民心关系到政权的存亡、国家的兴衰,所以必须实行"仁政",争取民心。在文艺领域,就要求统治者"与民同乐"。"与民同乐"是判断一切文艺作品的标准。无论什么作品,都要看它是否符合人民的意愿,满足人民的要求,受到人民的欢迎。"与民同乐"的文艺思想要求实行仁政、发扬仁教;要求统治者能够与人民共同享受文学艺术的欢乐,不是独享其乐;要求统治者能够乐人民之乐,能欣赏人民大众乐意欣赏的文学艺术。孟子"与民同乐"的文艺思想建立在他的审美共同性的美学思想基础之上。

(2)文学批评方法论之一:"以意逆志"。《孟子·万章上》中说:"故说诗者,不以文害辞,不以辞害志,以意逆志,是为得之。""意"有两种解释:一是指读书人之意,即读书人用自己对诗意的准确理解,去推测诗人之志。东汉赵岐:"以己之意,逆诗人之志。"朱熹:"以己意逆取作者之意。"二是"意"是指客观的存在于作品中的"意"。清人吴淇:"以古人之意求古人之志。"从诗歌的客观意义出发去探求诗人之志。所谓"以意逆志"是指解说作品时不能局限于作品中的个别文字而误解词句,不能局限于个别词句而误解诗意,应着眼于作品的实际,把握作品的全篇内容,以此理解作品的思想感情。

(3)文学批评方法论之二:"知人论世"。《孟子·万章下》中说:"颂其诗,读其书,不知其人,可乎?是以论其世也。是尚友也。"理解、评价文学作品必须了解作者及其所处的时代环境和文化背景。在《告子下》篇中,孟子对《小弁》和《凯风》作了评论,"《小弁》之怨,亲亲也。亲亲,仁也。""《凯风》,亲之过小者也;《小弁》,亲之过大者也。亲之过大而不怨,是愈疏也;亲之过小而怨,是不可矶也。愈疏,不孝也;不可矶,亦不孝也。"他指出对于"怨",要有具体分析:如果亲人犯了小过失,怨是不对的;如果犯了大过失,不怨反而显得疏远而不亲近。孟子对这两首诗的分析比较表现出封建的伦理道德观念,自然是不可取的,但是他善于从不同作者及其诗作的不同背景来评价不同的诗篇,恰好是对"知人论世"方法的具体运用。

(4)"知言养气"。知言就是辨别言辞的能力,即辨别"诐辞"、"淫辞"、"邪辞"、"遁词"这四种错误言辞的能力,也可指鉴赏文学作品的能力。"养气"是一种道德修养,就是培养精神上的气。"浩然之气"是指人的仁义道德修养达到很高水平时所具有的一种正义凛然的精神状态,表现出一种由义和道凝聚而成的凛然正气。一种因相信自己的言行合乎正义而产生的坚强和自信。有了这种精神状态,就具备一种崇高的精神美、人格美。就能"知言":不仅自己言辞理直气壮,而且善于辨别各种错误的言辞。"知言养气"就是一个人经过养气而具备了浩然之气,就能够知言,即具备正确鉴赏文学作品的能力。"志、气、言"

的关系在于:"志"是人的内在人格与品质。"气"是内在人格在精神状态上的体现,"言"是具体表现"气"特点的言辞。孟子认为:必须首先使作者具有内在精神品格之美,养成浩然之气,才能有美而正的言辞。"知言养气"认为具有高尚的道德品质,才能写出好的文学作品。曹丕的"文以气为主"、韩愈"气盛言宜"、方孝孺"气畅辞达"等,均与"知言养气"有渊源关系。

二、梁惠王章句上

五亩之宅,树之以桑,五十者可以衣帛矣[1];鸡豚狗彘之畜[2],无失其时[3],七十者可以食肉矣[4];百亩之田,勿夺其时,数口之家可以无饥矣;谨庠序之教[5],申之以孝悌之义[6],颁白者不负戴于道路矣[7]。七十者衣帛食肉,黎民不饥不寒[8],然而不王者,未之有也。

[注释] [1]衣:作动词用,"穿"。[2]鸡豚狗彘:豚是猪,彘是小猪,此处概指农家养殖的家畜。[3]无失其时:不耽误养育的时节。[4]七十者可以食肉:朱熹《集注》云:"七十非肉不饱,未七十者不得食。"[5]庠序:古代的乡学。[6]申:重复、一再。[7]颁白:同"斑白",花白头发的老人。负戴:古代用人力搬运重物的两种方式,负指背在背上,戴指顶在头上。[8]黎民:老百姓。

[译文] 在五亩宅田上种植桑树,年满五十的人就能穿上丝绵衣服了;鸡鸭猪狗等家禽家畜,不失时节地畜养,年满七十的人就能吃上肉了;百亩农田,不误了它的耕作时节,数口之家就能没有饥荒了。注重乡校的教育,强调孝敬长辈的道理,须发斑白的人就不会在道路上背物负重了。年满七十的人能穿上丝绵衣服、吃上肉,老百姓能不受饥寒,做到了这些而不使天下归服的,还从未有过。

老吾老[1],以及人之老;幼吾幼,以及人之幼。天下可运于掌[2]。《诗》云:"刑于寡妻,至于兄弟,以御于家邦。"[3]言举斯心加诸彼而已。故推恩足以保四海,不推恩无以保妻子。古之人所以大过人者,无他焉,善推其所为而已矣。今恩足以及禽兽,而功不至于百姓者,独何与?

[注释] [1]老吾老:前一个"老"作动词用,是尊重的意思。下文"幼吾幼"与此类似。[2]天下可运于掌:赵注云:"天下可转之掌上,言其易也。"[3]刑:通"型",规范,教诲。寡妻:国君的正妻。家邦:犹国家,指家与国。

[译文] 敬重自己的长辈,从而敬重到他人的长辈;爱护自己的晚辈,从而爱护到他人的晚辈。这样天下就能运转于手掌之上了。《诗》说:"教诲自己妻子,遍及族内兄弟,以此统御全国。"这说的不过是以这样的心思来施加于他人而已。因此,广施恩惠足以保有天下,不广施恩惠连妻儿都无法守护。古时候的人之所以胜过世人,没有其他的原因,不过是因为善于把自己的作为施及于他人而已。现在大王的恩惠足以施及禽兽,而好处却不能到达百姓,这是什么原因呢?

三、梁惠王章句下

乐民之乐者,民亦乐其乐;忧民之忧者,民亦忧其忧。乐以天下,忧以天下,然而不王者,未之有也。

[译文] 君主以民众的快乐为自己的快乐,民众也以君主的快乐为自己的快乐;君主以民众的忧虑为自己的忧虑,民众也以君主的忧虑为自己的忧虑。以天下人的快乐为快乐,以天下人的忧虑为忧虑,做到了这些而不使天下归服的,还从未有过。

四、公孙丑章句上

"敢问夫子恶乎长?"曰:"我知言,我善养吾浩然之气。"

"敢问何谓浩然之气?"曰:"难言也。其为气也,至大至刚,以直养而无害[1],则塞于天地之间。其为气也,配义与道;无是,馁也。是集义所生者,非义袭而取之也。行有不慊于心[2],则馁矣。"

"何谓知言?"曰:"诐辞知其所蔽,淫辞知其所陷[3],邪辞知其所离,遁辞知其所穷。生于其心,害于其政;发于其政,害于其事。圣人复起,必从吾言矣。"

[注释] [1]以直养而无害:用正义去培养它,丝毫不加以伤害。[2]慊:快,满足。[3]陷:沉溺,此指与事实相背离之处。

[译文] 公孙丑说:"请问老师您擅长干什么呢?"孟子说:"我了解言辞,我善于培养自己的浩然之气。"

公孙丑说:"请问什么叫作浩然之气呢?"孟子说:"这比较难说。它作为气,最广大、最刚强,用正义去培养它,丝毫不加以伤害,就会充盈于天地之间。它作为气,与义和道相匹配;没有它们,它就没有力量了。它是正义日积月累的结果,不是偶然的正义行为所取得的。如果行为问心有愧,它就没有力量了。"

公孙丑说:"什么叫善于辨析别人的言辞呢?"孟子说:"偏颇的言辞,我知道它片面的地方;浮夸的言辞,我知道它失实的地方;邪异的言辞,我知道它偏离正道的地方;搪塞的言辞,我知道它理屈词穷的地方。上述这四种言辞是说话人内心思考的反映,在政治上会危害国家,在行政事务上会破坏具体工作。如果圣人再世,也一定会同意我的见解。"

五、公孙丑章句下

孟子曰:"天时不如地利[1],地利不如人和。三里之城,七里之郭[2],环而攻之而不胜[3]。夫环而攻之,必有得天时者矣;然而不胜者,是天时不如地利也。城非不高也,池非不深也[4],兵革非不坚利也,米粟非不多也;委而去之[5],是地利不如人和也。故曰:域民不以封疆之界,固国不以山溪之险,威天下不以兵革之利。得道者多助,失道者寡助。寡助之至,亲戚畔之[6];多助之至,天下顺之。以天下之所顺,攻亲戚之所畔,故君子有不战,战必胜矣。"

[注释] [1]天时:古代行军作战都要以阴阳时日占卜。[2]七里之郭:"郭"是指外城,朱熹《集注》云:"三里、七里,城郭之小者。"[3]环:围也,即四面攻围。[4]池:护城河。[5]委而去之:朱熹《集注》云:"委,弃也。言不得民心,民不为守也。"[6]畔:通"叛"。

[译文] 孟子说:"有利的时机和气候不如有利的地势,有利的地势不如人的齐心协力。方圆三里的城邑,纵横七里的外城,四面围攻却不能夺取。能四面围攻,必定遇到有利的时机和气候,但还是不能夺取,这是有利的时机和气候不如有利的地势。城墙不是不高,护城河不是不深,武器不是不好,粮食不是不多,军民们却放弃防守而逃散,这说明有利的地势不如人的齐心协力。所以说:制约民众不要依靠国境的疆界,巩固国防不要依靠山川的险阻,扬威天下不要依靠武器的锐利。拥有道义的人得到的援助多,失去道义的人得到的援助少。援助少到极点,连亲戚都反对;援助多到极点,整个天下都顺从。以得到整个天下的顺从,来攻伐连亲戚都反对的人,因此君子除非不战,战就必定取胜。"

六、滕文公章句上

上有好者[1],下必有甚焉者矣。君子之德,风也;小人之德,草也。草尚之风,必偃。

[注释] [1]好:喜好。

[译文] 在上位的人喜好什么,在下位的人必定喜爱得更厉害。君子的操行像风,小人的操行像草,草受风吹,必定随风倒。

七、滕文公章句下

富贵不能淫[1],贫贱不能移[2],威武不能屈[3],此之谓大丈夫。

[注释] [1]淫:赵注云:"乱其心也。"[2]移:朱熹《集注》云:"变其节也。"[3]屈:赵注云:"挫其志也。"

[译文] 富贵无法使人骄奢淫逸,贫贱无法使人改移节操,威武无法使人屈服意志,这才叫作大丈夫。

八、离娄章句上

孟子曰:"离娄之明[1],公输子之巧[2],不以规矩[3],不能成方圆。师旷之聪[4],不以六律[5],不能正五音[6]。尧舜之道,不以仁政,不能平治天下。"

[注释] [1]离娄:亦称"离朱",据《经典释文》引司马彪说云:"黄帝时人,能于百步之外见秋毫之末。"[2]公输子:名班,鲁国人,故亦称为鲁班,是春秋末年的著名巧匠。[3]规矩:规(圆规)是画圆的工具;矩(曲尺)是画方的工具。[4]师旷:春秋晋平公(前557年—前532年在位)时的著名乐师。[5]六律:古代以律管确定乐音的标准音高,一套完整的

律管共十二个,单数的六个管称"阳律",简称"律";双数的六个管称"阴吕",简称"吕"。此处的"六律"是概称定音律管。[6]五音:古代以宫、商、角、徵、羽为音阶,亦称"五声"。

[译文] 孟子说:"即使有离娄那样的视力、公输般的巧艺,如果不使用圆规、曲尺,也不能画出方、圆。即使有师旷那样好的听力,如果不依据六律,也不能校正五音。即使有尧舜的学说,如果不施行仁政,也不能安抚天下。"

淳于髡曰[1]:"男女授受不亲[2],礼与?"孟子曰:"礼也。"曰:"嫂溺则援之以手乎[3]?"曰:"嫂溺不援,是豺狼也。男女授受不亲,礼也;嫂溺,援之以手者,权也[4]。"曰:"今天下溺矣,夫子之不援,何也?"曰:"天下溺,援之以道;嫂溺,援之以手。子欲手援天下乎?"

[注释] [1]淳于髡:齐国人。[2]授受不亲:朱熹《集注》云:"授,与也;受,取也。古礼,男女不亲授受,以远别也。"[3]援:焦循《正义》云:"谓牵持之也。"[4]权:变通。

[译文] 淳于髡说:"男女间不亲手传递东西,是礼吗?"孟子说:"是礼。"淳于髡说:"嫂嫂掉入水中,小叔子要伸手去救援她吗?"孟子说,"嫂嫂掉入水中却不去救援,简直是豺狼。男女间不亲手传递东西,是礼;嫂嫂掉入水中,小叔子伸手去救援,是变通。"淳于髡说:"现今整个天下都掉进水中了,先生不去救援,这又是为什么呢?"孟子说:"天下掉进水中,用道来救援;嫂嫂掉入水中,伸手去救援就可以了,你难道想让我用手去救援天下吗?"

孟子曰:"人之患在好为人师。"

[译文] 孟子说:"人们的毛病在于喜好充当他人的老师。"

孟子曰:"不孝有三,无后为大[1]。舜不告而娶,为无后也。君子以为犹告也。"

[注释] [1]不孝有三:赵注云:"于礼有不孝者三事,谓阿意屈从,陷亲不义,一不孝也;家贫亲老,不为仕禄,二不孝也;不娶无子,绝先祖祀,三不孝也。"

[译文] 孟子说:"不孝顺的行为有三种,没有后裔的罪过最为重大。舜不告诉父母就娶妻,就因为怕没有后裔,君子认为,虽然舜没有禀告父母,这如同禀告了父母一样。"

九、离娄章句下

孟子告齐宣王曰:"君之视臣如手足,则臣视君如腹心;君之视臣如犬马,则臣视君如国人;君之视臣如土芥,则臣视君如寇仇。"

[译文] 孟子告诉齐宣王说:"君主看待臣属如同手足,那臣属就看待君主如同腹心;君主看待臣属如同犬马,那臣属就看待君主如同常人;君主看待臣属如同尘土、草芥,那臣属就看待君主如同强盗、仇敌。"

孟子曰:"大人者,言不必信,行不必果,惟义所在。"

[译文] 孟子说:"作为君子,说话不拘泥于信守,行为不拘泥于果敢,只依据义指导言行。"

孟子曰："大人者，不失其赤子之心者也。"

[译文] 孟子说："所谓君子，就是童心未泯的人。"

孟子曰："养生者不足以当大事，惟送死可以当大事。"

[译文] 孟子说："奉养健在的父母算不上大事，唯有安葬送终才算得上是大事。"

十、万章章句上

咸丘蒙曰："舜之不臣尧，则吾既得闻命矣。《诗》云：'普天之下，莫非王土；率土之滨，莫非王臣。'[1]而舜既为天子矣，敢问瞽瞍之非臣，如何？"曰："是诗也，非是之谓也；劳于王事，而不得养父母也。"曰："此莫非王事，我独贤劳也[2]。"故说诗者，不以文害辞[3]，不以辞害志，以意逆志[4]，是为得之。如以辞而已矣，《云汉》之诗曰："周余黎民，靡有孑遗。"[5]信斯言也，是周无遗民也。

[注释] [1]率土之滨：犹言四海之内。[2]贤劳：以贤才而劳苦。[3]以文害辞：文：文字。辞，词句。[4]逆：推求，揣测。[5]《云汉》：《诗·大雅》篇名，相传这是首赞美周宣王的诗歌。孑遗：经过灾难后留下来的少数人。

[译文] 咸丘蒙说："舜不以尧为臣，我已经聆听了你的教诲。《诗》说：'整个苍天之下，没有一处不是天子的土地；全部土地之上，没有一个不是天子的臣民。'舜已经做了天子，请问瞽瞍却不是臣民是怎么回事？"孟子说："这首诗不是这样解说的，乃是为天子的事务操劳而不能奉养父母。"意思是说："这些没有一件不是天子的事务，只有我最操劳。"所以解说《诗》的人，不要因为文字而误解词句，不要因为词句而误解诗意，要用自己的心去推求诗意，这样才能真正读懂诗。如果只看词句，《云汉》的诗篇说："周室余下的百姓，没有一个存留。"相信这句话，就会相信周室没有存留的民众了。

十一、万章章句下

孟子谓万章曰："一乡之善士斯友一乡之善士，一国之善士斯友一国之善士，天下之善士斯友天下之善士。以友天下之善士为未足，又尚论古之人[1]。颂其诗[2]，读其书，不知其人，可乎？是以论其世也。是尚友也。"

[注释] [1]尚：同"上"。论古之人：追论古代的人物。[2]颂：同"诵"。

[译文] 孟子对万章说："一个乡的品德高尚的人就结交一个乡的品德高尚的人，一个国家的品德高尚的人就结交一个国家的品德高尚的人，天下的品德高尚的人就结交天下的品德高尚的人。认为结交天下的品德高尚的人还不够，又上溯讨论古时候的品德高尚的人。吟诵他们的诗歌，研读他们的著作，不了解他们的为人，行吗？所以要讨论他们所处的时代。这就是上溯与历史上品德高尚的人交朋友。"

十二、告子章句上

孟子曰:"鱼我所欲也,熊掌亦我所欲也,二者不可得兼,舍鱼而取熊掌者也。生亦我所欲也,义亦我所欲也,二者不可得兼,舍生而取义者也。生亦我所欲,所欲有甚于生者,故不为苟得也;死亦我所恶,所恶有甚于死者,故患有所不辟也。如使人之所欲莫甚于生,则凡可以得生者,何不用也?使人之所恶莫甚于死者,则凡可以辟患者,何不为也?由是则生而有不用也,由是则可以辟患而有不为也,是故所欲有甚于生者,所恶有甚于死者。非独贤者有是心也,人皆有之,贤者能勿丧耳。一箪食,一豆羹[1],得之则生,弗得则死,呼尔而与之[2],行道之人弗受;蹴尔而与之[3],乞人不屑也。万钟则不辨礼义而受之,万钟于我何加焉?为宫室之美,妻妾之奉,所识穷乏者得我与?乡为身死而不受[4],今为宫室之美为之;乡为身死而不受,今为妻妾之奉为之;乡为身死而不受,今为所识穷乏者得我而为之。是亦不可以已乎?此之谓失其本心。"

【注释】[1]豆:古代一种盛食物的器具。[2]呼尔:犹言呵斥、吆喝。[3]行道之人:路上的行人。[3]蹴:践踏。[4]乡:同"向",向来。

【译文】孟子说:"鱼是我所想要的,熊掌也是我所想要的,如果两者不能兼有,就舍弃鱼而选取熊掌。生存是我所想要的,大义也是我所想要的,如果两者不能兼有,就舍弃生存而选取大义。生存也是我所想要的,但还有比生存更使我想拥有的,所以我不愿意苟且偷生;死亡也是我所厌恶的,但还有比死亡更使我感到厌恶的,所以我不愿意因厌恶死亡而躲避祸害。如果人们所想要的东西没有胜过生存,那么凡是能得以生存的,为何不去用呢?如果人们所厌恶的东西没有胜过死亡,那么凡是能躲避祸害的,为何不去做呢?从中得以生存却不去用,由此得以躲避祸害却不去做,是因为所想要有胜过生存的,所厌恶有胜过死亡的。不仅贤者有这样的心思,人人都有,不过贤者能够保持它罢了。一筐米饭、一盆羹汤,得到它就存活,得不到就死去。如果呵斥着给人吃,路上的行人都不接受;践踏过再给人吃,就是乞丐都不屑于接受。然而现在万钟粟米却有人不分清礼义就接受了,万钟粟米对我有什么好处呢?是为了使住宅漂亮,妻妾得到供养,相识的贫苦人受我的恩惠吗?以往宁肯身亡都不接受的,现今为了使住宅漂亮而接受了;以往宁肯身亡都不接受的,现今为了使妻妾得到供养而接受了;以往宁肯身亡都不接受的,现今为了使相识的贫苦人受我的恩惠而接受了。这也是不能停止的吗?这就叫作失去了自己的本心。"

十三、告子章句下

公孙丑问曰:"高子曰[1]:'《小弁》[2],小人之诗也。'"孟子曰:"何以言之?"曰:"怨。"曰:"固哉[3],高叟之为诗也。有人于此,越人关弓而射之[4],则己谈笑而道之;无他,疏之也。其兄关弓而射之,则己垂涕泣而道之;无他,戚之也[5]。《小弁》之怨,亲亲也。亲亲,仁也。固矣夫,高叟之为诗也!"曰:"《凯风》,何以不怨?"曰:"《凯风》[6],亲之过小者也;《小弁》,亲之过大者也。亲之过大而不怨,是愈疏也;亲之过小而怨,是不可矶也。愈疏,不孝也;不可矶[7],亦不孝也。孔子曰:'舜其至孝矣,五十而慕。'"

[注释] [1]高子：孟子下文称其为"高叟"，可见其年长于孟子。[2]《小弁》：《诗·小雅》中的诗篇名，旧说是讥刺周幽王的诗歌或说是周宣王名臣尹吉甫之子因遭后母之谗而作。[3]固：犹言呆板、顽固。[4]关弓："关"即"弯"。[5]戚：亲近也。[6]《凯风》：《诗·邶风》中的诗篇，朱熹《集注》云："卫有七子之母，不能安其室，七子作此以自责也。"[7]矶：微过而怒。

[译文] 公孙丑说："高子说：'《小弁》是小人所作的诗篇。'"孟子说："为什么这样说呢？"公孙丑说："因为这首诗充满怨恨。"孟子说："真呆板啊，高老先生如此理解《诗》。有个人，越国人拉弓去射他，他可以谈笑着讲述这事，这没有别的原因，因为关系疏远；他的兄长拉弓去射他，他就哭泣着讲述这事，这没有别的原因，因为关系亲密。《小弁》的怨恨，是亲近亲人。亲近亲人是仁。真呆板啊！高老先生如此理解《诗》。"公孙丑说："《凯风》为什么不怨恨呢？"孟子说："《凯风》是由于亲人的过错小，《小弁》是由于亲人的过错大。父母亲的过错大却不怨，是愈加疏远他们；父母亲的过错小却怨恨，是不应该的激怒。愈加疏远他们是不孝，不应该的激怒也是不孝。孔子说：舜该是最孝了吧，五十岁还慕恋父母。"

十四、尽心章句上

孟子曰："仁言不如仁声之入人深也，善政不如善教之得民也。善政民畏之，善教民爱之；善政得民财，善教得民心。"

[译文] 孟子说："仁爱的话语不及仁爱的声望深入人心，良善的政治不及好的教育赢得民众。良善的政治为民众所畏惧，好的教育为民众所喜爱；良善的政治能赢得民财，好的教育能赢得民心。"

十五、尽心章句下

孟子曰："不信仁贤，则国空虚；无礼义，则上下乱；无政事，则财用不足。"

[译文] 孟子说："不相信仁、贤，国家就空虚；没有礼、义，上下关系就混乱；没有人施政办事，财物就不够使用。"

孟子曰："口之于味也，目之于色也，耳之于声也，鼻之于臭也，四肢之于安佚也，性也，有命焉，君子不谓性也。仁之于父子也，义之于君臣也，礼之于宾主也，知之于贤者也，圣人之于天道也，命也，有性焉，君子不谓命也。"

[译文] 孟子说："口对于滋味，眼对于容貌，耳对于声音，鼻对于气味，肢体对于安乐舒服，这些需要都是人的本性，但是要靠命运的安排，所以君子不认为这些是本性的必然。仁对于父与子，义对于君与臣，礼对于宾与主，智对于贤能的人，圣人对于天道，都属于命运，但也是本性的必然，所以君子也不认为它们属于命运。"

第三节 《中庸》

一、《中庸》简介

《中庸》是《礼记》中的一篇，一般认为它出于孔子的孙子子思（前483年—前402年）之手。据《史记·孔子世家》记载，孔子的儿子名叫孔鲤，字伯鱼；伯鱼的儿子名叫孔伋，字子思。孔子去世后，儒家分为八派，子思是其中一派。荀子把子思和孟子看成是一派。从师承关系来看，子思学于孔子的得意弟子之一曾子，孟子又学于子思；从《中庸》和《孟子》的基本观点来看，也大体上是相同的。所以有"思孟学派"的说法。后代因此而尊称子思为"述圣"。

二、《中庸》（节选）

天命之谓性[1]，率性之谓道[2]，修道之谓教[3]。道也者，不可须臾离也，可离，非道也。是故君子戒慎乎其所不睹，恐惧乎其所不闻。莫见乎隐[4]，莫显乎微。故君子慎其独也。喜怒哀乐之未发，谓之中；发而皆中节[5]，谓之和。中也者，天下之大本也；和也者，天下之达道也。致中和[6]，天地位焉，万物育焉。

[注释] [1]天命：天赋。性：本性。[2]率性：遵循本性。率：遵循，按照。[3]修：修养。教：教化。[4]见：同"现"，显现，明显。乎：于，在这里有比较的意味。[5]中：符合。节：节度法度。[6]致：达到。

[译文] 人的自然禀赋叫作"性"，遵循本性行事叫作"道"，按照"道"的原则来修养叫作"教"。"道"是不可以片刻离开的，如果可以离开，那就不是"道"了。因此，品德高尚的人在没有人看见的地方也是谨慎的，在没有人听见的地方也是有所戒惧的。越是隐蔽的地方越是明显，越是细微的地方越是显著。所以品德高尚的人在一人独处的时候也是谨慎的。喜怒哀乐没有表现出来的时候，叫作"中"；表现出来以后符合节度，叫作"和"。"中"是人人都有的本性；"和"是大家遵循的原则。达到"中和"的境界，天地便各在其位了，万物便生长繁育了。

仲尼曰："君子中庸[1]，小人反中庸。君子之中庸也，君子而时中。小人之中庸也[2]，小人而无忌惮也[3]。"子曰："中庸其至矣乎，民鲜能久矣[4]！"子曰："道之不行也[5]，我知之矣。知者过之[6]，愚者不及也。道之不明也，我知之矣：贤者过之，不肖者不及也[7]。人莫不饮食也，鲜能知味也。"子曰："道其不行矣夫！"

[注释] [1]中庸：即中和。庸，"常"的意思。[2]小人之中庸也：理解为"小人之反中庸也"。[3]忌惮：顾忌和畏惧。[4]鲜：少，不多。[5]道：即中庸之道。[6]知者：即智者，指智慧超群的人。知：同"智"。[7]不肖者：指不贤的人。

[译文] 孔子说:"君子中庸,小人违背中庸。君子之所以中庸,是因为君子随时做到适中,无过无不及;小人之所以违背中庸,是因为小人肆无忌惮,专走极端。"孔子说:"中庸大概是最高的德行了吧!人们很少能够长久坚持下去!"孔子说:"我知道中庸之道不能实行的原因了。聪明的人自以为是,认识过了头;愚蠢的人智力不及,不能理解它。中庸之道不能弘扬的原因,我知道了:贤能的人做得太过分;不贤的人根本做不到。就像人们每天都要吃喝,但是很少有人能够真正品尝滋味。"孔子说:"中庸的道理,大家却不明白,所以,中庸之道不能实行了吧!"

子曰:"舜其大知也与!舜好问而好察迩言[1],隐恶而扬善,执其两端,用其中于民,其斯以为舜乎[2]!"

[注释] [1]迩言:浅近的话。迩,近。[2]其斯以为舜乎:这就是舜之所以为舜的地方吧!其,语气词,表示推测。斯,这。

[译文] 孔子说:"舜可真是具有大智慧的人啊!他喜欢向人问问题,又善于分析别人浅近话语里的含义。隐藏人家的坏处,宣扬人家的好处。他掌握过与不及两端的意见,采纳适中的用于老百姓。这就是舜之所以为舜的地方吧!"

子曰:"人皆曰予知,驱而纳诸罟擭陷阱之中[1],而莫之知辟也[2]。人皆曰予知,择乎中庸,而不能期月守也[3]。"

[注释] [1]罟:捕兽的网。擭:装有机关的捕兽的木笼。[2]辟:同"避"。[3]期月:一整月。

[译文] 孔子说:"人人都说自己聪明,可是被驱赶到网笼陷阱之中却不知躲避。人人都说自己聪明,可是选择了中庸之道却连一个月时间也不能坚持。"

子曰:"回之为人也[1],择乎中庸,得一善,则拳拳服膺而弗失之矣[2]。"子曰:"天下国家,可均也[3];爵禄,可辞也[4];白刃,可蹈也[5];中庸,不可能也。"

[注释] [1]回:指孔子的学生颜回。[2]拳拳服膺:牢牢地放在心上。拳拳:握牢。服:放置。膺:胸口。[3]均:治理。[4]爵:爵位。禄:官吏的薪俸。辞:放弃。[5]蹈:踏。

[译文] 孔子说:"颜回就是这样一个人,他选择了中庸之道,得到了它的好处,就牢牢地把它放在心上,再也不让它失去。"孔子说:"天下国家可以治理,官爵俸禄可以放弃,雪白的刀刃可以践踏而过,中庸却不容易做到。"

子路问强[1]。子曰:"南方之强与?北方之强与?抑而强与[2]?宽柔以教,不报无道[3],南方之强也,君子居之[4]。衽金革[5],死而不厌[6],北方之强也,而强者居之。故君子和而不流[7],强哉矫[8]!中立而不倚,强哉矫!国有道,不变塞焉[9],强哉矫!国无道,至死不变,强哉矫!"

[注释] [1]子路:名仲由,孔子的学生。[2]抑:选择性连词,还是。而:代词,你。与:疑问语气词。[3]报:报复。[4]居:处。[5]衽:卧席,此处用作动词。金:指铁制的兵器。革:指皮革制成的甲盾。[6]死而不厌:死而后已的意思。[7]和而不流:性情平和又不随波逐流。[8]矫:坚强的样子。[9]不变塞:不改变志向。

[译文]　子路问什么是强。孔子说:"南方的强呢?北方的强呢?还是你认为的强呢?用宽容柔和的精神去教育人,不报复不讲道义的人,这是南方的强,品德高尚的人具有这种强。用兵器甲盾当枕席,死而后已,这是北方的强,勇武好斗的人就具有这种强。因此,品德高尚的人和顺而不随波逐流,这才是真强啊!保持中立而不偏不倚,这才是真强啊!国家政治清平时不改变志向,这才是真强啊!国家政治黑暗时坚持操守,宁死不变,这才是真强啊!"

子曰:"素隐行怪[1],后世有述焉[2],吾弗为之矣。君子遵道而行,半途而废,吾弗能已矣[3]。君子依乎中庸,遁世不见知而不悔[4],唯圣者能之。"

[注释]　[1]隐:隐僻。怪:怪异。[2]述:记述。[3]已:停止。[4]见知:被知。

[译文]　孔子说:"寻找隐僻的道理,做些怪诞的事情来欺世盗名,后世也许会有人来记述他,为他立传,但我是绝不会这样做的。有些品德不错的人按照中庸之道去做,但是半途而废,不能坚持下去,而我是绝不会停止的。真正的君子遵循中庸之道,即使一生默默无闻不被人知道也不后悔,这只有圣人才能做到。"

君子之道,费而隐[1]。夫妇之愚[2],可以与知焉,及其至也,虽圣人亦有所不知焉。夫妇之不肖,可以能行焉,及其至也,虽圣人亦有所不能焉。天地之大也,人犹有所憾。故君子语大,天下莫能载焉;语小,天下莫能破焉[3]。《诗》云:"鸢飞戾天,鱼跃于渊[4]。"言其上下察也[5]。君子之道,造端乎夫妇[6],及其至也,察乎天地。

[注释]　[1]费:广大。隐:精微。[2]夫妇:指普通男女。[3]破:分开。[4]鸢飞戾天,鱼跃于渊:引自《诗经·大雅·旱麓》。鸢:老鹰。戾:到达。[5]察:昭著,明显。[6]造端:开始。

[译文]　君子的道广大而又精微。普通男女虽然愚昧,却也可以知道君子的道,但它的最高深境界,即便是圣人也有弄不清楚的地方。普通男女虽然不贤明,却也可以实行君子的道,但它的最高深境界,即便是圣人也有做不到的地方。天地如此之大,但人们仍有不满足的地方。因此,君子说到"大",就大得连整个天下都载不下;君子说到"小",就小得连一点儿也分不开。《诗经》说:"鸢鸟飞向天空,鱼儿跳跃深水。"这是说上下要分明。君子的道,开始于普通男女,但它的最高深境界却昭著于整个天地。

子曰:"道不远人。人之为道而远人,不可以为道。《诗》云:'伐柯伐柯,其则不远。[1]'执柯以伐柯,睨而视之[2],犹以为远。故君子以人治人,改而止。忠恕违道不远[3],施诸己而不愿,亦勿施于人。君子之道四,丘未能一焉:所求乎子,以事父,未能也;所求乎臣,以事君,未能也;所求乎弟,以事兄,未能也;所求乎朋友,先施之,未能也。庸德之行[4],庸言之谨。有所不足,不敢不勉;有余不敢尽。言顾行,行顾言,君子胡不慥慥尔[5]?君子素其位而行[6],不愿乎其外。素富贵,行乎富贵;素贫贱,行乎贫贱;素夷狄[7],行乎夷狄;素患难,行乎患难。君子无入而不自得焉[8]。在上位,不陵下[9];在下位,不援上[10]。正己而不求于人则无怨。上不怨天,下不尤人[11]。故君子居易以俟命[12],小人行险以徼幸。"

[注释]　[1]伐柯伐柯,其则不远:引自《诗经·豳风·伐柯》。伐柯:砍削斧柄。柯:斧柄。则:法则,这里指斧柄的式样。[2]睨:斜视。[3]违道:离道。违:离。[4]庸:平常。

[5]胡：何、怎么。慥慥：忠厚诚实的样子。[6]素其位：安于现在所处的地位。素：平素。[7]夷：指东方的部族。狄：指西方的部族。夷狄泛指当时的少数民族。[8]无入：无论处于什么情况下。[9]陵：欺侮。[10]援：攀缘，本指抓着东西往上爬，引申为投靠有势力的人往上爬。[11]尤：抱怨。[12]居易：居于平安的地位。易：平安。俟命：等待天命。

[译文] 孔子说："道并不排斥人。如果有人实行道却排斥他人，那就不可以实行道了。《诗经》说：'砍削斧柄，斧柄的式样就在眼前。'握着斧柄砍削斧柄，应该不会有什么差异，但如果你斜眼一看，还是会发现差异很大。因此，君子总是根据不同人的情况采取不同的办法治理，只要他能改正错误实行道就行。一个人做到忠恕，离道也就差不远了。什么叫忠恕呢？自己不愿意的事，也不要施加给别人。君子的道有四项，我孔丘连其中的一项也没有能够做到：作为一个儿子，应该对父亲做到的，我没有能够做到；作为一个臣民，应该对君王做到的，我没有能够做到；作为一个弟弟，应该对哥哥做到的，我没有能够做到；作为一个朋友应该先做到的，我没有能够做到。平常的德行努力实践，平常的言谈尽量谨慎。德行的实践有不足的地方，不敢不勉励自己努力；免不了的庸言，可以尽量不说的，就不随意乱说。说话符合自己的行为，行为符合自己说过的话，这样的君子怎么会不忠厚诚实呢？君子安于现在所处的地位去做应做的事，不生非分之想。处于富贵的地位，就做富贵人应做的事；处于贫贱的状况，就做贫贱人应做的事；处于边远地区，就做在边远地区应做的事；处于患难之中，就做在患难之中应做的事。君子无论处于什么情况下都是安然自得。处于上位，不欺侮在下位的人；处于下位，不攀缘在上位的人。端正自己而不苛求别人，这样就不会有什么抱怨了。上不抱怨天，下不抱怨人。所以君子安居现状来等待天命，小人却铤而走险，妄图获得非分的东西。"

子曰："射有似乎君子[1]，失诸正鹄[2]，反求诸其身。"君子之道，辟如行远[3]，必自迩[4]；辟如登高，必自卑[5]。《诗》曰："妻子好合，如鼓瑟琴。兄弟既翕，和乐且耽。宜尔室家，乐尔妻帑[6]。"子曰："父母其顺矣乎！"

[注释] [1]射：指射箭。[2]正鹄："正"、"鹄"均指箭靶子，画在布上的叫正，画在皮上的叫鹄。[3]辟：同"譬"。[4]迩：近。[5]卑：低处。[6]"妻子好合"句：引自《诗经·小雅·常棣》。妻子：妻与子。好合：和睦。鼓：弹奏。翕：和顺，融洽。耽：安乐。帑：通"孥"，子孙。

[译文] 孔子说："君子立身处世就像射箭一样，射不中，不怪靶子不正，只怪自己箭术不行。"君子实行中庸之道，就像走远路一样，必定要从近处开始；就像登高山一样，必定要从低处起步。《诗经》说："妻子儿女感情和睦，就像弹琴鼓瑟一样。兄弟关系融洽，和顺又快乐。使你的家庭美满，使你的妻儿幸福。"孔子赞叹说："这样，父母也就称心如意了啊！"

子曰："鬼神之为德，其盛矣乎！视之而弗见，听之而弗闻，体物而不可遗。使天下之人，齐明盛服[1]，以承祭祀。洋洋乎，如在其上，如在其左右。《诗》曰：'神之格思，不可度思，矧可射思。'[2]夫微之显，诚之不可掩[3]，如此夫！"

[注释] [1]齐：通"斋"，斋戒。明：洁净。盛服：即盛装。[2]"神之格思"句：引自《诗经·大雅·抑》。格：来临。思：语气词。度：揣度。矧：况且。射：厌，指厌怠不敬。

[3]掩：掩盖。

[译文] 孔子说："鬼神的德行可真是大得很啊！看它也看不见，听它也听不到，但它却体现在万物之中使人无法离开它。使天下的人都斋戒净心，穿着庄重整齐的服装去祭祀它。无所不在啊！好像就在你的头上，好像就在你左右。《诗经》说：'神的降临，不可揣测，怎么能够怠慢不敬呢？'从隐微到显著，真实的东西就是这样不可掩盖！"

子曰："舜其大孝也与？德为圣人，尊为天子，富有四海之内。宗庙飨之[1]，子孙保之。故大德必得其位，必得其禄，必得其名，必得其寿。故天之生物，必因其材而笃焉[2]。故栽者培之[3]，倾者覆之[4]。《诗》曰：'嘉乐君子，宪宪令德。宜民宜人，受禄于天。保佑命之，自天申之。'[5]故大德者必受命。"

[注释] [1]宗庙：古代天子、诸侯祭祀先王的地方。飨：一种祭祀形式，祭先王。之，代词，指舜。[2]材：资质，本性。笃：厚待。[3]培：培育。[4]覆：倾覆。[5]"嘉乐君子"句：引自《诗经·大雅·假乐》。嘉乐：美善。宪宪：显明兴盛的样子。令：美好。申：重申。

[译文] 孔子说："舜应该是个最孝顺的人了吧？在德行方面是圣人，在地位方面是尊贵的天子，他的富贵拥有四海之内的土地和人民。宗庙里祭祀他，子子孙孙都保持他的功业。因此，有大德的人必定得到他应得的地位，必定得到他应得的财富，必定得到他应得的名声，必定得到他应得的长寿。因此，上天生养万物，必定根据它们的资质而厚待它们。能成材的得到培育，不能成材的就遭到淘汰。《诗经》说：'高尚优雅的君子，有光明美好的德行，让人民安居乐业，享受上天赐予的福禄。上天保佑他，任用他，给他以重大的使命。'因此，有大德的人必定会承受天命。"

……

哀公问政[1]。子曰："文武之政，布在方策[2]。其人存[3]，则其政举；其人亡，则其政息[4]。人道敏政[5]，地道敏树。夫政也者，蒲卢也[6]。故为政在人，取人以身，修身以道，修道以仁。仁者，人也，亲亲为大。义者，宜也，尊贤为大。亲亲之杀[7]，尊贤之等，礼所生也。在下位不获乎上，民不可得而治矣。故君子不可以不修身。思修身，不可以不事亲；思事亲，不可以不知人；思知人，不可以不知天。"天下之达道五，所以行之者三。曰：君臣也，父子也，夫妇也，昆弟也[8]，朋友之交也，五者，天下之达道也。知、仁、勇三者，天下之达德也。所以行之者，一也。或生而知之，或学而知之，或困而知之，及其知之，一也。或安而行之，或利而行之，或勉强而行之，及其成功，一也。

[注释] [1]哀公：春秋时鲁国国君。[2]布：陈列。方：书写用的木板。策：书写用的竹简。[3]其人：指文王、武王。[4]息：灭，消失。[5]敏：用力，致力。[6]蒲卢：即芦苇。芦苇性柔而具有可塑性。[7]杀：减少，降等。[8]昆弟：兄和弟，也包括堂兄堂弟。

[译文] 鲁哀公询问政事。孔子说："周文王、周武王的政事都记载在典籍上。他们在世，这些政事就实施；他们去世，这些政事也就废弛了。治理人的途径是勤于政事；治理地的途径是多种树木。说起来，政事就像芦苇一样。所以处理政事在于用人，要得到适用的人在于修养自己，修养自己在于遵循大道，遵循大道要从仁义做起。仁就是爱人，亲爱亲族是最大的仁。义就是事事做得适宜，尊重贤人是最大的义。至于说亲爱亲族要分亲疏，尊重贤人要有等级，这都是礼的要求。臣在下位而不能得到君上的信任，民众就不可

能治理好。因此,君子不能不修养自己。要修养自己,不能不侍奉亲族;要侍奉亲族,不能不了解他人;要了解他人,不能不知道天理。"天下人共有的伦常关系有五项,用来处理这五项伦常关系的德行有三种。君臣、父子、夫妇、兄弟、朋友之间的交往,这五项是天下人共有的伦常关系。智、仁、勇,这三种是用来处理这五项伦常关系的德行。至于这三种德行的实施,道理都是一样的。比如说,有的人生来就知道它们,有的人通过学习才知道它们,有的人要遇到困难后才知道它们,但只要他们最终都知道了,也就是一样的了。又比如说,有的人自觉自愿地去实行它们,有的人为了某种好处才去实行它们,有的人勉勉强强地去实行,但只要他们最终都实行起来了,也就是一样的了。

子曰:"好学近乎知[1],力行近乎仁,知耻近乎勇。知斯三者,则知所以修身;知所以修身,则知所以治人;知所以治人,则知所以治天下国家矣。"

[注释] [1]知:同"智"。

[译文] 孔子说:"喜欢学习就接近了智,努力实行就接近了仁,知道羞耻就接近了勇。知道这三点,就知道怎样修养自身;知道怎样修养自身,就知道怎样管理他人;知道怎样管理他人,就知道怎样治理天下和国家了。"

凡为天下国家有九经[1]。曰:修身也,尊贤也,亲亲也,敬大臣也,体群臣也[2],子庶民也[3],来百工也[4],柔远人也[5],怀诸侯也[6]。修身,则道立;尊贤,则不惑;亲亲,则诸父昆弟不怨;敬大臣,则不眩;体群臣,则士之报礼重;子庶民,则百姓劝[7];来百工,则财用足;柔远人,则四方归之;怀诸侯,则天下畏之。齐明盛服,非礼不动,所以修身也;去谗远色[8],贱货而贵德,所以劝贤也;尊其位,重其禄,同其好恶,所以劝亲亲也;官盛任使[9],所以劝大臣也;忠信重禄,所以劝士也;时使薄敛[10],所以劝百姓也;日省月试[11],既禀称事[12],所以劝百工也;送往迎来,嘉善而矜不能[13],所以柔远人也;继绝世[14],举废国[15],治乱持危[16],朝聘以时[17],厚往而薄来,所以怀诸侯也。

[注释] [1]九经:九条准则。经:准则。[2]体:体察,体恤。[3]子庶民:以庶民为子。庶民:平民。[4]来:招来。百工:各种工匠。[5]柔远人:安抚边远地方来的人。[6]怀:安抚。[7]劝:勉力,努力。[8]谗:说别人的坏话,这里指说坏话的人。[9]盛:多。任使:足够使用。[10]时使:指使用百姓劳役没有一定时间,不误农时。薄敛:赋税轻。[11]省:视察。试,考核。[12]既:指赠送别人粮食或饲料。禀:给予粮食。称:符合。[13]矜:怜悯,同情。[14]继绝世:延续已经中断的家庭世系。[15]举废国:复兴已经没落的邦国。[16]持:扶持。[17]朝聘:诸侯定期朝见天子。每年一见叫小聘,三年一见叫大聘,五年一见叫朝聘。

[译文] 治理天下和国家有九条原则。那就是:修养自身、尊崇贤人、亲爱亲族、敬重大臣、体恤群臣、爱民如子、招纳工匠、优待远客、安抚诸侯。修养自身,就能确立正道;尊崇贤人,就不会思想困惑;亲爱亲族,就不会惹得叔伯兄弟怨恨;敬重大臣,就不会遇事无措;体恤群臣,士人们就会竭力报效;爱民如子,老百姓就会忠心耿耿;招纳工匠,财物就会充足;优待远客,四方百姓就会归顺;安抚诸侯,天下的人都会敬畏了。穿着庄重整齐的盛装,不符合礼仪的事坚决不做,这是为了修养自身;驱除小人,疏远女色,看轻财物而重视德行,这是为了尊崇贤人;提高亲族的地位,给他们丰厚的俸禄,与他们的爱憎相一致,这

是为了亲爱亲族;让众多的官员供他们使用,这是为了敬重大臣;真心实意地任用他们,并给他们以较多的俸禄,这是为了体恤群臣;使用民役不误农时,少收赋税,这是为了爱民如子;经常视察考核,按劳付酬,这是为了招纳工匠;来时欢迎,去时欢送,嘉奖有才能的人,救济有困难的人,这是为了优待远客;延续绝后的家族,复兴灭亡的国家,治理祸乱,扶持危难,按时接受朝见,赠送丰厚,纳贡菲薄,这是为了安抚诸侯。

凡为天下国家有九经,所以行之者一也。凡事豫则立[1],不豫则废。言前定,则不跲[2];事前定,则不困;行前定,则不疚;道前定,则不穷。在下位不获乎上,民不可得而治矣。获乎上有道:不信乎朋友,不获乎上矣。信乎朋友有道:不顺乎亲,不信乎朋友矣。顺乎亲有道:反诸身不诚,不顺乎亲矣。诚身有道:不明乎善,不诚乎身矣。诚者,天之道也;诚之者,人之道也。诚者,不勉而中,不思而得,从容中道,圣人也。诚之者,择善而固执之者也:博学之,审问之,慎思之,明辨之,笃行之。有弗学,学之弗能,弗措也[3];有弗问,问之弗知,弗措也;有弗思,思之弗得,弗措也;有弗辨,辨之弗明,弗措也;有弗行,行之弗笃,弗措也。人一能之,己百之;人十能之,己千之。果能此道矣,虽愚必明,虽柔必强。

[注释] [1]豫:同"预"。[2]跲:说话不通畅。[3]弗措:不罢休。措:停止,罢休。

[译文] 总之,治理天下和国家有九条原则,但实行这些原则的道理都是一样的。任何事情,事先有准备就会成功,没有准备就会失败。说话先有准备,就不会中断;做事先有准备,就不会受挫;行为先有准备,就不会后悔;道路预先选定,就不会走投无路。在下位的人如果得不到在上位的人信任,就不可能治理好平民百姓。得到在上位的人信任有办法:得不到朋友的信任,就得不到在上位的人信任。得到朋友的信任有办法:不孝顺父母,就得不到朋友的信任。孝顺父母有办法:自己不真诚,就不能孝顺父母。使自己真诚有办法:不明白什么是善,就不能够使自己真诚。真诚是上天的原则,追求真诚是做人的原则。天生真诚的人,不用勉强就能做到,不用思考就能拥有,自然而然地符合上天的原则,这样的人是圣人。努力做到真诚,就要选择美好的目标执着追求:广博地学习,仔细地询问,周密地思考,明确地辨别,坚定地实行。要么不学,学了却没有学会,绝不罢休;要么不问,问了没有懂得,绝不罢休;要么不想,想了却没有想通,绝不罢休;要么不分辨,分辨了却没有明确,绝不罢休;要么不实行,实行了却没有成效,绝不罢休。别人用一分努力就能做到的,我用一百分的努力去做;别人用十分的努力能做到的,我用一千分的努力去做。如果真能够做到这样,虽然愚笨也一定可以聪明起来,虽然柔弱也一定可以刚强起来。

自诚明[1],谓之性;自明诚,谓之教。诚则明矣[2],明则诚矣。唯天下至诚,为能尽其性[3];能尽其性,则能尽人之性;能尽人之性,则能尽物之性;能尽物之性,则可以赞天地之化育[4];可以赞天地之化育,则可以与天地参矣[5]。其次致曲[6],曲能有诚,诚则形[7],形则著[8],著则明[9],明则动,动则变,变则化[10]。唯天下至诚为能化。至诚之道,可以前知[11]。国家将兴,必有祯祥[12];国家将亡,必有妖孽[13]。见乎蓍龟[14],动乎四体[15]。祸福将至,善,必先知之;不善,必先知之。故至诚如神[16]。诚者,自成也[17]。而道,自道也[18]。诚者,物之终始,不诚无物。是故君子诚之为贵。诚者,非自成己而已也,所以成物也。成己,仁也;成物,知也。性之德也,合外内之道也,故时措之宜也。

[注释] [1]自:从,由。明:明白。[2]则:即,就。[3]尽其性:充分发挥本性。

[4]赞：赞助。化育：化生和养育。[5]天地参：与天地并列为三。参,并列。[6]其次：次一等的人,即次于"自诚明"的人,也就是贤人。致曲：致力于某一方面。曲,偏。[7]形：显露,表现。[8]著：显著。[9]明：光明。[10]化：即化育。[11]前知：预知未来。[12]祯祥：吉祥的预兆。[13]妖孽：物类反常的现象。草木之类称妖,虫豸之类称孽。[14]见：呈现。蓍龟：蓍草和龟甲,用来占卜。[15]四体：手足,指动作仪态。[16]如神：如神一样微妙,不可言说。[17]自成：自我成全,也就是自我完善的意思。[18]自道：自我。

[译文] 由真诚而自然明白道理,这叫作天性；由明白道理后做到真诚,这叫做人为的教育。真诚也就会自然明白道理,明白道理后也就会做到真诚。只有天下极端真诚的人,才能充分发挥他的本性；能充分发挥他的本性,就能充分发挥众人的本性；能充分发挥众人的本性,就能充分发挥万物的本性；能充分发挥万物的本性,就可以帮助天地培育生命；能帮助天地培育生命,就可以与天地并列为三了。比圣人次一等的贤人致力于某一方面,致力于某一方面也能做到真诚。做到了真诚就会表现出来,表现出来就会逐渐显著,显著了就会发扬光大,发扬光大就会感动他人,感动他人就会引起转变,引起转变就能化育万物。只有天下最真诚的人能化育万物。极端真诚可以预知未来的事。国家将要兴旺,必然有吉祥的征兆；国家将要衰亡,必然有不祥的反常现象。呈现在蓍草龟甲上,表现在手脚动作上。祸福将要来临时,是福,可以预先知道；是祸,也可以预先知道。所以极端真诚就像神灵一样微妙。真诚是自我的完善,道是自我的引导。真诚是事物的发端和归宿,没有真诚就没有了事物。因此,君子以真诚为贵。不过,真诚并不是自我完善就够了,还要完善事物。自我完善是仁,完善事物是智。仁和智是出于本性的德行,是融合自身与外物的准则,所以任何时候施行都是适宜的。

故至诚无息[1],不息则久,久则征[2],征则悠远,悠远则博厚,博厚则高明。博厚,所以载物也；高明,所以覆物也；悠久,所以成物也。博厚配地,高明配天,悠久无疆[3]。如此者,不见而章[4],不动而变,无为而成。天地之道,可一言而尽也[5]：其为物不贰[6],则其生物不测。天地之道,博也,厚也,高也,明也,悠也,久也。今夫天,斯昭昭之多[7],及其无穷也,日月星辰系焉,万物覆焉。今夫地,一撮土之多,及其广厚,载华岳而不重[8],振河海而不泄[9],万物载焉。今夫山,一卷石之多[10],及其广大,草木生之,禽兽居之,宝藏兴焉。今夫水,一勺之多,及其不测,鼋、鼍、蛟、龙、鱼、鳖生焉[11],货财殖焉。《诗》云："维天之命,于穆不已[12]！"盖曰天之所以为天也。"于乎不显,文王之德之纯！"盖曰文王之所以为文也,纯亦不已。

[注释] [1]息：止息,休止。[2]征：征验,显露于外。[3]无疆：无穷无尽。[4]见：显现。章：即彰,彰明。[5]一言：即一字,指"诚"字。[6]不贰：诚是忠诚如一,所以不贰。[7]斯：此。昭昭：光明。[8]华岳：即华山。[9]振：通"整",整治,引申为约束、容纳。[10]一卷石：一拳头大的石头。卷：通"拳"。[11]不测：不可测度,指浩瀚无涯。[12]《诗》云：以下两句诗均引自《诗经·周颂·维天之命》。维,语气词。於：语气词。穆：深远。不已：无穷。不显："不"通"丕",即大。显：明显。

[译文] 因此,极端真诚是没有止息的,没有止息就会保持长久,保持长久就会显露出来,显露出来就会悠远,悠远就会广博深厚,广博深厚就会高大光明。广博深厚的作用是承载万物；高大光明的作用是覆盖万物；悠远长久的作用是生成万物。广博深厚可以与

地相比,高大光明可以与天相比,悠远长久则是永无止境。达到这样的境界,不显示也会彰明,不活动也会改变,无所作为也会有所成就。天地的法则,简直可以用一个"诚"字来囊括:诚本身专一不二,所以生育的万物多得不可估量。大地的法则,就是广博、深厚、高大、光明、悠远、长久。今天我们所说的"天",原本不过是由一点一点的光明聚积起来的,可等到它无边无际时,日月星辰都靠它维系,世界万物都靠它覆盖。今天我们所说的"地",原本不过是由一撮土一撮土聚积起来的,可等到它广博深厚时,承载像华山那样的崇山峻岭也不觉得重,容纳那众多的江河湖海也不会泄漏出一点水,世间万物都由它承载了。今天我们所说的"山",原本不过是由拳头大的石块聚积起来的,可等到它高大无比时,草木在上面生长,禽兽在上面居住,宝藏在上面储藏。今天我们所说的"水",原本不过是一勺一勺聚积起来的,可等到它浩瀚无涯时,蛟龙鱼鳖等都在里面生长,珍珠珊瑚等值价的东西都在里面繁殖。《诗经》说:"天命多么深远啊,永远无穷无尽!"这大概就是说天之所以为天的原因吧。"多么显赫光明啊,文王的品德纯真无二!"这大概就是说文王之所以被称为"文"王的原因吧。纯真也是没有止息的。

大哉圣人之道!洋洋乎[1],发育万物,峻极于天。优优大哉[2],礼仪三百[3],威仪三千[4]。待其人而后行[5]。故曰:"苟不至德[6],至道不凝焉[7]。"故君子尊德性而道问学[8],致广大而尽精微,极高明而道中庸。温故而知新,敦厚以崇礼。是故居上不骄,为下不倍[9]。国有道,其言足以兴;国无道,其默足以容[10]。《诗》曰:"既明且哲,以保其身。"[11]其此之谓与?

[注释] [1]洋洋:盛大,浩瀚无边。[2]优优:充足有余,[3]礼仪:古代礼节的主要规则,又称经礼。[4]威仪:古代典礼中的动作规范及待人接物的礼节。[5]其人:指圣人。[6]苟不至德:如果没有极高的德行。苟,如果。[7]凝:聚,引申为成功。[8]问学:询问,学习。[9]倍:通"背",背弃,背叛。[10]容:容身,指保全自己。[11]"既明且哲,以保其身":引自《诗经·大雅·烝民》。哲:智慧,指通达事理。

[译文] 伟大啊,圣人的道!浩瀚无边,生养万物,与天一样崇高。充足有余,礼仪三百条,威仪三千条。这些都有待于圣人来实行。所以说:如果没有极高的德行,极高的道就不能成功。因此,君子尊崇道德修养而追求知识学问;达到广博境界而又钻研精微之处;洞察一切而又奉行中庸之道;温习已有的知识从而获得新知识;诚心诚意地崇奉礼节。所以身居高位不骄傲,身居低位不自弃,国家政治清明时,他的言论足以振兴国家;国家政治黑暗时,他的沉默足以保全自己。《诗经》说:"既明智又通达事理,可以保全自身。"大概就是说的这个意思吧?

子曰:"愚而好自用[1],贱而好自专[2]。生乎今之世,反古之道[3]。如此者,灾及其身者也。"非天子,不议礼,不制度[4],不考文[5]。今天下,车同轨,书同文,行同伦[6];虽有其位,苟无其德,不敢做礼乐焉;虽有其德,苟无其位,亦不敢作礼乐焉。子曰:"吾说夏礼[7],杞不足征也[8];吾学殷礼[9],有宋存焉[10];吾学周礼[11],今用之,吾从周。"

[注释] [1]自用:凭自己主观意图行事,不听别人意见,即刚愎自用的意思。[2]自专:独断专行。[3]反:通"返",回到的意思。[4]制度:用作动词,指制订法度。[5]考文:

考订文字规范。[6]车同轨:指车子的轮距一致。书同文:指字体统一。行同伦:指伦理道德相同。这种情况是秦始皇统一六国后才出现的,由此可知,《中庸》有些章节是秦代儒者所增加的。[7]夏礼:夏朝的礼制。[8]杞:国名,传说是周武王封夏禹的后代于此,故城在今河南杞县。征:验证。[9]殷礼:殷朝的礼制。商朝从盘庚迁都至殷(今河南安阳)到纣亡国的,一般称为殷代,整个商朝也称商殷或殷商。[10]宋:国名,商汤的后代居此,故城在今河南商丘市南。[11]周礼:周朝的礼制。

[译文] 孔子说:"愚昧却喜欢自以为是,卑贱却喜欢独断专行。生于现在的时代,却一心想回到古时去。这样做,灾祸一定会降临到自己的身上。"不是天子,就不要议订礼仪,不要制订法度,不要考订文字规范。现在天下车子的轮距一致,文字的字体统一,伦理道德相同。即使某人有相应的地位,如果没有相应的德行,某人是不敢制作礼乐制度的;即使某人有相应的德行,如果没有相应的地位,也是不敢制作礼乐制度的。孔子说:"我谈论夏朝的礼制,夏的后裔杞国已不足以验证它;我学习殷朝的礼制,殷的后裔宋国还残存着它;我学习周朝的礼制,现在还在实行它,所以我遵从周礼。"

王天下有三重焉[1],其寡过矣乎!上焉者[2],虽善无征,无征不信,不信民弗从。下焉者[3],虽善不尊,不尊不信,不信民弗从。故君子之道,本诸身,征诸庶民。考诸三王而不缪[4],建诸天地而不悖[5],质诸鬼神而无疑[6],百世以俟圣人而不惑[7]。质诸鬼神而无疑,知天也;百世以俟圣人而不惑,知人也。是故君子动而世为天下道[8],行而世为天下法,言而世为天下则。远之则有望[9],近之,则不厌。《诗》曰:"在彼无恶,在此无射。庶几夙夜,以永终誉[10]。"君子未有不如此而蚤有誉于天下者也[11]。

[注释] [1]王天下:在天下做王,即统治天下。三重:指仪礼、制度、考文。[2]上焉者:指在上位的人,即君王。[3]下焉者:指在下位的人,即臣下。[4]三王:指夏、商、周三代君王。[5]建:立。[6]质:质询,询问。[7]俟:待。[8]道:通"导",先导。[9]望:威望。[10]射:厌弃。庶几:几乎。夙夜:早晚。夙:早。[11]蚤:通"早"。

[译文] 治理天下能够做好议订礼仪、制订法度、考订文字规范这三件重要的事,也就没有什么大的过失了吧!在上位的人,即使行为很好,但如果没有验证的话,就不能使人信服,不能使人信服,老百姓就不会听从。在下位的人,即使行为很好,但由于没有尊贵的地位,也不能使人信服,不能使人信服,老百姓就不会听从。所以君子治理天下,应该以自身的德行为根本,并从老百姓那里得到验证。考查夏、商、周三代先王的做法而没有悖谬,立于天地之间而没有悖乱,质询于鬼神而没有疑问,百世以后等到圣人出现也没有什么不理解的地方。质询于鬼神而没有疑问,这是知道天理;百世以后等到圣人出现也没有什么不理解的地方,这是知道人意。所以君子的举止能世世代代成为天下的先导,行为能世世代代成为天下的法度,语言能世世代代成为天下准则。在远处有威望,在近处也不使人厌恶。《诗经》说:"在那里没有人憎恶,在这里没有人厌烦,日日夜夜操劳啊,为了保持美好的名望。"君子没有不这样做而能够早早在天下获得名望的。

……

第四节 《大学》

一、《大学》简介

《大学》是一篇论述儒家修身、治国、平天下思想的文献,原是《小戴礼记》第四十二篇,相传为曾子(曾参)所作,实为秦汉时儒家作品,是一部中国古代讨论教育理论的重要著作。经北宋程颢、程颐竭力尊崇,南宋朱熹又作《大学章句》,最终和《中庸》《论语》《孟子》并称"四书"。宋、元以后,《大学》成为学校官定的教科书和科举考试的必读书,对中国古代教育产生了极大的影响。

《大学》提出的"三纲八目"(三纲:明明德、亲民、止于至善。八目:格物、致知、诚意、正心、修身、齐家、治国、平天下),强调修己是治人的前提,修己的目的是为了治国平天下,说明治国平天下和个人道德修养的一致性。

《大学》全文文辞简约,内涵深刻,影响深远,主要概括总结了先秦儒家道德修养理论,以及关于道德修养的基本原则和方法,对儒家政治哲学也有系统的论述,对做人、处事、治国等有深刻启迪性。

二、《大学》(节选)

大学之道[1],在明明德[2],在亲民[3],在止于至善。知止而后有定[4],定而后能静,静而后能安,安而后能虑,虑而后能得[5]。物有本末,事有终始。知所先后,则近道矣。古之欲明明德于天下者,先治其国;欲治其国者,先齐其家[6];欲齐其家者,先修其身[7];欲修其身者,先正其心;欲正其心者,先诚其意;欲诚其意者,先致其知[8];致知在格物[9]。物格而后知至,知至而后意诚,意诚而后心正,心正而后身修,身修而后家齐,家齐而后国治,国治而后天下平。自天子以至于庶人[10],壹是皆以修身为本[11]。其本乱,而末治者[12],否矣。其所厚者薄[13],而其所薄者厚[14],未之有也。此谓知本,此谓知之至也。

[注释] [1]大学之道:大学的宗旨。"大学"一词在古代有两种含义:一是"博学"的意思;二是相对于小学而言的"大人之学"。古人八岁入小学,学习"洒扫应对进退、礼乐射御书数"等文化基础知识和礼节;十五岁入大学,学习伦理、政治、哲学等"穷理正心,修己治人"的学问。因此,后一种含义其实也和前一种含义有相通的地方,同样有"博学"的意思。"道"的本义是道路,引申为规律、原则等。[2]明明德:前一个"明"作动词,有使动的意味,即"使……彰明",也就是发扬、弘扬的意思。后一个"明"作形容词,"明德"即光明正大的品德。[3]亲民:"亲"应为"新",即革新、弃旧图新。亲民,也就是新民,使人弃旧图新、去恶从善。[4]知止:知道目标所在。[5]得:收获。[6]齐其家:管理好自己的家庭或家族。[7]修其身:修养自身的品性。[8]致其知:使自己获得知识。[9]格物:认识、研究万事万物。[10]庶人:指平民百姓。[11]壹是:都是。本:根本。[12]末:与本相对,指枝

末、枝节。[13]厚者薄:该重视的不重视。[14]薄者厚:不该重视的却加以重视。

[译文] 大学的宗旨在于弘扬光明正大的品德,在于使人弃旧图新,在于使人达到最完善的境界。知道目标所在才能够志向坚定;志向坚定才能够镇静不躁;镇静不躁才能够心安理得;心安理得才能够思虑周详;思虑周详才能够有所收获。每样东西都有根本、有枝末,每件事情都有开始有终结。明白了这本末始终的道理,就接近事物发展的规律了。古代那些想要在天下弘扬光明正大品德的人,先要治理好自己的国家;要想治理好自己的国家,先要管理好自己的家庭和家族;要想管理好自己的家庭和家族,先要修养自身的品性;要想修养自身的品性,先要端正自己的心思;要想端正自己的心思,先要使自己的意念真诚;要想使自己的意念真诚,先要使自己获得知识;获得知识的途径在于认识、研究万事万物。只有通过对万事万物的认识、研究,才能获得知识;获得知识后,意念才能真诚;意念真诚后,心思才能端正;心思端正后,才能修养品性;品性修养后,才能管理好家庭和家族;管理好家庭和家族后,才能治理好国家;治理好国家后,天下才能太平。上至天子,下至平民,人人都要以修养品性为根本。若这个根本被扰乱了,要治理好家庭、家族、国家、天下是不可能的。该重视的不重视,不该重视的却加以重视,本末倒置却想做好事情,这也同样是不可能的!这就叫作知道根本,这就叫作智慧的到来。

所谓诚其意者[1],毋自欺也[2]。如恶恶臭[3],如好好色[4],此之谓自谦[5]。故君子必慎其独也[6]。小人闲居为不善[7],无所不至,见君子而后厌然[8],掩其不善[9],而著其善[10]。人之视己,如见其肺肝然,则何益矣。此谓诚于中,形于外[11]。故君子必慎其独也。曾子曰:"十目所视,十手所指,其严乎!"富润屋[12],德润身[13],心广体胖[14]。故君子必诚其意。

[注释] [1]其意:使意念真诚。[2]毋:不要。[3]恶恶臭:厌恶腐臭的气味。臭:气味。[4]好好色:喜爱美丽的女子。好色:美女。[5]谦:通"慊",心安理得的样子。[6]慎其独:在独自一人时也谨慎不苟。[7]闲居:即独处。[8]厌然:躲躲闪闪的样子。[9]掩:遮掩,掩盖。[10]著:显示。[11]中:指内心。外:指外表。[12]润屋:装饰房屋。[13]润身:修养自身。[14]心广体胖:心胸宽广,身体舒泰安康。胖:大,舒坦。

[译文] 使意念真诚的意思是说,不要自己欺骗自己。要像厌恶腐臭的气味一样,要像喜爱美丽的女人一样,一切都发自内心。因此,品德高尚的人哪怕是在一个人独处的时候,也一定要谨慎。品德低下的人在私下里无恶不作,一见到品德高尚的人便躲躲闪闪,掩盖自己所做的坏事而自吹自擂。殊不知,别人看你,就像能看见你的心肺肝脏一样清楚,掩盖有什么用呢?这就叫作内心的真实,一定会表现在外表上。因此,品德高尚的人哪怕是在一个人独处的时候,也一定要谨慎。曾子说:"十只眼睛看着,十个手指指着,这难道不令人畏惧吗?!"财富可以装饰房屋,品德却可以修养身心,使心胸宽广而身体舒泰安康。因此,品德高尚的人一定要使自己的意念真诚。

《诗》云:"瞻彼淇澳,菉竹猗猗。有斐君子,如切如磋,如琢如磨。瑟兮僩兮,赫兮喧兮。有斐君子,终不可喧兮!"[1]如切如磋者,道学也[2];如琢如磨者,自修也;瑟兮僩兮者,恂栗也[3];赫兮喧兮者,威仪也;有斐君子,终不可喧兮者,道盛德至善,民之不能忘也。《诗》云:"於戏!前王不忘[4]。"君子贤其贤而亲其亲,小人乐其乐而利其利,此以没世不忘也[5]。

[注释] [1]这几句诗引自《诗经·卫风·淇澳》。淇:淇水,在今河南北部。澳:水边。斐:文采。瑟兮僩兮:庄重而胸襟开阔的样子。赫兮喧兮:显耀盛大的样子。喧:遗忘。[2]道:说、言。[3]恂栗:恐惧、戒惧。[4]於戏!前王不忘:引自《诗经·周颂·烈文》。於戏:叹词。前王:指周文王、周武王。[5]此以:因此。没世:去世。

[译文] 《诗经》说:"看那淇水弯弯的岸边,嫩绿的竹子郁郁葱葱。有一位文质彬彬的君子,研究学问如加工骨器,不断切磋;修炼自己如打磨美玉,反复琢磨。他庄重而开朗,仪表堂堂。这样一个文质彬彬的君子,真是令人难忘啊!"这里所说的"如加工骨器,不断切磋",是指做学问的态度;这里所说的"如打磨美玉,反复琢磨",是指自我修炼的精神;说他"庄重而开朗",是指他内心谨慎而有所戒惧;说他"仪表堂堂",是指他非常威严;说"这样一个文质彬彬的君子,真是令人难忘啊",是指由于他品德非常高尚,达到了最完善的境界,所以他使人难以忘怀。《诗经》说:"啊,前代的君王真使人难忘啊!"君子赞美先王任用贤人、亲睦亲族,小人高兴先王带来的安乐和利益,因此,他们虽死而使人不忘。

《康诰》曰:"克明德。"[1]《大甲》曰:"顾諟天之明命。"[2]《帝典》曰:"克明峻德。"[3]皆自明也。

[注释] [1]克:能够。[2]顾:念。明命:光明的禀性。[3]俊:与"峻"相通,意为大、崇高等。

[译文] 《康诰》说:"能够弘扬光明的品德。"《太甲》说:"念念不忘这上天赋予的光明禀性。"《尧典》说:"能够弘扬崇高的品德。"这些都是说要自己弘扬光明正大的品德。

汤之《盘铭》[1]曰:"苟日新,日日新,又日新。"[2]《康诰》曰:"作新民。"[3]《诗》曰:"周虽旧邦,其命维新。"[4]是故君子无所不用其极[5]。

[注释] [1]汤:即成汤,商朝的开国君主。盘铭:刻在器皿上用来警戒自己的箴言。这里的器皿是指商汤的洗澡盆。[2]苟:如果。新:这里的本义是指洗澡除去身体上的污垢,使身体焕然一新,引申义则是指行精神上的弃旧图新。[3]作:振作,激励。新民:意思是使人弃旧图新,去恶从善。[4]《诗》:指《诗经·大雅·文王》。周:周朝。旧邦:旧国。其命:指周朝所禀受的天命。维:语助词,无意义。[5]是故:所以。君子:有时候指贵族,有时指品德高尚的人,根据上下文不同的语言环境而有不同的意思。

[译文] 商汤王刻在洗澡盆上的箴言说:"如果能够一天新,就应保持天天新,新了还要更新。"《康诰》说:"激励人弃旧图新。"《诗经》说:"周朝虽然是旧的邦国,却禀受了新的天命。"所以品德高尚的人无处不追求完善。

《诗》云:"邦畿千里,惟民所止。"[1]《诗》云:"缗蛮黄鸟,止于丘隅。"[2]子曰:"于止,知其所止,可以人而不如鸟乎?"《诗》云:"穆穆文王,於缉熙敬止[3]!"为人君,止于仁;为人臣,止于敬;为人子,止于孝;为人父,止于慈;与国人交,止于信。

[注释] [1]邦畿千里,惟民所止:引自《诗经·商颂·玄鸟》。邦畿:都城及其周围的地区。止:居住。[2]缗蛮黄鸟,止于丘隅:引自《诗经·小雅·绵蛮》。缗蛮:即绵蛮,鸟叫声。隅:角落。止:栖息。[3]穆穆:仪表美好端庄的样子。於:叹词。缉:继续。熙:光明。

止:语助词,无意义。

[译文] 《诗经》说:"京城及其周围,都是老百姓居住的地方。"《诗经》又说:"绵蛮叫着的黄鸟,栖息在山冈上。"孔子说:"连黄鸟都知道它该栖息在什么地方,难道人还可以不如一只鸟儿吗?"《诗经》说:"品德高尚的文王啊,为人光明磊落,做事始终庄重谨慎。"做国君的,要做到仁爱;做臣子的,要做到恭敬;做子女的,要做到孝顺;做父亲的,要做到慈爱;与他人交往,要做到讲信用。

子曰:"听讼,吾犹人也,必也使无讼乎!"[1]无情者不得尽其辞[2],大畏民志[3],此谓知本。

[注释] [1]听讼:听诉讼,即审案子。犹人:与别人一样。[2]无情者不得尽其辞:使隐瞒真实情况的人不能够花言巧语。[3]民志:民心,人心。

[译文] 孔子说:"听诉讼审理案子,我也和别人一样,目的在于使诉讼不再发生。"使隐瞒真实情况的人不敢花言巧语,使人心畏服,这就叫作抓住了根本。

所谓修身在正其心者,身有所忿懥[1],则不得其正;有所恐惧,则不得其正;有所好乐,则不得其正;有所忧患,则不得其正。心不在焉,视而不见,听而不闻,食而不知其味。此谓修身在正其心。

[注释] [1]忿懥:愤怒。

[译文] 之所以说修养自身的品性首先要端正自己的心思,这是因为心有愤怒就不能够端正;心有恐惧就不能够端正;心有喜好就不能够端正;心有忧虑就不能够端正。心思不端正,就像心不在自己身上一样:虽然在看,却像没有看见一样;虽然在听,却像没有听见一样;虽然在吃东西,却一点也不知道滋味。所以说,要修养自身的品性必须要先端正自己的心思。

所谓齐其家在修其身者,人之其所亲爱而辟焉[1],之其所贱恶而辟焉,之其所畏敬而辟焉,之其所哀矜而辟焉[2],之其所敖惰而辟焉[3]。故好而知其恶,恶而知其美者,天下鲜矣!故谚有之曰:"人莫知其子之恶,莫知其苗之硕[4]。"此谓身不修不可以齐其家。

[注释] [1]之:即"于",对于。辟:偏颇,偏向。[2]哀矜:同情,怜悯。[3]敖:骄傲。惰:怠慢。[4]硕:大,肥壮。

[译文] 之所以说管理好家庭和家族要先修养自身,是因为人们对于自己亲近喜爱的人会有所偏爱,对于自己厌恶的人会有所偏恨,对于自己敬畏的人会有所偏向,对于自己同情的人会有所偏心,对于自己轻视的人会有所偏见。因此,很少有人能喜爱某人却能看到那个人的缺点,厌恶某人却能看到那个人的优点。所以有谚语说:"人都不知道自己孩子的坏,人都不满足自己庄稼的好。"这就是不修养自身就不能管理好家庭和家族的道理。

所谓治国必先齐其家者,其家不可教而能教人者,无之。故君子不出家而成教于国。孝者,所以事君也;悌者[1],所以事长也;慈者[2],所以使众也。《康诰》曰:"如保赤子。"[3]心诚求之,虽不中[4],不远矣。未有学养子而后嫁者也。一家仁,一国兴仁;一家让,一国兴让;一人贪戾,一国作乱。其机如此[5]。此谓一言偾事[6],一人定国。尧舜帅天下以仁[7],而民从之;桀纣帅天下以暴[8],而民从之。其所令反其所好,而民不从。是故君子有诸己而后求诸人[9],无诸己而后非诸人。所藏乎身不恕[10],而能喻诸人者[11],未之有也。故治国在齐其家。《诗》云:"桃之夭夭,其叶蓁蓁。之子于归,宜其家人。"[12]宜其家人,而后可以教国人。《诗》云:"宜兄宜弟。"[13]宜兄宜弟,而后可以教国人。《诗》云:"其仪不忒,正是四国。"[14]其为父子兄弟足法,而后民法之也。此谓治国在齐其家。

[注释] [1]悌:指弟弟应服从哥哥。[2]慈:指父母爱子女。[3]如保赤子:引自《尚书·周书·康诰》,原文作"若保赤子"。这是周成王告诫康叔的话,意思是保护平民百姓如母亲养护婴孩一样。赤子:婴孩。[4]中:达到目标。[5]机:本指弩箭上的发动机关,引申指关键。[6]偾:败,坏。[7]帅:同"率",率领,统帅。[8]桀:夏代最后一位君主。纣:即殷纣王,商代最后一位君主。二人历来被认为是暴君的代表。[9]诸:"之于"的合音。[10]恕:即恕道。孔子说:"己所不欲,勿施于人。"意思是说,自己不想做的,也不要让别人去做。这种推己及人,将心比心的品德就是儒学所倡导的恕道。[11]喻:使别人明白。[12]夭夭:鲜嫩,美丽。蓁蓁:茂盛的样子。之子:这个女子。于归:指女子出嫁。[13]宜兄宜弟:引自《诗经·小雅·蓼萧》。[14]仪:仪表,仪容。忒:差错。

[译文] 之所以说治理国家必须先管理好自己的家庭和家族,是因为没有不能管教好家人却能管教好别人的人,所以有修养的人在家里就受到了治理国家方面的教育:对父母的孝顺可以用于侍奉君主;对兄长的恭敬可以用于侍奉长辈;对子女的慈爱可以用于统治民众。《康诰》说:"如同爱护婴儿一样。"内心真诚地去追求,即使达不到目标,也不会相差太远。要知道,没有先学会了养孩子再出嫁的人啊!一家仁爱,一国也会兴起仁爱;一家礼让,一国也会兴起礼让;一人贪婪暴戾,一国就会犯上作乱。其联系就是这样紧密。这就叫作:一句话就会坏事,一个人就能安定国家。尧舜用仁爱统治天下,老百姓就跟随着仁爱;桀纣用凶暴统治天下,老百姓就跟随着凶暴。统治者的命令与自己的实际做法相反,老百姓是不会服从的。因此,品德高尚的人,总是自己先做到,然后才要求别人做到;自己先不这样做,然后才要求别人不这样做。不采取这种推己及人的恕道而想让别人按自己的意思去做,那是不可能的。因此,要治理国家,必须先管理好自己的家庭和家族。《诗经》说:"桃花鲜美,树叶茂密。这个姑娘出嫁了,让全家人都和睦。"让全家人都和睦,然后才能够让一国的人都和睦。《诗经》说:"兄弟和睦。"兄弟和睦了,然后才能够让一国的人都和睦。《诗经》说:"容貌举止庄重严肃,成为四方国家的表率。"只有当一个人无论是作为父亲、儿子,还是兄长、弟弟时都值得效法时,老百姓才会去效法他。这就是要治理国家必须先管理好家庭和家族的道理。

所谓平天下在治其国者,上老老而民兴孝[1],上长长而民兴弟[2],上恤孤而民不倍[3],是以君子有絜矩之道也[4]。所恶于上,毋以使下;所恶于下,毋以事上;所恶于前,毋以先后;所恶于后,毋以从前;所恶于右,毋以交于左;所恶于左,毋以交于右。此之谓絜矩之道。

[注释] [1]老老:尊敬老人。前一个"老"字作动词,意思是把老人当作老人看待。[2]长长:尊重兄长。前一个"长"字作动词,意思是把兄长当作兄长看待。[3]恤:体恤,周济。孤:孤儿,古时候专指幼年丧失父亲的人。倍:通"背",背弃。[4]絜矩之道:指一言一

行要有示范作用。絜:量度。矩:画直角或方形用的尺子,引申为法度,规则。

[译文] 之所以说平定天下要治理好自己的国家,是因为在上位的人尊敬老人,老百姓就会孝顺自己的父母,在上位的人尊重兄长,老百姓就会尊重自己的兄长,在上位的人体恤、救济孤儿,老百姓也会跟着去做。因此,品德高尚的人总是实行以身作则、推己及人的"絜矩之道"。如果厌恶上司对你的某种行为,就不要用这种行为去对待你的下属;如果厌恶下属对你的某种行为,就不要用这种行为去对待你的上司;如果厌恶在你前面的人对你的某种行为,就不要用这种行为去对待在你后面的人;如果厌恶在你后面的人对你的某种行为,就不要用这种行为去对待在你前面的人;如果厌恶在你右边的人对你的某种行为,就不要用这种行为去对待在你左边的人;如果厌恶在你左边的人对你的某种行为,就不要用这种行为去对待在你右边的人。这就叫作"絜矩之道"。

《诗》云:"乐只君子,民之父母。"[1]民之所好好之,民之所恶恶之,此之谓民之父母。《诗》云:"节彼南山,维石岩岩。赫赫师尹,民具尔瞻。"[2]有国者不可以不慎,辟则为天下僇矣[3]。《诗》云:"殷之未丧师,克配上帝。仪监于殷,峻命不易。"[4]道得众则得国,失众则失国。是故君子先慎乎德。有德此有人[5],有人此有土,有土此有财,有财此有用。德者,本也;财者,末也。外本内末,争民施夺[6]。是故财聚则民散,财散则民聚。是故言悖而出者[7],亦悖而入;货悖而入者,亦悖而出。《康诰》曰:"惟命不于常。"道善则得之,不善则失之矣。《楚书》曰:"楚国无以为宝,惟善以为宝。"[8]舅犯曰:"亡人无以为宝,仁亲以为宝[9]。"

[注释] [1]乐只君子,民之父母:引自《诗经·小雅·南山有台》。乐:快乐,喜悦。只:语助词。[2]节:高大。岩岩:险峻的样子。师尹:太师尹氏,太师是周代的三公之一。尔:你。瞻:瞻仰,仰望。[3]僇:通"戮",杀戮。[4]师:民众。配:符合。仪:宜。监:鉴戒。峻:大。不易:指不容易保有。[5]此:乃,才。[6]争民:与民争利。施夺:施行劫夺。[7]悖:逆。[8]《楚书》:楚昭王时史书。楚昭王派王孙圉出使晋国。晋国赵简子问楚国珍宝美玉现在怎么样了。王孙圉答道:楚国从来没有把美玉当作珍宝,只是把善人如观射父(人名)这样的大臣看作珍宝。事见《国语·楚语》。[9]舅犯:晋文公重耳的舅舅狐偃,字子犯。亡人:流亡的人,指重耳。晋僖公四年十二月,晋献公因受骊姬的谗言,逼迫太子申生自缢而死。重耳避难逃亡在狄国时,晋献公逝世。秦穆公派人劝重耳归国掌政。重耳将此事告子犯,子犯以为不可,对重耳说了这几句话。事见《礼记·檀弓下》。

[译文] 《诗经》说:"使人心悦诚服的国君,是老百姓的父母。"老百姓喜欢的他也喜欢,老百姓厌恶的他也厌恶,这样的国君可以说是老百姓的父母了。《诗经》说:"巍峨的南山啊,岩石耸立。显赫的尹太师啊,百姓都仰望你。"统治国家的人不可不谨慎,稍有偏颇,就会被天下人推翻。《诗经》说:"殷朝没有丧失民心的时候,还是能够与上天的要求相符的。请用殷朝做个鉴戒吧,守住天命并不是一件容易的事。"这就是说,得到民心就能得到国家,失去民心就会失去国家。所以品德高尚的人首先注重修养德行。有德行才会有人拥护,有人拥护才能保有土地,有土地才会有财富,有财富才能供给使用。德是根本,财是枝末。假如把根本当成了外在的东西,却把枝末当成了内在的根本,那就会和老百姓争夺利益。因此,君王聚财敛货,民心就会失散;君王散财于民,民心就会聚在一起。所以你说话不讲道理,人家也会用不讲道理的话来回答你;财货来路不清不楚,总有一天也会不清

不楚地失去。《康诰》说:"天命是不会始终如一的。"这就是说,行善便会得到天命,不行善便会失去天命。《楚书》说:"楚国没有什么是宝,只是把善当作宝。"舅犯说:"流亡在外的人没有什么是宝,只是把仁爱当作宝。"

《秦誓》[1]曰:"若有一个臣,断断兮无他技[2],其心休休焉[3],其如有容焉[4]。人之有技,若己有之;人之彦圣[5],其心好之,不啻若自其口出[6],实能容之。以能保我子孙黎民,尚亦有利哉!人之有技,媢疾以恶之[7];人之彦圣,而违之俾不通[8],实不能容。以不能保我子孙黎民,亦曰殆哉!"唯仁人放流之[9],迸诸四夷[10],不与同中国[11]。此谓唯仁人为能爱人,能恶人。见贤而不能举,举而不能先,命也[12]。见不善而不能退,退而不能远,过也。好人之所恶,恶人之所好,是谓拂人之性[13],灾必逮夫身[14]。是故君子有大道:必忠信以得之,骄泰以失之[15]。生财有大道:生之者众,食之者寡,为之者疾,用之者舒,则财恒足矣。仁者以财发身[16],不仁者以身发财。未有上好仁而下不好义者也,未有好义其事不终者也,未有府库财非其财者也[17]。

[注释] [1]《秦誓》:《尚书·周书》中的一篇。[2]断断:真诚的样子。[3]休休:宽宏大量。[4]有容:能够容人。[5]彦圣:指德才兼备。彦:美。圣:明。[6]不啻:不但。[7]媢疾:嫉妒。[8]违:阻抑。俾:使。[9]放流:流放。[10]迸:即"屏",驱逐。四夷:四方之夷。[11]中国:全国中心地区。[12]命:东汉郑玄认为应该是"慢"字之误。慢,即轻慢。[13]拂:逆,违背。[14]逮:及,到。夫:助词。[15]骄泰:骄横放纵。[16]发身:修身。发:发达,发起。[17]府库:国家收藏财物的地方。

[译文] 《秦誓》说:"如果有这样一位大臣,忠诚老实,虽然没有什么特别的本领,但他心胸宽广,有容人的肚量。别人有本领,就如同他自己有一样;别人德才兼备,他心悦诚服,不只是在口头上表示,而是打心底里赞赏。用这种人,是可以保护我的子孙和百姓的,是可以为他们造福的啊!相反,如果别人有本领,他就嫉妒、厌恶;别人德才兼备,他便想方设法压制、排挤,无论如何容忍不得。用这种人,不仅不能保护我的子孙和百姓,而且可以说是很危险!"因此,有仁德的人会把这种容不得人的人流放,把他们驱逐到边远的四夷之地去,不让他们同住在国家的中心地区。这就是说,只有仁德的人才能亲近人,才能憎恶人。发现贤才而不能选拔,选拔了而不能重用,这是轻慢。发现恶人而不能罢免,罢免了而不能把他驱逐得远远的,这是过错。喜欢众人所厌恶的,厌恶众人所喜欢的,这是违背人的本性,灾难必定要落到自己身上。因此,做国君的人有正确的途径:忠诚信义,便会获得一切;骄奢放纵,便会失去一切。生产财富也有正确的途径:生产的人多,消费的人少;生产的人勤奋,消费的人节省。这样,财富便会经常充足。仁爱的人仗义疏财以修养自身的德行,不仁的人不惜以生命为代价去敛钱发财。没有在上位的人喜爱仁德,而在下位的人却不喜爱忠义的;没有喜爱忠义而做事却半途而废的;没有国库里的财物不是属于国君的。

孟献子曰[1]:"畜马乘[2],不察于鸡豚[3];伐冰之家[4],不畜牛羊;百乘之家[5],不畜聚敛之臣[6]。与其有聚敛之臣,宁有盗臣。"此谓国不以利为利,以义为利也。长国家而务财用者[7],必自小人矣。彼为善之,小人之使为国家,灾害并至。虽有善者,亦无如之何矣[8]!此谓国不以利为利,以义为利也。

[注释] [1]孟献子:鲁国大夫,姓仲孙名蔑。[2]畜:养。乘:指用四匹马拉的车。畜马乘:士人初作大夫官的待遇。[3]察:关注。[4]伐冰之家:指丧祭时能用冰保存遗体的人家。这是卿大夫类大官的待遇。[5]百乘之家:拥有一百辆车的人家,指有封地的诸侯王。[6]聚敛之臣:搜刮钱财的家臣。聚:聚集。敛:征收。[7]长国家:成为国家之长,指君王。[8]无如之何:没有办法。

[译文] 孟献子说:"养了四匹马拉车的士大夫之家,就不需要再去养鸡养猪;祭祀用冰的卿大夫家,就不需要再去养牛养羊;拥有一百辆兵车的诸侯之家,就不需要去收养搜刮民财的家臣。与其有搜刮民财的家臣,不如有偷盗东西的家臣。"这意思是说,一个国家不应该以财货为利益,而应该以仁义为利益。做了国君却还一心想着聚敛财货,这必然是有小人在诱导,而国君还以为这些小人是好人,让他们去处理国家大事,结果是天灾人祸一齐降临。这时虽有贤能的人,却也没有办法挽救了。因此,一个国家不应该以财货为利益,而应该以仁义为利益。

第三章 孝经尔雅

《孝经》是一部讲孝道文化的经典，《尔雅》是一部古汉语词典，作为古汉语词典，《尔雅》之所以成为经典，原因在于要阅读其他经典，必须借助于《尔雅》这部词典。这样就把《尔雅》也列为经典了。

第一节 《孝经》

一、《孝经》简介

（一）今文、古文《孝经》

《孝经》有今文、古文两种。秦始皇焚书坑儒时，《孝经》为河间人颜芝所藏，汉初，由芝子贞献出，是为今文《孝经》。汉武帝时，鲁恭王坏孔子旧宅，于壁间得蝌蚪文《孝经》，是为古文《孝经》。今文、古文《孝经》除了在文字上或增或减，分章上有所不同，古文《孝经》多《闺门章》二十二字外，在义理上并无不同。现在通行的是今文《孝经》。

（二）《孝经》的内容

今文《孝经》共十八章，依次为：开宗明义、天子、诸侯、卿大夫、士、庶人、三才、孝治、圣治、纪孝行、五刑、广要道、广至德、广扬名、谏诤、感应、事君、丧亲。《孝经》是一部论述孝道思想及孝治等社会功能的著作，全文一千九百零三个字，是我国孝道文化的代表作。唐代，唐玄宗以今文《孝经》为准，为《孝经》作注，使《孝经》成为《十三经注疏》中唯一一部由皇帝亲自作注的经书。

二、开宗明义章

仲尼居,曾子侍。

子曰:"先王有至德要道,以顺天下,民用和睦,上下无怨。汝知之乎?"曾子避席,曰:"参不敏[1],何足以知之!"

子曰:"夫孝,德之本也,教之所由生也。复坐,吾语汝。身体发肤,受之父母,不敢毁伤,孝之始也。立身行道,扬名于后世,以显父母,孝之终也。夫孝,始于事亲,中于事君,终于立身。《大雅》云[2]:'无念尔祖,聿修厥德。'"

[注释] [1]参:即曾子,名曾参。[2]《大雅》:指《诗经·大雅·文王》。

[译文] 孔子在家里闲坐,他的学生曾子侍坐在旁边。

孔子说:"先代的帝王有其至高无上的品行和最重要的道德,以使天下人心归顺,人民和睦相处,上上下下都没有怨恨不满。你知道那是为什么吗?"曾子站起身来,离开自己的座位,回答说:"学生我不够聪敏,哪里会知道呢?"

孔子说:"这就是孝。它是一切德行的根本,也是教化产生的根源。你回原来位置坐下,我告诉你。人的身体、毛发、皮肤,都是父母赋予的,不敢予以损毁伤残,这是孝的开始。人在世上遵循仁义道德,有所建树,显扬名声于后世,从而使父母显赫荣耀,这是孝的终极目标。所谓孝,最初从侍奉父母开始,然后效力于国君,最终建功立业,功成名就。《诗经·大雅·文王》说过:'怎么能不思念你的先祖呢?要遵循先祖的榜样去修行你的功德。'"

三、天子章

子曰:"爱亲者,不敢恶于人[1];敬亲者,不敢慢于人。爱敬尽于事亲,而德教加于百姓,刑于四海。盖天子之孝也。《甫刑》云[2]:'一人有庆,兆民赖之。'"

[注释] [1]恶于人:厌恶别人的父母。[2]《甫刑》:指《尚书·甫刑》。

[译文] 孔子说:"能够亲爱自己父母的人,就不会厌恶别人的父母;能够尊敬自己父母的人,也不会怠慢别人的父母。以亲爱恭敬的心情尽心尽力地侍奉双亲,而将德行教化施之于黎民百姓,使天下百姓遵从效法,这就是天子的孝道呀!《尚书·甫刑》说:'天子一人有善行,万方民众都仰赖他。'"

四、诸侯章

在上不骄,高而不危;制节谨度,满而不溢。高而不危,所以长守贵也;满而不溢,所以长守富也。富贵不离其身,然后能保其社稷,而和其民人[1]。盖诸侯之孝也。《诗》云[2]:"战战兢兢,如临深渊,如履薄冰。"

[注释] [1]和其民人:与百姓和睦相处。[2]《诗》:指《诗经·小雅·小旻》。

[译文] 身为诸侯,在众人之上而不骄傲,其位置再高也不会有倾覆的危险;生活节俭、慎行法度,财富再充裕丰盈也不会损溢。居高位而没有倾覆的危险,所以能够长久保持自己的尊贵地位;财富充裕而不奢靡挥霍,所以能够长久地守住自己的财富。能够保持富有和尊贵,然后才能保住家国的安全,与其黎民百姓和睦相处。这大概就是诸侯的孝道吧。《诗经·小雅·小旻》说:"战战兢兢,就像身临深水潭边害怕坠落,脚踩薄冰之上担心陷下去那样,小心谨慎地处事。"

五、卿大夫章

非先王之法服不敢服[1],非先王之法言不敢道,非先王之德行不敢行。是故非法不言,非道不行;口无择言,身无择行。言满天下无口过,行满天下无怨恶。三者备矣,然后能守其宗庙。盖卿、大夫之孝也。《诗》云:"夙夜匪懈,以事一人。"

[注释] [1]非先王之法服不敢服:前一个"服"是名词,衣服;后一个"服"是动词,穿衣服。

[译文] 不是先代圣明君王所制定的合乎礼法的衣服不敢穿戴,不是先代圣明君王所说的合乎礼法的言语不敢说,不是先代圣明君王实行的道德准则和行为不敢去做。所以不合乎礼法的话不说,不合乎礼法道德的行为不做;开口说话不需选择就能合乎礼法,自己的行为不必着意考虑也不会越轨。于是所说的话即便天下皆知也不会有过失之处,所做的事传遍天下也不会遇到怨恨厌恶。衣饰、语言、行为这三点都能做到遵从先代圣明君王的礼法准则,然后才能守住自己祖宗的香火延续兴盛。这就是卿、大夫的孝道啊!《诗经·大雅·民》说:"要从早到晚勤勉不懈,专心侍奉天子。"

六、士章

资于事父以事母而爱同,资于事父以事君而敬同。故母取其爱,而君取其敬,兼之者父也。故以孝事君则忠。以敬事长则顺。忠顺不失,以事其上,然后能保其禄位,而守其祭祀。盖士之孝也。《诗》云[1]:"夙兴夜寐,无忝尔所生[2]。"

[注释] [1]《诗》:指《诗经·小雅·小宛》。[2]忝:侮辱。

[译文] 用侍奉父亲的心情去侍奉母亲,爱心是相同的;用侍奉父亲的心情去侍奉国君,崇敬之心也是相同的。所以侍奉母亲是用爱心,侍奉国君是用尊敬之心,两者兼而有之的是对待父亲。因此用孝道来侍奉国君就是忠诚,用尊敬之道侍奉年长位高者就是顺从。能做到忠诚顺从地侍奉国君和年长位高者,然后就能保住自己的俸禄和职位,并能守住自己对祖先的祭祀。这就是士人的孝道啊!《诗经·小雅·小宛》说:"要早起晚睡地去做,不要辱及生养你的父母。"

七、庶人章

用天之道,分地之利。谨身节用[1],以养父母,此庶人之孝也。故自天子至于庶人,孝无终始而患不及者,未之有也。

[注释] [1]谨身:行为谨慎。节用:节省俭约。

[译文] 利用自然的季节,认清土地的高下优劣。行为谨慎,节省俭约,以此来孝养父母,这就是普通老百姓的孝道了。所以上自天子,下至普通老百姓,不论尊卑高下,孝道是无始无终、永恒存在的,有人担心自己不能做到孝,那是没有的事情。

八、纪孝行章

子曰:"孝子之事亲也,居则致其敬,养则致其乐,病则致其忧,丧则致其哀,祭则致其严。五者备矣,然后能事亲。事亲者,居上不骄,为下不乱,在丑不争[1]。居上而骄则亡,为下而乱则刑,在丑而争则兵。三者不除,虽日用三牲之养[2],犹为不孝也。"

[注释] [1]丑:大众。[2]三牲:牛、羊、猪。

[译文] 孔子说:"孝子对父母的侍奉,在日常家居的时候,要竭尽对父母的恭敬;在供养父母时,要保持和悦愉快的心情去侍奉;父母生了病,要带着忧虑的心情去照料;父母去世了,要竭尽悲哀之情料理后事;对先人的祭祀,要严肃对待。只有这五方面做得完备周到了,才能称对父母尽到了做子女的责任。侍奉父母双亲,要身居高位而不骄傲蛮横,身居下层而不为非作乱,在民众中间不与人争斗。身居高位而骄傲自大者势必要招致灭亡,在下层而为非作乱者免不了遭受刑法,在民众中争斗则会引起相互残杀。这骄、乱、争三项恶事不戒除,即便对父母天天用牛羊猪三牲的肉食尽心奉养,也还是不孝之人啊。"

九、谏诤章

曾子曰:"若夫慈爱、恭敬、安亲、扬名,则闻命矣。敢问子从父之令,可谓孝乎?"

子曰:"是何言与[1]?是何言与?昔者天子有争臣七人[2],虽无道,不失其天下。诸侯有争臣五人,虽无道,不失其国。大夫有争臣三人,虽无道,不失其家。士有争友,则身不离于令名;父有争子,则身不陷于不义。故当不义,则子不可以不争于父,臣不可以不争于君。故当不义则争之。从父之令,又焉得为孝乎?"

[注释] [1]何言:什么话。[2]争:同"诤"。

[译文] 曾子说:"像慈爱、恭敬、安亲、扬名这些孝道,已经听过天子的教诲了,我想再冒昧地问一下,做儿子的一味遵从父亲的命令,就可称得上是孝顺的吗?"

孔子说:"这是什么话呢?这是什么话呢?从前,天子身边有七个直言相谏的诤臣,因此,纵使天子是个无道昏君,他也不会失去其天下。诸侯有五个直言谏诤的诤臣,即便诸侯自己是个无道君主,也不会失去他的诸侯国地盘。卿大夫也有三位直言劝谏的臣属,所以即使他是个无道之臣,也不会失去自己的家园。普通的读书人有直言劝谏的朋友,自己的美好名声就不会丧失;为父亲的有敢于直言力争的儿子,就能使父亲不会陷身于不义之中。因此,在遇到不义之事时,如果是父亲所为,做儿子的不可以不劝争力阻;如果是君王所为,做臣子的不可以不直言谏诤。所以对于不义之事,一定要谏诤劝阻。如果只是遵从父亲的命令,又怎么称得上是孝顺呢?"

十、感应章

子曰:"昔者明王事父孝,故事天明;事母孝,故事地察;长幼顺,故上下治。天地明察,神明彰矣。故虽天子,必有尊也[1],言有父也;必有先也,言有兄也。宗庙致敬,不忘亲也;修身慎行,恐辱先也;宗庙致敬,鬼神著矣。孝悌之至,通于神明,光于四海,无所不通。《诗》云[2]:'自西自东,自南自北,无思不服。'"

[注释] [1]尊:尊敬的人。[2]《诗》:指《诗经·大雅·文王有声》。

[译文] 孔子说:"从前,贤明的帝王侍奉父亲很孝顺,所以在祭祀天帝时能够明白上天庇护万物的道理;侍奉母亲很孝顺,所以在社祭厚土时能够明察大地孕育万物的道理;理顺处理好长幼秩序,所以对上下各层也就能够治理好。能够明察天地覆育万物的道理,神明感应其诚,就会彰明神灵,降临福瑞来保佑。所以即便是天子,也必然有他所尊敬的人,这就是指他有父亲;必然有先他出生的人,这就是指他有兄长。到宗庙里祭祀致以恭敬之意,是没有忘记自己的亲人;修身养性,谨慎行事,是因为恐怕因自己的过失而使先人蒙受羞辱;到宗庙祀表达敬意,神明就会出来享受。对父母兄长的孝敬顺从达到了极致,即可以通达于神明,光照天下,任何地方都可以感应相通。《诗经·大雅·文王有声》说:'从西到东,从南到北,没有人不悦服。'"

第二节 《尔雅》

一、《尔雅》简介

(一)《尔雅》的性质

《尔雅》是我国第一部按义类编排的综合性词典,也是唯一一部由晚唐政府升列为"经书"的上古汉语词典。

(二)《尔雅》的含义

"尔"通"迩",是"近"的意思;"雅"是"正"的意思,即雅正之言。"尔雅"就是以雅正之言解释古语词、方言词,使之近于规范即"雅正"。

（三）《尔雅》的内容

《汉书·艺文志》著录《尔雅》三卷二十篇,原有《序篇》,唐宋间亡佚,现存《尔雅》十九篇。《尔雅》十九篇按照内容分为两大部分,普通语词(一般语词)部分和百科名词部分。其中,《释诂》、《释言》、《释训》三篇为普通语词(一般语词)部分,对古代的普通词语做语文上的解释;《释亲》《释宫》《释器》《释乐》《释天》《释地》《释丘》《释山》《释水》《释草》《释木》《释虫》《释鱼》《释鸟》《释兽》《释畜》十六篇为百科名词部分,对古代的专科词目做通俗解释。百科名词包含了社会生活和自然万物两部分。社会生活包含人的家族关系和人的日常生活两类,自然万物包含天文、地理、植物、动物四类。如下表所示:

尔雅	释诂、释言、释训	普通词语		综合性词书
	释亲	人的家族关系	社会生活	
	释宫、释器、释乐	人的日常生活		
	释天	天文	自然万物	百科名词
	释地、释丘、释山、释水	地理		
	释草、释木	植物		
	释虫、释鱼、释鸟、释兽、释畜	动物		

（四）《尔雅》成书诸说

(1) 西周成书说,即周公所作。
(2) 战国初期成书说,即孔子门人所作。
(3) 战国末期成书说。
(4) 西汉初年成书说。
(5) 西汉中后期成书说。

诸说之中,以战国末期成书说和西汉初年成书说较为近理。

二、释亲

父为考,母为妣。父之考为王父[1],父之妣为王母。王父之考为曾祖王父,王父之妣为曾祖王母。曾祖王父之考为高祖王父,曾祖王父之妣为高祖王母。父之世父[2]、叔父为从祖祖父[3],父之世母[4]、叔母为从祖祖母。父之晜弟[5],先生为世父,后生为叔父。男子先生为兄,后生为弟。谓女子,先生为姊,后生为妹。

[注释] [1]王:古代对祖父母辈的尊称。[2]世父:大伯父,后为伯父的通称。[3]从:同"宗",同一宗族次于至亲者称"从"。[4]世母:伯母。[5]晜:同"昆",兄。

[译文] 父亲称为考,母亲称为妣。父亲的父亲称为王父,父亲的母亲称为王母。祖父的父亲称为曾祖王父,祖父的母亲称为曾祖王母。曾祖父的父亲称为高祖王父,曾祖父的母亲称为高祖王母。父亲的伯父、叔父称为从祖祖父,父亲的伯母、叔母称为从祖祖母。父亲的兄弟,先出生的称为伯父,后出生的称为叔父。男子先出生称为兄,后出生的称为

弟。男子称女子中，先出生的为姐，后出生的为妹。

父之姊妹为姑。父之从父晜弟[1]为从祖父[2]，父之从祖晜弟[3]为族父。族父之子相谓为族晜弟[4]。族晜弟之子相谓为亲同姓。兄之子、弟之子相谓为从父晜弟。子之子为孙，孙之子为曾孙，曾孙之子为玄孙，玄孙之子为来孙，来孙之子为晜孙，晜孙之子为仍孙，仍孙之子为云孙。王父之姊妹为王姑。曾祖王父之姊妹为曾祖王姑。高祖王父之姊妹为高祖王姑。父之从父姊妹为从祖姑。父之从祖姊妹为族祖姑。父之从父晜弟之母为从祖王母[5]。父之从祖晜弟之母为族祖王母。父之兄妻为世母，父之弟妻为叔母。父之从父晜弟之妻为从祖母，父之从祖晜弟之妻为族祖母。

[注释] [1]从父晜弟：同祖父的兄弟，即堂兄弟。[2]从祖父：即堂祖父或堂叔父。[3]从祖晜弟：同曾祖父的兄弟。[4]族晜弟：同高祖父的兄弟。[5]从祖王母：即从祖母，伯祖母或叔祖母。

[译文] 父亲的姐妹称为姑。父亲的同祖父的兄弟称为从祖父（即：堂祖父或堂叔父），父亲的同曾祖父的兄弟称为族父。族父的儿子们相互称为族兄弟。族兄弟的儿子们相互称为亲同姓。兄的儿子、弟的儿子，相互间称为从父兄弟。儿子的儿子称为孙，孙子的儿子称为曾孙，曾孙的儿子称为玄孙，玄孙的儿子称为来孙，来孙的儿子称为昆孙，昆孙的儿子称为仍孙，仍孙的儿子称为云孙。祖父的姐妹称为王姑。曾祖祖父的姐妹称为曾祖王姑。高祖祖父的姐妹称为高祖王姑。父亲的同祖父的姐妹称为从祖姑。父亲的同曾祖父的姐妹称为族祖姑。父亲的同祖父兄弟的母亲称为从祖王母。父亲的同曾祖父兄弟的母亲称为族祖王母。父亲的兄长的妻子称为世母，父亲的弟弟的妻子称为叔母。父亲的同祖父兄弟的妻子称为从祖母，父亲的同曾祖父兄弟的妻子称为族祖母。

父之从祖祖父为族曾王父，父之从祖祖母为族曾王母。父之妾为庶母。祖，王父也。晜，兄也。

——宗族。

[译文] 父亲的从祖祖父为族曾王父，父亲的从祖祖母称为族曾王母。父亲的妾称为庶母。祖父称为王父。晜称兄。

——宗族。

母之考为外王父，母之妣为外王母[1]。母之王考为外曾王父，母之王妣为外曾王母。母之晜弟为舅，母之从父晜弟为从舅。母之姊妹为从母[2]。从母之男子为从母晜弟[3]，其女子子为从母姊妹[4]。

——母党。

[注释] [1]外王父、外王母：即外祖父、外祖母。因为是异姓，故称"外"。[2]从母：母亲的姐妹，即姨母。[3]从母晜弟：同外祖母的兄弟，即姨表兄弟。[4]女子子：即女儿。从母姊妹：同外祖母的姐妹，即姨表姐妹。

[译文] 母亲的父亲称为外祖父，母亲的母亲称为外祖母。母亲的祖父称为外曾祖父，母亲的祖母称为外曾祖母。母亲的兄弟称为舅，母亲的同外祖父兄弟称为从舅。母亲的姐妹称为姨母。母亲姐妹的儿子称为姨表兄弟，母亲姐妹的女儿称为姨表姊妹。

——母党。

妻之父为外舅,妻之母为外姑[1]。姑之子为甥[2],舅之子为甥,妻之昆弟为甥,姊妹之夫为甥。妻之姊妹同出为姨[3]。

[注释] [1]外舅、外姑:即岳父、岳母。"妻之父为外舅,妻之母为外姑",即男人称岳父为"外舅",岳母为"外姑",妇人称公公为"舅",婆婆为"姑",均是近亲结婚时代的产物。古代近亲结婚,男子娶舅父的女儿或姑母的女儿为妻,女子也以舅父的儿子或姑母的儿子为夫,在这种婚姻制度下,舅父当然就是公公(舅)或岳父(外舅),姑母是婆婆(姑)或岳母(外姑)了。[2]甥:一般指姊妹的子女。[3]同出:一说都已经出嫁。一说为随同出嫁。

[译文] 妻子的父亲称为外舅,妻子的母亲称为外姑。姑姑的儿子称为甥,舅舅的儿子称为甥,妻子的兄弟称为甥,姊妹的丈夫称为甥。妻子的姐妹已经出嫁的称为姨。女子称姐妹的丈夫为私。

女子谓姊妹之夫为私。男子谓姊妹之子为出。女子谓昆弟之子为侄[1],谓出之子为离孙[2],谓侄之子为归孙[3]。女子子之子为外孙。女子同出,谓先生为姒,后生为娣。女子谓兄之妻为嫂,弟之妻为妇。长妇谓稚妇为娣妇[4],娣妇谓长妇为姒妇。
——妻党[5]。

[注释] [1]出:外甥。侄:女子称兄弟的儿子。"出"、"侄"都是母系氏族社会婚姻形式的遗迹。在母系氏族社会中,由于实行族外婚制,姊妹的子必须离开自己氏族而到外氏族去结婚,故称之为"出"。而在当时,兄弟出嫁到对方氏族结婚后,与对方氏族女子所生的儿子则一定要回嫁到自己的氏族中来,故称"侄",侄是"至"的意思。[2]离孙:出之子既然不生于己族,只以辈分论之,故称"离孙"。[3]归孙:侄从外族嫁回本族,其儿子又生于己族,故称"归孙"。[4]长妇:哥哥的妻子。稚妇:弟弟的妻子。[5]妻党:一般指妻族。这里的"妻党"除了男子对妻族亲属的称谓之外,还包括其他与之相关的亲属关系称谓。

[译文] 男子称姐妹的儿子为出。女子称兄弟的儿子为侄,出的儿子称为离孙,侄的儿子称为归孙。女儿的儿子称为外孙。女子同嫁一个丈夫,年长的女子称为姒,年幼的女子称为娣。女子称兄长的妻子为嫂,称弟弟的妻子为弟妇。兄长的妻子称弟弟的妻子为稚妇,弟弟的妻子称兄长的妻子为姒妇。
——妻党。

妇称夫之父曰舅,称夫之母曰姑。姑舅在,则曰君舅、君姑;没,则曰先舅、先姑。谓夫之庶母为少姑,夫之兄为兄公,夫之弟为叔,夫之姊为女公,夫之女弟为女妹[1]。子之妻为妇,长妇为嫡妇,众妇为庶妇。女子子之夫为婿,婿之父为姻,妇之父为婚。父之党为宗族[2],母与妻之党为兄弟[3]。妇之父母、婿之父母,相谓为婚姻。两婿相谓为亚[4]。妇之党为婚兄弟,婿之党为姻兄弟。嫔[5],妇也。谓我舅者,吾谓之甥也。
——婚姻。

[注释] [1]女公、女妹:丈夫的姐妹。公:对长辈或平辈的敬称。[2]党:亲族。[3]兄弟:统称亲戚,指内外姻亲。[4]亚:姐妹丈夫的互称。[5]嫔:已死妻子的美称。

[译文] 妇女称丈夫的父亲为舅,称丈夫的母亲为姑。姑舅如果健在,就称为君舅、

君姑；如果去世，就称为先舅、先姑。称丈夫的庶母为少姑，丈夫的兄长称为兄公，丈夫的弟弟称为叔，丈夫的姐姐称为女公，丈夫的妹妹称为女妹。儿子的妻子称为妇，正妻称为嫡妇，妾称为庶妇。女儿的丈夫称为女婿，女婿的父亲称为姻，媳妇的父亲称为婚。父亲的亲族称为宗族，母亲与妻子的亲族称为兄弟。媳妇的父母与女婿的父母之间相互称为婚姻。姐妹的丈夫之间相互称为亚。媳妇的亲族称为婚兄弟，女婿的亲族称为姻兄弟。嫔就是故去妻子的意思。称我为舅舅的人，我称他为甥。

——婚姻。

三、释地

两河间曰冀州[1]，河南曰豫州，河西曰雍州，汉南曰荆州，江南曰扬州，济河间曰兖州，济东曰徐州，燕曰幽州，齐曰营州。

——九州[2]。

[注释] [1]两河：战国秦汉之时，黄河在今河南武陟县之下向东北流，经山东西北角，折北至河北沧县东北入海，稍呈南北流向，与上游今山西、陕西间的南北流向的一段黄河相对，合称两河。[2]九州：传说中我国上古时期的行政区域。

[译文] 古黄河的东西两段南北流向的河道之间为冀州，黄河以南称为豫州，黄河以西称为雍州，汉水以南称为荆州，长江以南称为扬州，济水与黄河之间称为兖州，济水以东称为徐州，燕国属地称为幽州，齐国属地称为营州。

——九州。

鲁有大野，晋有大陆，秦有杨陓，宋有孟诸，楚有云梦，吴越之间有具区[1]，齐有海隅[2]，燕有昭余祁，郑有圃田，周有焦护[3]。

——十薮[4]。

[注释] [1]大野、大陆、杨陓、孟诸、云梦、具区：古泽名。[2]海隅：海滨。[3]昭余祁、圃田、焦护：古泽名。[4]十薮：薮是湖泽的通称，专指少水的泽地。

[译文] 鲁国有巨野泽，晋国有大陆泽，秦国有杨陓泽，宋国有孟诸泽，楚国有云梦泽，吴国与越国之间有具区泽，齐国有海滨，燕国有昭余祁泽，郑国有圃田泽，周国有焦护泽。

——十薮。

东陵，阠。南陵，息慎。西陵，威夷。中陵，朱滕。北陵，西隃雁门是也。陵莫大于加陵，梁莫大于湨梁，坟莫大于河坟[1]。

——八陵[2]。

[注释] [1]坟：堤岸，高地。河坟：黄河堤岸。[2]八陵：陵即大土山，"八陵"是传说中的八处大陵。

[译文] 东陵称为阠。南陵称为息慎。西陵称为威夷。中陵称为朱滕。北陵就是西隃雁门山。陵（大土山）没有比加陵更大的，河堤没有比湨梁堤更大的，堤岸没有比黄河河

堤更大的。

——八陵。

东方之美者,有医无闾之珣玗琪焉[1];东南之美者,有会稽之竹箭焉[2];南方之美者,有梁山之犀象焉[3];西南之美者,有华山之金石焉[4];西方之美者,有霍山之多珠玉焉[5];西北之美者,有昆仑虚之璆琳琅玕焉[6];北方之美者,有幽都之筋角焉[7];东北之美者,有斥山之文皮焉[8];中有岱岳[9],与其五谷鱼盐生焉。

——九府[10]。

[注释] [1]医无闾:山名。在今辽宁省,以产玉闻名。珣玗琪:东方美玉。[2]竹箭:小竹,可以做箭干。[3]梁山:指湖南的衡山,即南岳。[4]华山:在陕西省东部,古称"西岳"。[5]霍山:霍太山,又称太岳山,在山西霍州市东南。多珠玉:多种精美玉石。[6]昆仑虚:昆仑山下。虚:山脚。璆琳琅玕:精美的玉石。[7]幽都:山名,在河北昌平区西北。[8]斥山:在今山东荣成市南。文皮:带花纹的兽皮。[9]岱岳:泰山。[10]九府:九州内储藏的珍宝或财物。

[译文] 东方的宝物,有医无闾山上的美玉珣玗琪;东南的宝物,有会稽山的竹箭;南方的宝物,有衡山的犀牛角和象牙;西南的宝物,有华山的黄金玉石;西方的宝物,有霍太山的多种精美玉石;西北的宝物,有昆仑山下的美玉和玉石;北方的宝物,有幽都山的牛羊筋角;东北的宝物,有斥山带花纹的兽皮;中部有泰山,那里生产五谷和鱼盐。

——九府。

东方有比目鱼焉,不比不行,其名谓之鲽;南方有比翼鸟焉,不比不飞,其名谓之鹣鹣[1];西方有比肩兽焉,与邛邛岠虚比[2],为邛邛岠虚啮甘草,即有难,邛邛岠虚负而走,其名谓之蟨[3];北方有比肩民焉[4],迭食而迭望;中有枳首蛇焉。此四方中国之异气也。

——五方[5]。

[注释] [1]鹣鹣:传说中的比翼鸟。一鸟只有一翼一目,两两并排才能飞行。[2]邛邛岠虚:兽名,传说中这种兽前足长,后足短,善于奔跑不善于觅食。[3]蟨:兽名,传说中这种兽前足短,后足长,不善于奔跑而善于觅食。与邛邛岠虚相互依存,故称为比肩兽。[4]比肩民:即传说中的半体人,各有一目、一鼻孔、一臂、一脚,必须两两配合才能活动。[5]五方:指五方的异常怪诞之物,大多为传说,并非实有其物。

[译文] 东方有比目鱼,不两两挨着就不能游动,它的名字称为鲽;南方有比翼鸟,不两两挨着就不能飞行,它的名字称为鹣鹣;西方有比肩兽,与邛邛岠虚两两挨着,为邛邛岠虚咬甘草吃,如果发生灾难,邛邛岠虚就背着它跑,它的名字称为蟨;北方有比肩民,轮流吃饭,轮流观望警戒;中部有两头蛇。这些都是四方中国的异常之物。

——五方。

邑外谓之郊,郊外谓之牧,牧外谓之野,野外谓之林,林外谓之坰[1]。下湿曰隰[2],大野曰平,广平曰原,高平曰陆,大陆曰阜,大阜曰陵,大陵曰阿。可食者曰原[3],陂者曰阪[4],下者曰隰。田一岁曰菑[5],二岁曰新田,三岁曰畬[6]。

——野[7]。

[注释] [1]坰:原野,都邑的远郊。[2]下湿:低湿之地。[3]可食者:地势宽广平整,可以种粮食的地方。[4]陂:山坡,斜坡。[5]菑:初耕一年的田。[6]畬:已经耕种三年的田。[7]野:"野"相对于"邑"而言,指郊外。

[译文] 国度之外称为郊,郊外称为牧地,牧地之外称为野,野外称为林,林外称为坰。低湿之地称为隰,广大之野称为平,广平之地称为原,高平之地称为陆,大陆称为阜,大土山称为陵,大陵称为阿。地势宽广平整,可以种粮食的地方称为原;山坡之地称为阪;低湿之地称为隰。初耕一年的田称为菑,耕种两年的田称为新田,耕种三年的田称为畬。

——野。

东至于泰远,西至于邠国,南至于濮铅,北至于祝栗[1],谓之四极。觚竹、北户、西王母、日下,谓之四荒[2]。九夷、八狄、七戎、六蛮[3],谓之四海[4]。岠齐州以南,戴日为丹穴。北戴斗极为空桐[5]。东至日所出为大平。西至日所入为大蒙。大平之人仁,丹穴之人智,大蒙之人信,空桐之人武。

——四极[6]。

[注释] [1]泰远、邠国、濮铅、祝栗:我国古代传说中东、西、南、北极远处的国家名。[2]觚竹、北户、西王母、日下:上古时期的国家名。四荒:四方荒远之地。[3]九夷、八狄、七戎、六蛮:古代对东方、北方、西方、南方各族的泛称。[4]四海:指中国九州以外四周的海疆。此处意为四海之内,四邻各族居住的地方。[5]空桐:北方极远处山名。[6]四极:指四方极远之地。

[译文] 东到泰远国,西到邠国,南到濮铅国,北到祝栗,称为四极。觚竹、北户、西王母、日下等四个边远的国家,称为四荒。九夷、八狄、七戎、六蛮等四邻各族居住的地方,称为四海。距离齐州以南,正对着日下之地,称为丹穴。北面正对着北斗星与北极星之地称为空桐。东到日出的地方称为大平。西到日落的地方称为大蒙。大平的人仁义,丹穴的人聪明,大蒙的人守信用,空桐的人崇尚勇武。

——四极。

第四章　道家经典

诸子文化经典以《老子》《庄子》《墨子》《韩非子》等为代表。这里主要选择道家经典加以学习。

第一节　《老子》

一、《老子》简介

（一）老子生平

老子（约公元前580年—公元前500年），姓李，名耳，字聃，楚国苦县人（今河南鹿邑），生平事迹不详，一说他是周守藏室之史，一说他是周之太史儋。《史记》说："世莫知其然否。"《老子》成书于战国时代，五千字，又称《道德经》，是我国道家学派的经典著作，对中国乃至世界哲学的发展，产生了深远的影响。

（二）老子的文学思想

（1）"大音希声，大象无形"。最美的声音是没有声音，最美的形象是没有形象。"有声"是具体的声音，只能是声音之美的一部分，不能是全部，故不是"大音"。"无声"可以使人去想象全部最美的声音，不受具体"有声"的局限，是"大音"。所以，"无声"是"有声"之母，"无形"是"有形"之母。

（2）有无相生。对"大音希声，大象无形"境界的体会，即无和有、虚和实的关系。"有"生于"无"，以"无"为本，人们可以从"有"中去体会"无"的境界。"大音希声，大象无形"的境界就是要在具体的"声"和"形"的引导下，来体会无限的"道"。

（3）"致虚极，守静笃"。获得"大音希声，大象无形"的境界，对主体的要求是"致虚极，守静笃"，达到虚静的精神状态。"虚"是指排除与道无关的杂念和俗念，"静"是指心境的平和、宁静。"致虚极，守静笃"就是使自己忘掉周围一切，也忘掉自身存在，这样就可与物同化，使自己完全顺应自然规律。老子的思想对庄子的虚静论、荀子的"虚一而静"、陆机的"收视反听"、刘勰的"陶钧文思，贵在虚静，疏瀹五脏，澡雪精神"等文艺思想都产生了深刻的影响。苏轼受佛学的影响，提出"无厌空且静"，将老庄的虚静和佛学的空寂融为一体。

二、《老子》（节选）

第一章

道可道[1]，非常道[2]。名可名[3]，非常名[4]。无，名天地之始[5]；有，名万物之母[6]。故常无，欲以观其妙[7]；常有，欲以观其徼[8]。此两者，同出而异名，同谓之玄[9]。玄之又玄，众妙之门[10]。

[注释] [1]道可道：第一个"道"，是老子哲学的专用名词和中心范畴，它在《老子》一书中频频出现，但在不同的地方有不同的含义，主要有三种意思：一是指形而上的实存者，即构成宇宙万物的最初本原；二是指宇宙万物发生、存在、发展、运动的规律；三是指人类社会的一种准则、标准。这里的"道"是第一种含义，即指宇宙万物的本始。它是一种形而上的永恒的存在，可感而不可见，无形无象却又实实在在地存在着。它产生了宇宙万物，决定了宇宙万物的运动、变化，但它本身却是永恒不变的。在这个意义上，"道"有点类似于西方文化中的"上帝"的概念。第二个"道"，作动词用，是描述、称说、表达之意。[2]非：不是。常：恒常、永远。[3]名可名：第一个"名"，也是老子哲学的专用名词，它指对"道"的具体称呼，含有概念的意思，但比概念更高，具有名称与内容相统一的意义。第二个"名"为动词，称呼、称谓的意思。[4]非常名：如果"名"可以根据实物的内容而加以命名，就不是永恒的"名"。由于"道"是一个无形无象的形而上实存体，因此是无法用一个固定的概念对它进行命名、称呼的，任何名称一旦确定，能指和所指的关系就确定了，也就是说，对象的物质体的特性也就确定了。"道"是一个永恒的、不可限定的存在，所以不能用一个具体概念去指称。[5]名：动词，命名、称呼。天地之始：天地形成的开端。[6]有名：可以叫作万物的根源。母：根本，根源。有：指天地形成以后，万物竞相生成的状况。古代中国人认为，先有天地的分化，然后才有万物的出现。"有"和"无"，是老子提出的两个重要概念，是对"道"的具体称呼，表明"道"生成宇宙万物的过程，即"道"由无形质向有形质转换的过程。名：可以叫作。[7]常无，欲以观其妙：所以经常在对"无"的体味中观照"道"的奥妙。[8]徼：边界。[9]玄：表示幽昧深远的意思。[10]众妙之门：一切变化的根本，也就是关于宇宙本原的门径。

[译文] 可以用语言说出来的"道"，它就不是永恒的"道"；可以用言词说出来的"名"，不是永恒的"名"。"无"是天地的本始，"有"是万物的根本。所以应该从"无"中去观察"道"的奥妙；从"有"中去认识"道"的端倪。"无"和"有"这两者，来源相同而具有不同的名称，它们都可以说是很幽深的。极远、极深，是一切变化的根本。

第十一章

三十辐,共一毂[1],当其无,有车之用[2]。埏埴以为器[3],当其无,有器之用[4]。凿户牖以为室[5],当其无,有室之用。故有之以为利,无之以为用[6]。

[注释] [1]辐,车轮上连接轴心和轮圈的木条。毂:车轮中心的圆孔,车轴从当中穿过。古代的车轮由三十根辐条所构成。[2]无:指车毂中虚空的部分。正因为有了车毂中虚空的部分,(车轴才能在里面转动,)才使车具有了运载作用。[3]埏:和,揉。埴:黏土。[4]无:指器皿中心空的地方。正因为有了器皿中空的地方,才使器皿具有了盛东西的用途。[5]户牖:门窗。[6]有:指事物的实体,如车、房屋、器皿等。无:中空的地方。"有"给人以便利,"无"便发挥出它的作用,这是老子辩证思想的具体阐述。道是"有"和"无"的辩证统一,现象界的一切也是"有"和"无"的对立统一。正是因为有了车毂中空的地方供轴转动,车才得以行驶;正因为器皿中间有很大一块虚空的地方,器皿才得以盛物;而如果房屋没有四壁门窗之间的空间,就无法供人居住。这就是"无之以为用"。车、器皿、房屋这些实体都给人带来便利,这就是"有之以为利"。老子将"无"放在第一位,把"有"作为第二位的存在,虽然有本末倒置之嫌,但却显示了老子辩证思维的特点。

[译文] 三十根辐条汇集到一个毂上,有了毂中间的虚空,才有了车的作用。揉捏黏土做成器皿,有了器皿中间的虚空,才有了器皿的作用。开凿门窗建造房屋,有了门窗四壁中间的空地方,才有了房屋的作用。所以"有"给人以便利,(全靠)"无"使它发挥作用。

第十二章

五色令人目盲[1],五音令人耳聋[2],五味令人口爽[3]。驰骋畋猎[4],令人心发狂[5];难得之货,令人行妨[6]。是以圣人为腹不为目[7],故去彼取此[8]。

[注释] [1]五色:青、赤、黄、白、黑叫五色,此指缤纷的色彩。目盲:比喻眼花缭乱。[2]五音:古代音乐的五个基本音阶,即宫、商、角、徵、羽。这里指纷繁的音乐。耳聋:比喻听觉不灵敏。[3]五味:酸、苦、甘、辛、咸。这里指丰美的食物。爽:伤。口爽:一种口病,这里比喻味觉差失。[4]驰骋:马奔跑。畋猎:围猎。意即纵情玩乐。[5]令人心发狂:使人内心放荡而不可抑止。[6]妨:害,伤。行妨:破坏人的操行。这里指物欲对人性的损害,提出正常的生活应当是为"腹不为目",但求安饱,不纵情于声色之娱。[7]为腹不为目:一说只为吃饱肚子,不求声色娱乐。一说腹指人的内在自我,目指外在的形象或感觉世界。皆通。为腹:即建立内在的宁静恬淡的生活。为目:即追逐外在的贪欲的生活。而外在的声色之娱愈过分,心灵就愈空虚。只有摆脱外界的物欲生活,而持守内心的安宁,才能保持心灵固有的纯真。[8]去彼取此:摈弃物欲的诱惑,吸取有利于身心自由的东西。

[译文] 缤纷的色彩,使人眼花缭乱;纷繁的音乐,使人听觉不灵敏;丰美的饮食,使人味觉迟钝。纵情围猎,使人内心疯狂;稀罕的器物,使人操行变坏。因此,有"道"的人只求安饱而不追逐声色之娱,所以摈弃物欲的诱惑而吸收有利于身心自由的东西。

第十三章

宠辱若惊[1],贵大患若身[2]。何谓宠辱若惊?宠为下[3],得之若惊,失之若惊,是谓宠辱若惊。何谓贵大患若身?吾所以有大患者,为吾有身[4],及吾无身,吾有何患?故贵以身为天下,若可寄天下[5];爱以身为天下,若可托天下[6]。

[注释] [1]宠辱若惊:受宠或受辱,就感到惊恐。[2]贵:重视。大患:大的祸患。贵大患若身:重视身体好像重视大患一样。老子认为,无论是得宠或者受辱,都是对自己人格的一种贬低。受辱损伤自尊,得宠则会使人感到这是意外的殊荣,因而战战兢兢、诚惶诚恐,独立的人格无形中便失去了。而一般人对于身外的宠辱毁誉,总是十分看重,有的甚至看得比生命还重,所以老子提倡"贵身",就是让人们看重自己的生命、自己的人格,而轻视荣辱之类身外之物。[3]宠为下:得宠并不光荣,而是卑下的。[4]吾所以有大患者,为吾有身:我之所以有大患,是因为我有身体存在。老子认为大患来自人的身体,所以防止大患,应该先重视身体(贵身)。老子一向强调贵身,并没有劝人弃身、轻身或忘身。[5]寄:寄托,交付。贵以身为天下,若可寄天下:以贵身的态度对待天下事,才可以把天下交托给他。老子认为,贵身的人即"为腹"而不"为目",只求生活的恬静,而不追求声色娱乐,这样的人才可能不因为荣辱毁誉而使自身受到损害,因而才可以担当天下的大任。[6]爱以身为天下,若可托天下:以爱身的态度对待天下事,才可以把天下托付给他。

[译文] 得宠和受辱都感到惊恐,重视身体就像重视大祸患一样。什么叫得宠和受辱都感到惊恐呢?得宠(本质上)是卑下的,得到宠爱感到惊恐不安,失去宠爱也感到惊恐不安,这就叫得宠和受辱都感到惊恐。什么叫重视身体像重视大祸患一样?我之所以有大祸患,是因为我有这个身体,如果没有这个身体,我还会有什么祸患呢?因此,能够看重自己的身体,并以这种态度去处理事情的人,才可以把天下交付给他;能够爱惜自己的身体,并以这种态度去处理事情的人,才可以把天下托付给他。

第十六章

致虚极,守静笃[1]。万物并作,吾以观复[2]。夫物芸芸,各复归其根[3]。归根曰静,是谓复命[4]。复命曰常[5],知常曰明[6]。不知常,妄作,凶[7]。

[注释] [1]致虚极,守静笃:尽量使心灵达到虚寂状态,牢牢地保持这种宁静。"虚"、"静"都是老子认为的心灵应该保持的状态,即一种没有心机、没有成见的状态,这种状态是消除了利欲的引诱和外界的纷扰而得到的空明宁静。[2]万物并作,吾以观复:万物都在蓬勃生长,我因此观察到了循环往复的规律。[3]芸芸:纷繁茂盛的样子,常形容草木繁茂。根:根本,指事物本来具有的性质。复归其根:回归本原,即返回自然的本性。[4]复命:复归本性,这里指回到虚静的本性。老子认为,"道"的本质是虚静的,天地万物(包括人类)是由"道"这个根本所产生的,因此,它们回归本原便是回到虚静的状态。老子的复归思想,一方面说明了人性本是虚静淡泊的,因后天的种种欲望,心灵被扰乱;另一方面又体现了老子对世界的认识,即事物是循环往复地运动变化的。[5]常:指事物运动变化中不变的规律,也就是永恒的法则。[6]明:事物的运动变化都依循着循环往复的规则,对这种规则的认识,就叫作"明"。[7]不知常,妄作,凶:对事物的运动变化规律不了解,轻

举妄动就会出乱子。

[译文] 尽量使心灵达到一种虚寂状态,牢牢地保持这种宁静。万物都在蓬勃生长,我由此观察到了循环往复的规律。万物纷繁茂盛,(最终)各自又会返回到它的出发点。归回本原叫"静",静叫作"复命",复命叫作"常",认识了常叫作"明"。不了解"常",轻举妄动就会出乱子。

第十九章

绝圣弃智,民利百倍。绝仁弃义,民复孝慈。绝巧弃利,盗贼无有。此三者以为文[1],不足。故令有所属[2],见素抱朴[3],少私寡欲,绝学无忧[4]。

[注释] [1]文:法则。[2]属:归属,适从。[3]见素抱朴:意思是保持原有的自然本色。"素"是没有染色的丝;"朴"是没有雕琢的木。素、朴是同义词。[4]绝学无忧:指弃绝仁义圣智之学。

[译文] 抛弃聪明智巧,人民可以得到百倍的好处;抛弃仁义,人民可以恢复孝慈的天性;抛弃巧诈和货利,盗贼也就没有了。圣智、仁义、巧利这三者全是巧饰,作为治理社会病态的法则是不够的。所以要使人们的思想认识有所归属,保持纯洁朴实的本性,减少私欲杂念,抛弃圣智礼法的浮文,才能免于忧患。

第二十五章

有物混成[1],先天地生。寂兮寥兮[2],独立而不改[3],周行而不殆[4],可以为天地母[5]。吾不知其名,强字之曰"道"[6],强为之名曰"大"[7]。大曰逝[8],逝曰远,远曰反[9]。故道大,天大,地大,人亦大[10]。域中有四大[11],而人居其一焉。人法地,地法天,天法道,道法自然[12]。

[注释] [1]物:指"道"。混成:混然而成,指浑朴的状态。[2]寂兮寥兮:没有声音,没有形体。[3]独立而不改:形容"道"的独立性和永恒性,它不靠任何外力而具有绝对性。[4]周行:循环运行。不殆:不息。[5]母:指"道",天地万物由"道"而产生,故称"母"。[6]强字之曰"道":勉强命名它叫"道"。[7]大:形容"道"是无边无际的、力量无穷的。[8]逝:指"道"的运行周流不息,永不停止的状态。[9]反:通"返"。意为返回到原点,返回到原状。[10]人亦大:意为人乃万物之灵,与天地并立而为三才,即天大、地大、人亦大。[11]域中:即空间之中,宇宙之间。[12]道法自然:"道"纯任自然,本来如此。

[译文] 有一个东西混然而成,在天地形成以前就已经存在。听不到它的声音也看不见它的形体,寂静而空虚,不依靠任何外力而独立长存永不停息,循环运行而永不衰竭,可以作为万物的根本。我不知道它的名字,所以勉强把它叫作"道",再勉强给它起个名字,叫作"大"。它广大无边而运行不息,运行不息而伸展遥远,伸展遥远而又返回本原。所以说道大、天大、地大、人也大。宇宙间有四大,而人居其中之一。人取法地,地取法天,天取法"道",而道纯任自然。

第四十一章

上士闻道,勤而行之;中士闻道,若存若亡;下士闻道,大笑之。不笑,不足以为道。故建言有之[1]:明道若昧,进道若退,夷道若类[2],上德若谷,广德若不足,建德若偷[3],质真若渝[4]。大白若辱[5],大方无隅[6],大器晚成,大音希声,大象无形。道隐无名。夫唯道,善贷且成[7]。

[注释] [1]建言:立言。[2]夷:平坦。类:崎岖不平,坎坷曲折。[3]建德若偷:刚健的德好像怠惰的样子。偷:惰。[4]渝:变污。质真若渝:质朴而纯真好像浑浊不开化。[5]辱:黑垢。[6]隅:角落,墙角。大方无隅:最方整的东西却没有角。[7]贷:施与,给予。引申为帮助、辅助之意。善贷且成:道使万物善始善终,而万物自始至终也离不开道。

[译文] 上士听了道的理论,努力去实行;中士听了道的理论,将信将疑;下士听了道的理论,哈哈大笑。如果不能让这般俗陋的人大笑的话,道就不是真道。所以古时立言的人说过这样的话:光明的道好似暗昧;前进的道好似后退;平坦的道好似崎岖;崇高的德好似峡谷;广大的德好像不足;刚健的德好似怠惰;质朴而纯真好像混浊不开化。最洁白的东西,反而含有污垢;最方正的东西,反而没有棱角;能担当大事的人物,反而成就比较晚;最大的声响,反而听来无声无息;最大的形象,反而没有形状。道幽隐而没有名称,无名无声。只有"道",才能使万物善始善终。

第四十二章

道生一[1],一生二[2],二生三[3],三生万物。万物负阴而抱阳[4],冲气以为和[5]。

[注释] [1]一:指"道"。由于"道"是独一无二的,又是混沌的宇宙原质,所以老子称它为"一"。道生一:指道是独一无二的统一体。[2]二:指阴、阳二气,也就是天、地。一生二:指"道"渐趋分化成阴阳二气。[3]三:有几种说法。一说指阴、阳、和气。一说指由阴、阳二气相合而形成的一种匀调和谐的状态。一说三不是实指,而是多数的意思。二生三:就是说有了阴阳,很多东西就产生出来了。[4]负:在背后。抱:在胸前。负阴抱阳:背阴而向阳。[5]冲:涌摇、激荡、交流的意思。阴阳二气相互激荡交流而成为一种匀调和谐的状态。和:指阴阳相合的和谐匀调状态。还有一种说法,和指阴阳相激荡而产生的另一种气。也有人认为,冲气、阴气、阳气是宇宙间的三种气,它们的关系是:阴气、阳气由一种混沌未分的气分化而成,当分化开始而还未完全分化成阴阳时,这种情况下的气就叫作冲气,"冲"在此是虚空的意思,它是"道"的一种性质。这种尚未完全分化的气与"道"差不多,故也叫"一"。

[译文] "道"是独一无二的统一体,这个统一体产生出阴阳二气,阴阳二气相交而成为一种调匀和谐的状态,这种适匀状态便产生出万物。万物背阴而向阳,阴阳二气互相激荡而成为新的和谐体。

第四十五章

大成若缺[1],其用不弊。大盈若冲[2],其用不穷。大直若屈[3],大巧若拙,大辩若讷[4]。静胜躁,寒胜热[5],清静为天下正[6]。

[注释] [1]大成:最为完满的东西。[2]冲:虚,空虚。[3]屈:曲。[4]讷:拙嘴笨舌。[5]静胜躁,寒胜热:清静克服扰动,寒冷克服暑热。[6]正:通"政"。

[译文] 最完满的东西,好似有残缺一样,但它的作用永远不会衰竭。最充盈的东西,好似是空虚一样,但是它的作用是不会穷尽的。最正直的东西,好似有弯曲一样;最灵巧的东西,好似最笨拙的;最卓越的辩才,好似不善言辞一样。清静克服扰动,寒冷克服暑热,清静无为才能统治天下。

第四十八章

为学日益[1],为道日损[2]。损之又损[3],以至于无为。无为而无不为[4]。取天下常以无事[5],及其有事[6],不足以取天下。

[注释] [1]为学:反映探求外物的知识。此处的"学",指政教礼乐。日益:指增加人的知见智巧。[2]为道:通过冥想或体验的途径,领悟事物未分化状态的"道"。此处的"道",指自然之道,无为之道。[3]损:指情欲文饰日渐减少。[4]无为而无不为:不妄为,就没有什么事情做不成。[5]取:治、摄化之意。无事:即无扰乱之事。[6]有事:繁苛政举在骚扰民生。

[译文] 求学的人,其情欲文饰一天比一天增加;求道的人,其情欲文饰则一天比一天减少。减少又减少,便能到达"无为"的境地。如果能够做到无为,即不妄为,任何事情都可以有所作为。治理国家的人,要经常以不骚扰人民为治国之本,如果经常以繁苛之政扰害民众,那就不配治理国家了。

第五十六章

知者不言,言者不知。

[译文] 智者不多说话,而到处说长论短的人就不是智者。

第八十章

小国寡民[1]。使有什伯人之器而不用[2],使民重死而不远徙[3]。虽有舟舆[4],无所乘之;虽有甲兵[5],无所陈之。使民复结绳而用之[6]。甘其食,美其服,安其居,乐其俗[7]。邻国相望,鸡犬之声相闻,民至老死不相往来。

[注释] [1]小:使……变小。寡:使……变少。小国寡民:使国家变小,使人民稀少。[2]使:即使。什伯之器:各种各样的器具。什伯:极多,多种多样。[3]重死:看重死亡,即不轻易冒着生命危险去做事。徙:迁移,远走。[4]舆:车子。[5]甲兵:武器装备。陈:陈列。[6]结绳:文字产生以前,人们以绳记事。[7]甘其食,美其服,安其居,乐其俗:使人民吃得香甜,穿得漂亮,住得安适,过得习惯。

[译文] 使国家变小,使人民稀少。即使有各种各样的器具,却并不使用;使人民重视死亡,而不向远方迁徙。虽然有船只车辆,却不必每次坐它;虽然有武器装备,却没有地

方去布阵打仗。使人民再回到远古结绳记事的自然状态之中。国家治理得好极了,使人民吃得香甜,穿得漂亮,住得安适,过得快乐。国与国之间互相望得见,鸡犬的叫声都可以听得见,但人民从生到死,也不会离开自己的国家与邻国的人互利往来。

第八十一章

信言不美[1],美言不信。善者不辩[2],辩者不善。知者不博[3],博者不知。圣人不积[4],既以为人己愈有[5],既以与人己愈多[6]。天之道,利而不害[7];圣人之道[8],为而不争。

[注释] [1]信言:真实可信的话。[2]善者:言语行为善良的人。辩:巧辩,能说会道。[3]博:广博,渊博。[4]圣人不积:有道的人不自私,没有占有的欲望。[5]既以为人己愈有:把自己的一切用来帮助别人,自己反而更充实。[6]多:丰富。[7]利而不害:使万物得到好处而不伤害万物。[8]圣人之道:圣人的行为准则。

[译文] 真实可信的话不漂亮,漂亮的话不真实。善良的人不巧说,巧说的人不善良。真正有知识的人不卖弄,卖弄自己懂得多的人不是真正有知识。圣人是不存占有之心的,而是尽力照顾别人,他自己也更为充足;他尽力给予别人,自己反而更丰富。自然的规律是让万事万物都得到好处,而不伤害它们;圣人的行为准则是做什么事都不跟别人争夺。

第二节 《庄子》

一、《庄子》简介

(一)庄子生平及思想

庄子是道家学派的集大成者。庄子(约前369—前286年),名周,战国中期宋国蒙人(今河南商丘)。据《史记·老庄申韩列传》记载,庄子曾为漆园吏。《庄子》又称"南华经",内篇7,外篇15,杂篇11,共33篇。一般认为,《内篇》为庄子所作,《外篇》《杂篇》为庄子后学所作。

庄子的哲学思想强调"天道自然而为",不是人为的力量可以改变的。"道"既是宇宙万物的本源,又是宇宙万物内在的自然规律。强调要尊重客观事物的内在规律,而不应当以人的主观意志去任意违背它。庄子强调尊重自然的客观规律,有其合理性的一面,但忽视人的主观能动性是他认识上的失误。

庄子的文艺美学思想强调"朴素为美"和"法天贵真"。庄子认为最高最美的艺术是完全不依赖于人力的天然的艺术,而人为的艺术对人们认识和体验天然的艺术、对人们自然的审美意识只能破坏作用。所以只有毁掉一切人为的艺术,人们才能懂得什么是真正的艺术,才能发现天然的至高的美。庄子对他所理想的天然艺术境界有过许多生动地描绘,这就是音乐上的"天籁""天乐",绘画上的"解衣般礴"式的画,文学上的出乎"言意之表"。

音乐上的"天籁""天乐"。庄子在《齐物论》中按"人为"因素的大小把声音之美分为三类:"人籁""地籁"和"天籁"。"人籁"指人们借助丝竹管弦等乐器而吹奏出来的声音,属于人为创作,是最底层次。"地籁"是自然界的各种不同孔窍,由于风的吹动而发出的声音,尽管没有人力的作用,但必须借助于"风"这一外力,所以还不是最自然的。"天籁"是众窍的自然之鸣,承受自然飘来之风而发出的种种自然声音,是最高层次的音乐美。

"解衣般礴"式的画。《田子方》中宋元君说:"裸,是真画者也。"这种对绘画的要求不是不要画,而是要求人在主体精神上与道合一,这时画出来的画就没有人工痕迹,而与自然一致了。

文学上的出乎"言意之表"。由于"道"是不能用语言表达的,所以用语言文字写作的文章,不要受语言的局限,而应求之于"言意之表",只有无言无意,任其自然,才能真正领会"道"的妙理。

(二)"言不尽意"、"得意忘言"的艺术创作理论

(1)"言意"关系的不同观点:文学是语言的艺术,语言能否尽意?先秦诸子的回答是有分歧的。儒家认为言能够尽意,固十分推崇圣人之书,奉为经典。道家认为言不能尽意,圣人之意是无法言传的,所以用语言文字所写的圣人之书不过是一堆糟粕而已。庄子认为"意之所随者,不可以言传也。"强调语言文字的局限性,指出它不可能把人复杂的思维内容充分表现出来。"言尽意"承认语言文字是表意的最好工具。"言不尽意"看到了语言在表意上的局限性。

(2)庄子对"言不尽意"的论述。《天道》:"世之所贵道者,书也。书不过语,语有贵也;语之所贵者,意也。意有所随,意之所随者,不可以言传也。"

《天道》:"臣不能以喻臣之子,臣之子亦不能受之于臣,是以行年七十而老斫轮。古之人与其不可传也死矣,然则君之所读者,古人之糟粕已夫。"

(3)"得意忘言"是庄子解决言不尽意但又要运用语言文字来达意的矛盾基本方法。语言文字是表达人们思维内容的象征性符号,是暗示意的一种工具。《外物》:"言者所以在意,得意而忘言。""言"可以帮助人们"得意",但"言"不是"意",拘泥于"言"不能得"意";但"言"能象征、暗示"意",所以,要"得意忘言"。庄子把语言作为"得意"的工具,利用语言可以表达的方面,借助于比喻、象征、暗示等方法,来启发人们的想象和联想,引起人们对生活中经验过的某种认识和印象的回忆,从有限的语言文字中,领会无限的"言外之意",这就是"得意忘言"论的真正意义所在。"得意忘言"指出了语言文字的局限性和突破局限性的途径。对意境论的形成和"意在言外"的诞生都有深刻的影响。

(三)庄子"虚静"、"物化"理论

(1)"虚静"说。《庄子·天道》篇说:"夫虚静恬淡,寂漠无为者,天地之平,而道德之至。"这里的"虚静""恬淡""寂漠""无为"四者异名而同实,都是指澄澈空明的心境状态。庄子认为,"道"是超现实的,不能通过描绘现实来实现。达到道的境界,必须进入空明澄

澈的心灵境界。在此境界中,使"道"以其本然状态呈现出来。可见,老庄的虚静有两层含义:一是指澄明洁净的心境状态,二是指对宇宙本源之"道"的直观体悟方式。从认识论的角度上讲,它要求人们必须"无知无欲"、"绝圣弃智"。比如他提出的"心斋"和"坐忘"就是导致"虚静"的方法。"心斋"就是要废弃人的感觉、知觉器官的作用,使人无知无欲,进入空明寂静的心理状态。"坐忘"就是要使人忘掉一切存在,也忘掉自己的存在,抛弃一切知识,达到与道合一。可见,"虚静"是排斥人的一切具体认识与实践活动,进入与道合一的精神境界,从内心深处把握天下万物的根本规律。"虚静"论的不足:庄子把"大明"境界的获得与人的具体认识与实践活动对立起来。他不把认识最高阶段的获得看作是人的无数具体认识与实践活动的结果,相反把人的具体认识与实践活动看作是获得这种最高认识的障碍,这就把人的认识过程颠倒了,事实上,排斥了具体的认识和实践,是不可能获得"大明"境界的。"虚静"论的优点:对于文学创作和欣赏而言,必须排除主观和客观杂念对自己的干扰,才能集中精力进行创作和欣赏;虚静的认识论体现了中国古代思维方式上的重要特点,重在内心的体察领悟,不重思辨的理论探索。

(2)"物化"说。在文学创作前,庄子提出创作主体必须具有"虚静"的精神状态,才能进入"大明"的境界,才能在内心深处把握艺术创作的规律;在创作过程中,他认为创作主体和客体只有进入"物化"的状态,才能创作出天工造物般的艺术珍品。所谓"物化"就是创作主体与创作客体的合二为一。"梓庆削木为鐻"、"吕梁丈夫蹈水"、"庄周梦蝶"、"佝偻者承蜩"等故事说明:"物化"是艺术创作的关键所在。但是这些技艺故事又说明:要获得"大明"的境界,必须通过大量具体的认识与实践的经验积累才有可能。如:"庖丁解牛"中庖丁之所以具有这种高超的本领,恰恰是经过长期反复的"解牛"实践获得的。

(四)庄子形神论:重神轻形

庄子认为:人形体的生死、存灭、美丑,都是无关紧要的,关键在于他的精神能否与道合一,成为"真人"或"畸人"。成为"真人"或"畸人"就是最高尚的、最美的。例如:右师虽然只有一只脚,形体不美,但因为天生如此,而精神则是自然合道的,故仍是美的。叔山无趾虽然是个断了脚趾的人,还努力求学来补救以前做的错事。袁骀它相貌奇丑,但男人愿意与他相处,女人原作他的妾而不愿意做别人的妻,国王愿意托以国事。这些都体现了"形残而神全"思想。

(五)庄子追求真淳人格,反对虚伪矫饰的文艺美学思想

庄子对虚伪的东西深恶痛绝,对真诚的情感给予很高的评价。《庄子·渔夫》:"真者,精诚之至也。不精不诚,不能动人。故强哭者虽悲不哀,强怒者虽严不威,强亲者虽笑不和。真悲无声而哀,真怒未发而威,真亲未笑而和。真在内者,神动于外,是所以贵真也。"可见,庄子崇尚与自然浑然一体的艺术,反对虚假矫情的艺术。

二、《庄子》(节选)

(一)《逍遥游》(节选)

至人无己,神人无功[1],圣人无名。

[注释] [1]无功:不求有功。

[译文] 至人能顺其自然摒弃自我,神人能不求有功,圣人能不求有名。

庖人虽不治庖[1],尸祝不越樽俎而代之矣[2]。

[注释] [1]庖:庖人,厨师。[2]尸祝:主持祭祀的人。越:跨过。樽:古代酒器。俎:古代祭祀时摆牛羊等祭品的器皿。

[译文] 即使厨师不烹煮食物,主持祭祀的人也不能超越自己的职责而去代替厨师。

宋人有善为不龟手之药者[1],世世以洴澼絖为事[2]。客闻之,请买其方百金[3]。聚族而谋曰:"我世世为洴澼絖,不过数金。今一朝而鬻技百金,请与之。"客得之,以说吴王[4]。越有难[5],吴王使之将[6],冬,与越人水战,大败越人,裂地而封之[7]。能不龟手一也[8],或以封[9],或不免于洴澼絖,则所用之异也。

[注释] [1]龟:通"皲",皮肤受冻开裂。[2]洴澼:漂洗。絖:丝絮。[3]方:药方。[4]说:劝说,游说。[5]难:发难,这里指越国对吴国有军事行动。[6]将:统帅部队。[7]裂:划分出。[8]一:同一,一样的。[9]以:凭借。

[译文] 宋国有一户善于制造预防龟裂冻疮的人家,世世代代以漂洗棉絮为职业。有个游客听说了这件事,愿意用百金的高价收买他的药方。全家人聚集在一起商量:"我们世世代代在河水里漂洗丝絮,所得不过数金。如今一下子就可卖得百金。还是把药方卖给他吧。"游客得到药方,来游说吴王。正巧越国发难,入侵吴国,吴王派他统率部队,冬天跟越军在水上交战,大败越军,吴王划割土地封赏他。能使手不皲裂,药方是同样的,有的人用它来获得封赏,有的人却只能靠它在水中漂洗丝絮,这是使用的方法不同。

(二)《齐物论》(节选)

子游曰:"地籁则众窍是已[1],人籁则比竹是已[2],敢问天籁。"子綦曰:"夫吹万不同,而使其自己也[3],咸其自取,怒者其谁邪[4]?"

[注释] [1]是:这样。已:矣。[2]比竹:多支竹管并列而成的乐器。[3]使其自己:使它们自身发出各种各样的声音。[4]咸:全。怒:发动。

[译文] 子游说:"地籁是从各种窍穴里发出的声音,人籁是从并列的各种不同的竹管里发出的声音。我想请问您什么是天籁。"子綦说:"天籁虽然有万般不同,但使它们发生和停息的都是出于自身,发动者还有谁呢?"

何谓朝三?狙公赋芧,曰[1]:"朝三而暮四。"众狙皆怒。曰:"然则朝四而暮三。"众狙皆悦。名实未亏而喜怒为用[2],亦因是也。

[注释] [1]狙:猴子。狙公:养猴子的人。赋:给予。芧:橡子。[2]亏:亏损。为用:为之所用,意思是喜怒因此而有所变化。

[译文] 什么叫作"朝三"呢?养猴人给猴子分橡子,说"早上分给你们三个,晚上分给你们四个。"猴子们听了非常愤怒。养猴人便改口说:"那么就早上四个晚上三个吧。"猴子们听了都高兴起来。名义和实际都没有亏损,喜与怒却因各为所用而有了变化,也是因

为这样的道理。

六合之外[1]，圣人存而不论；六合之内，圣人论而不议。
[注释] [1]六合之外：天地之外的事情。
[译文] 天地之外的事情，圣人总是存而不论；天地之内的事情，圣人虽然分析说明事理却不随意评议。

昔者庄周梦为胡蝶，栩栩然胡蝶也[1]，自喻适志与！不知周也。俄然觉，则蘧蘧然周也[2]。不知周之梦为胡蝶与？胡蝶之梦为周与？周与胡蝶，则必有分矣。此之谓物化。
[注释] [1]栩栩然：生动活泼的样子。[2]蘧蘧然：惊惶的样子。
[译文] 过去庄周梦见自己变为蝴蝶，一只悠然自得地飞舞着的蝴蝶，遨游各处悠然自得！根本不知道自己是庄周。突然醒过来，惊惶地发现自己就是庄周。不知道是庄周做梦变为蝴蝶呢，还是蝴蝶做梦变为庄周呢？庄周与蝴蝶，必定是有所区别的。这种转变就叫作物化。

（三）《养生主》（节选）

吾生也有涯，而知也无涯。以有涯随无涯，殆已[1]！
[注释] [1]殆：危险。
[译文] 我们的生命是有极限的，而知识却没有边际，用有限的生命追求无限的知识，是很危险的。

公文轩见右师而惊曰："是何人也？恶乎介也[1]？天与？其人与？"曰："天也，非人也。天之生是使独也，人之貌有与也，以是知其天也，非人也。"
[注释] [1]恶乎介也：怎么只有一只脚呢？
[译文] 公文轩见到右师大吃一惊，说："这是什么人？怎么只有一只脚呢？是天生就是这样？还是人为造成的呢？"右师说："天生就是这样，不是人为造成的。天生就只有一只脚，人的形貌是天赋予的，所以知道是天生的，而不是人为的。"

（四）《人间世》（节选）

若一志，无听之以耳，而听之以心；无听之以心，而听之以气。听止于耳[1]，心止于符[2]。气也者，虚而待物者也。唯道集虚。虚者，心斋也。
[注释] [1]止：仅仅。[2]符：符合。
[译文] 你必须摒除杂念，专一心思，不用耳去听，而用心去体会；不用心去体会，而用气去感应。耳的功能仅在于聆听，心的功能仅在于跟外界事物交合。气是空明的，能容纳万物，只要你达到空明的心境，道理才会与空明的心境相合。空明的心境（虚），就是"心斋"。

(五)《德充符》(节选)

鲁有兀者叔山无趾[1]，踵见仲尼。仲尼曰："子不谨，前既犯患若是矣。虽今来，何及矣！"无趾曰："吾唯不知务而轻用吾身，吾是以亡足。今吾来也，犹有尊足者存[2]，吾是以务全之也。夫天无不覆，地无不载，吾以夫子为天地，安知夫子之犹若是也！"孔子曰："丘则陋矣。夫子胡不入乎？请讲以所闻。"无趾出。孔子曰："弟子勉之！夫无趾，兀者也，犹务学以复补前行之恶，而况全德之人乎？"

[注释] [1]兀者：被砍去脚趾的人。[2]尊足者：比足更宝贵的东西。

[译文] 鲁国有一个被砍去脚趾的人，名字叫叔山无趾，用脚后跟走路去见孔子。仲尼曰："你很不谨慎，早先犯了过错才像这样断足。现在虽然来请教，可是怎么能够追回以往呢！"无趾说："我只因不识时务而轻率地用坏了自己的身子，所以才断了两只脚。如今我来你这里，因为还有比足更宝贵的东西存在，我想竭力保全它。天是没有什么不覆盖的，地是没有什么不托载的，我把先生当天地，哪里知道先生是这样的人！"孔子说："我实在浅陋。先生怎么不进来？说说你知晓的道理！"无趾走了。孔子说："弟子们要努力呀！无趾是个断了脚趾的人，他还努力求学来补救以前做的错事，何况道德品行乃至身形体态都没有缺陷的人呢！"

鲁哀公问于仲尼曰："卫有恶人焉[1]，曰哀骀它。丈夫与之处者[2]，思而不能去也[3]。妇人见之，请于父母曰'与为人妻，宁为夫子妾'者，十数而未止也[4]。未尝有闻其唱者也[5]，常和人而已矣[6]。无君人之位以济乎人之死[7]，无聚禄以望人之腹[8]。又以恶骇天下，和而不唱，知不出乎四域[9]，且而雌雄合乎前[10]，是必有异乎人者也。寡人召而观之，果以恶骇天下。与寡人处，不至以月数，而寡人有意乎其为人也[11]；不至乎期年，而寡人信之。国无宰，寡人传国焉[12]。闷然而后应，泛然而若辞[13]。寡人丑乎[14]，卒授之国。无几何也，去寡人而行[15]，寡人恤焉若有亡也[16]，若无与乐是国也。是何人者也？"仲尼曰："……今哀骀它未言而信，无功而亲[17]，使人授己国，唯恐其不受也，是必才全而德不形者也[18]。"

[注释] [1]恶人：面貌丑陋的人。[2]丈夫：男人，古代男子的通称。[3]思：思念。去：离开。[4]未止：没有停止。[5]唱：倡导。[6]和人：附和别人。[7]济：救助。[8]聚禄：钱财。望人之腹：喂饱别人的肚子。[9]知：知识。四域：生活的四境。[10]且而：然而。[11]有意乎其为人也：意识到他有超人之处。[12]国：国事。[13]闷然而后应，泛然而若辞：淡淡然无意回答，漫漫然无心推辞。[14]丑：惭愧。[15]去：离开。[16]寡人恤焉若有亡也：我内心忧郁，好像失去了什么。[17]亲：亲近。[18]才全而德不形者也：这肯定是一个才全而德行不外露的人。

[译文] 鲁哀公向孔子问道："卫国有一个面貌十分丑陋的人，名叫哀骀它。男人跟他相处，常常想念他而舍不得离去。女人见到他便向父母提出请求，说：'与其做别人的妻子，不如做哀骀它先生的妾。'这样的女人已经十多个了而且还在增加。从未听说哀骀它倡导什么，只是常常附和别人罢了。他没有居于统治者的地位而拯救他人于临近败亡的境地，他没有聚敛大量的财物而使他人填饱肚子。他面貌丑陋使天下人吃惊，又总是附和他人而从未首倡什么，他的才智也超不出他所生活的四境，不过接触过他的人，无论是男

是女,都乐于亲近他。这样的人一定有什么不同于常人的地方。我把他召来看了看,果真相貌丑陋足以惊骇天下人。跟他相处不到一个月,我便对他的为人有所了解;不到一年时间,我就十分信任他。国家没有主持政务的官员,我便把国事委托给他。他神情淡漠地回答,漫不经心又好像在加以推辞。我深感羞愧,终于把国事交给了他。没过多久,他就离开我走了,我内心忧虑像丢失了什么,好像整个国家没有谁可以跟我一道共欢乐似的。这究竟是什么样的人呢?"孔子说:"……如今哀骀它他不说话也能取信于人,没有功绩也能赢得亲近,让人乐意授给他国事,还唯恐他不接受,这一定是才智完备而德不外露的人。"

(六)《大宗师》(节选)

泉涸,鱼相与处于陆,相呴以湿[1],相濡以沫,不如相忘于江湖。

[注释] [1]呴:呼吸。

[译文] 水源干枯了,鱼儿们困在陆地上,用湿气互相呼吸,用口沫互相沾湿,但与其在死亡边缘才这样相互扶持,还不如大家安安定定地回到大海,互不相识来得好。

堕肢体,黜聪明[1],离形去知,同于大通,此谓坐忘。

[注释] [1]聪明:灵敏的听觉和清晰的视力。

[译文] 废弃了健壮的肢体,除掉了灵敏的听觉和清晰的视力,分离了身躯并放弃了智慧,和大道融合为一,这就是坐忘。

(七)《骈拇》(节选)

是故凫胫虽短[1],续之则忧;鹤胫虽长,断之则悲。故性长非所断,性短非所续,无所去忧也。

[注释] [1]凫:野鸭。胫:腿。

[译文] 因此,野鸭的腿虽然短,接长就不能行走;仙鹤的腿虽然长,截短也会痛苦。本性长的不能截短,本性短的也不能续长,不截短也不续长,任其自然,这样就无忧了。

(八)《天道》(节选)

圣人之静也,非曰静也善,故静也。万物无足以铙心者[1],故静也。水静则明烛须眉,平中准,大匠取法焉。水静犹明,而况精神!圣人之心静乎!天地之鉴也,万物之镜也。夫虚静恬淡寂漠无为者,天地之平而道德之至。故帝王圣人休焉[2]。休则虚,虚则实,实者伦矣。虚则静,静则动,动则得矣。"

[注释] [1]铙:扰乱。[2]休:停留。

[译文] 圣人内心宁静,不是说宁静好,所以才去追求宁静。各种事物都不能扰乱圣人的心,因而心神才静。水在静止时便能清晰地照见人的须眉,水的平面合乎水平测定的标准,高明的工匠也会取之作为水准。水平静下来尚且清澄明澈,又何况是人的精神!圣人的心境是多么宁静啊!它可以作为天地的明镜,可以作为万物的明镜。虚静、恬淡、寂

窦、无为是天地的基准,是道德修养的最高境界。因此,古代帝王和圣人都停留在这一境界上。停留在这一境界上,心境就空灵虚淡,空灵虚淡就显得充实,心境充实就能合于自然之理了。心境虚空才会平静,平静才能自我运动,自我运动就能够有所得。

世之所贵道者[1],书也。书不过语,语有贵也。语之所贵者,意也。意有所随[2],意之所随者,不可以言传也,而世因贵言传书。世虽贵之,我犹不足贵也,为其贵非其贵也。故视而可见者,形与色也;听而可闻者,名与声也。悲夫!世人以形色名声为足以得彼之情。夫形色名声,果不足以得彼之情,则知者不言,言者不知,而世岂识之哉?

[注释] [1]道:称道。[2]随:指向。

[译文] 世上的人所看重和称道的就是书。书本上写的只不过是语言文字而已,语言确实有它的可贵之处。语言的可贵之处在于它的意义。意义又有所指向,意义所指向的,却又不可以用语言表达出来,然而世人因为珍贵语言才传之于书。世人虽然看重书,我却以为不足以看重,因为它所看重的并不是真正可以看重的。所以用眼睛可以看得见的,是形与色;用耳朵可以听到的,是名与声。可悲啊!世上的人以为从形、色、名、声中就可足够获得事物的实情。如果形、色、名、声果真不足以获得事物的实情,那么知道的不说,说的不知道,世上的人又怎么知道呢?

桓公读书于堂上。轮扁斲轮于堂下[1],释椎凿而上[2],问桓公曰:"敢问,公之所读者,何言邪?"公曰:"圣人之言也。"曰:"圣人在乎?"公曰:"已死矣。"曰:"然则君之所读者,古人之糟粕已夫!"桓公曰:"寡人读书,轮人安得议乎?有说则可,无说则死。"轮扁曰:"臣也以臣之事观之。斲轮,徐则甘而不固,疾则苦而不入[3]。不徐不疾,得之于手而应于心,口不能言,有数存焉于其间。臣不能以喻臣之子,臣之子亦不能受之于臣,是以行年七十而老斲轮。古之人与其不可传也死矣,然则君之所读者,古人之糟粕已夫!"

[注释] [1]斲:砍伐。[2]释:放下。[3]徐:动作慢。疾:动作快。

[译文] 桓公在堂上读书。轮扁在堂下砍削车轮,他放下锥子和凿子走上朝堂,问桓公:"请问,您所读的是什么书?"桓公说:"是圣人的话语。"轮扁说:"圣人还在世吗?"桓公说:"已经死了。"轮扁说:"如此,那么国君所读的书,便是古人的糟粕了!"桓公说:"寡人读书,制作车轮的人怎么敢妄加议论呢!如果说得出来道理,那么还可以原谅,如果说不出来道理,那么就得处死。"轮扁说:"我通过我所从事的工作观察到这个道理。砍削车轮,动作慢了就松滑不坚固,动作快了就凝滞而难以入木。不慢不快,得心应手,口里虽然不能说出,但有技巧存在其间。我不能使我的儿子通晓其中的奥妙,我的儿子也不能从我这里继承这一奥妙的技巧,所以我七十岁了还在砍削车轮。古时候的人和他们不可言传的道理都已经死去了,那么国君所读的书,就是古人的糟粕了。"

(九)《秋水》(节选)

曰:"何谓天?何谓人[1]?"北海若曰:"牛马四足,是谓天;落马首,穿牛鼻,是谓人。故曰:无以人灭天,无以故灭命,无以得殉名。谨守而勿失,是谓反其真。"

[注释] [1]天:天然。人:人为。

[译文] 河神问："什么是天然？什么又是人为？"海神回答："牛马生有四只脚，这就叫天然；用马络套住马头，用牛鼻绾穿过牛鼻，这就叫人为。所以说，不要用人为去毁灭天然，不要用有意的作为去毁灭自然的禀性，不要为获取虚名而牺牲天德。谨慎地持守自然的禀性而不丧失自然的禀性，这就叫返归本真。"

惠子相梁[1]，庄子往见之。或谓惠子曰："庄子来，欲代子相。"于是惠子恐，搜于国中三日三夜。庄子往见之，曰："南方有鸟，其名为鹓鶵，子知之乎？夫鹓鶵发于南海而飞于北海，非梧桐不止，非练实不食[2]，非醴泉不饮。于是鸱得腐鼠，鹓鶵过之，仰而视之曰：'吓！'今子欲以子之梁国而吓我邪？"

[注释] [1]相梁：在梁国做宰相。[2]练实：楝树的果实，凤鸟喜欢吃。练：通"楝"。

[译文] 惠子在梁国做宰相，庄子前往看望他。有人对惠子说："庄子来梁国，是想取代你做宰相。"于是惠子恐慌起来，在都城内搜寻庄子，整整三天三夜。庄子前往看望惠子，说："南方有一种鸟，它的名字叫鹓鶵，你知道吗？鹓鶵从南海出发飞到北海，不是梧桐树它不会停息，不是楝树的果实它不会进食，不是甘美的泉水它不会饮用。正在这时一只猫头鹰寻觅到一只腐烂了的老鼠，鹓鶵刚巧从空中飞过，猫头鹰抬头看着鹓鶵，发出一声怒气：'吓！'如今你也想用你的梁国来怒叱'吓'我吗？"

庄子与惠子游于濠梁之上[1]。庄子曰："鲦鱼出游从容，是鱼之乐也。"惠子曰："子非鱼，安知鱼之乐？"庄子曰："子非我，安知我不知鱼之乐？"惠子曰："我非子，固不知子矣；子固非鱼也，子之不知鱼之乐，全矣！"庄子曰："请循其本。子曰'汝安知鱼乐'云者，既已知吾知之而问我。我知之濠上也。"

[注释] [1]梁：拦水堰。

[译文] 庄子和惠子一道在濠水的拦水堰上游玩。庄子说："白鲦鱼游得多么悠闲自在，这就是鱼儿的快乐。"惠子说："你不是鱼，怎么知道鱼的快乐？"庄子说："你不是我，怎么知道我不知道鱼儿的快乐？"惠子说："我不是你，固然不知道你；你也不是鱼，你不知道鱼的快乐，也是完全可以肯定的。"庄子说："还是让我们顺着先前的话来说。你刚才所说的'你怎么知道鱼的快乐'的话，就是已经知道了我知道鱼儿的快乐而问我。而我则是在濠水的拦水堰上知道鱼儿快乐的。"

（十）《至乐》（节选）

庄子妻死，惠子吊之，庄子则方箕踞鼓盆而歌。惠子曰："与人居，长子、老、身死，不哭亦足矣，又鼓盆而歌，不亦甚乎！"庄子曰："不然。是其始死也，我独何能无概然[1]？察其始而本无生；非徒无生也，而本无形；非徒无形也，而本无气。杂乎芒芴之间[2]，变而有气，气变而有形，形变而有生。今又变而之死，是相与为春秋冬夏四时行也。人且偃然寝于巨室，而我噭噭然随而哭之，自以为不通乎命，故止也。"

[注释] [1]概然：感慨伤心。[2]芒芴之间：恍恍惚惚的境域之中。

[译文] 庄子的妻子死了，惠子前往表示吊唁，庄子却分开双腿像簸箕一样坐着，一边敲打着瓦缶一边唱歌。惠子说："你跟死去的妻子生活了一辈子，生儿育女直至衰老而

死,人死了不伤心哭泣也就算了,还敲着瓦缶唱起歌来,也太过分了吧!"庄子说:"不对。她初死之时,我怎么能不感慨伤心呢?然而仔细考察她的开始,原本就不曾出生;不只是不曾出生,而且本来就不曾具有形体;不只是不曾具有形体,而且原本就不曾形成元气。夹杂在恍恍惚惚的境域之中,变化而有了元气,元气变化而有了形体,形体变化而有了生命。如今变化又回到死亡,这就跟春夏秋冬四季运行一样。死去的人将安安稳稳地寝卧在天地之间,而我却呜呜地围着她啼哭,自认为这不能通晓于天命,所以我就停止了哭泣。"

(十一)《达生》(节选)

仲尼适楚,出于林中,见痀偻者承蜩[1],犹掇之也[2]。仲尼曰:"子巧乎!有道邪?"曰:"我有道也。五六月累丸二而不坠,则失者锱铢;累三而不坠,则失者十一;累五而不坠,犹掇之也。吾处身也,若橛株拘;吾执臂也,若槁木之枝。虽天地之大,万物之多,而唯蜩翼之知。吾不反不侧,不以万物易蜩之翼,何为而不得?"孔子顾谓弟子曰:"用志不分,乃凝于神,其痀偻丈人之谓乎!"

[注释] [1]痀偻者:驼背的人。[2]掇:拾取。

[译文] 孔子往楚国去,从林中走出来,看见一位驼背老人在捕蝉,就像拾取一般熟练。孔子说:"老先生真是灵巧啊!有什么妙法吗?"驼背老人回答说:"我是有妙法的。经过五六个月的练习,在竿头上累两个小丸,可以持竿而不使坠地,这时去捕蝉,失手的情况已经很少了;在竿头累三个小丸而能使它们不坠落,则失手的情况只有十分之一;在竿头累五个小丸而能使它们不坠落,再去捕蝉就如同拾取一样容易了。我立定身体,就像一根立着的断树桩;我控制手臂,就像枯树枝。虽然天地广大,万物众多,我只知蝉的翅膀。我内心凝注平静,不因纷繁的万物而改变对蝉翼的注意,为什么不能成功呢!"孔子回过头对弟子们说:"用志不分散,就是高度凝聚精神,说的就是驼背老人吧!"

孔子观于吕梁,县水三十仞[1],流沫四十里,鼋鼍鱼鳖之所不能游也[2]。见一丈夫游之,以为有苦而欲死也。使弟子并流而拯之。数百步而出。被发行歌而游于塘下[3]。孔子从而问焉,曰:"吾以子为鬼,察子则人也。请问蹈水有道乎?"曰:"亡,吾无道,吾始乎故,长乎性,成乎命。与齐俱入,与汩偕出,从水之道而不为私焉。此吾所以蹈水也。"孔子曰:"何谓始乎故,长乎性,成乎命?"曰:"吾生于陵而安于陵,故也;长于水而安于水,性也;不知吾所以然而然,命也。"

[注释] [1]县:同"悬"。[2]鼋鼍:水中爬行动物。[3]被:同"披"。

[译文] 孔子在吕梁观光,见到瀑布从二十多丈高处泻下,冲刷而起的激流和水花远达四十里,鱼鳖鼋鼍也无法游过。孔子看见一个男人游在水中,以为是有困苦而想投水寻死的人。令弟子们顺着水流而下去援救他。那个人游出数百步以外,从水中浮出上岸,披散着头发,边走路边哼着歌在岸边闲游。孔子跟过去问道:"我以为你是鬼,仔细观察你才知道是人。请问,游水有什么门道吗?"那个人回答说:"没有,我没有什么门道。我开始于习惯,长大了变成习性,成年后就顺其自然。我与旋涡中心一同入水,又随涌出的旋涡浮出,顺从水势而不作任何违拗。这就是我游水的方法。"孔子说:"什么叫作开始于习惯,长

大了成为习性,成年后顺其自然?"那个人回答说:"我生在高地而安于高地生活,这就叫开始于习惯;在水边长大,安于水上生活而久习成性,这就叫长大了成为习性。自然而然就那样做了,而不知为什么要那样做,这就是成年后顺其自然。"

梓庆削木为鐻[1],鐻成,见者惊犹鬼神。鲁侯见而问焉,曰:"子何术以为焉?"对曰:"臣工人,何术之有!虽然,有一焉。臣将为鐻,未尝敢以耗气也[2],必齐以静心。齐三日,而不敢怀庆赏爵禄;齐五日,不敢怀非誉巧拙;齐七日,辄然忘吾有四肢形体也。当是时也,无公朝,其巧专而外骨消。然后入山林,观天性形躯,至矣,然后成见鐻,然后加手焉,不然则已。则以天合天,器之所以疑神者,其是与!"

[注释] [1]鐻:一种乐器。[2]耗气:分散精神。

[译文] 梓庆砍削木料做成鐻,鐻做成后,见到的人都惊叹为鬼斧神工。鲁侯见了之后问梓庆:"你用什么技艺方法做出来的呀?"梓庆回答说:"臣是一名工匠,哪有什么技艺!虽然如此,有一点可以讲一讲。臣将要做鐻时,不敢分散一点精神,一定要斋戒使心志安静专一。斋戒三日,不敢有得奖赏官爵俸禄的念头;斋戒五日,不再心存非议、夸誉、技巧或笨拙的杂念;斋戒七日,则不为外物所动,仿佛忘记我有四肢和形体的存在。在这个时候,心中不存在朝见君主的想法,专心致志于制作技巧而外界的扰乱全部排除。然后进入山林中,观察木料的自然性能,选取那些自然形态完全合乎标准的,然后一个现成的鐻如同就在眼前了,然后动手加工制作,没有这些条件我就停止不做。这是以己之天性与木之天性相合,器物之所以如同鬼神所造,大概就是这个原因吧!"

(十二)《田子方》(节选)

宋元君将画图[1],众史皆至[2],受揖而立[3],舐笔和墨,在外者半。有一史后至者,儃儃然不趋[4],受揖不立,因之舍。公使人视之,则解衣槃礴[5]裸。君曰:"可矣,是真画者也。"

[注释] [1]宋元君:宋国国君宋元公。图:画画。[2]史:画师。[3]揖:拱手行礼。立:动词,就位。[4]儃儃然:自由自在、旁若无人的样子。趋:向前行礼。[5]槃礴:盘腿而坐。

[译文] 宋元君要画画,众位画师都来了,受君命拜揖而立,润笔调墨准备着,站在门外的还有一大半。有一位后到的画师,不慌不忙地走着,受命拜揖后也不在那站着,而往馆舍走去。元君派人去看,见他脱掉上衣赤着上身盘腿而坐。元君说:"可以了,这位就是真正的画师。"

(十三)《外物》(节选)

荃者所以在鱼[1],得鱼而忘荃;蹄者所以在兔[2],得兔而忘蹄;言者所以在意,得意而忘言。吾安得夫忘言之人而与之言哉!

[注释] [1]荃者:捕鱼的器具。[2]蹄者:捕兔的工具。

[译文] 鱼钩是用来捕鱼的,捕到鱼后就忘掉了鱼钩;兔网是用来捕捉兔子的,捕到

兔子后就忘掉了兔网；言语是用来传达思想的，领会了意思就忘掉了语言。我怎么能寻找到忘掉言语的人而跟他谈一谈呢！

（十四）《渔父》（节选）

真者，精诚之至也。不精不诚，不能动人。故强哭者，虽悲不哀[1]；强怒者，虽严不威；强亲者，虽笑不和。真悲无声而哀，真怒未发而威，真亲未笑而和。真在内者，神动于外，是所以贵真也。其用于人理也，事亲则慈孝，事君则忠贞，饮酒则欢乐，处丧则悲哀。忠贞以功为主，饮酒以乐为主，处丧以哀为主，事亲以适为主。功成之美，无一其迹矣；事亲以适，不论所以矣；饮酒以乐，不选其具矣；处丧以哀，无问其礼矣。礼者，世俗之所为也；真者，所以受于天也，自然不可易也。故圣人法天贵真，不拘于俗。愚者反此。不能法天而恤于人，不知贵真，禄禄而受变于俗，故不足。惜哉，子之蚤湛于人伪而晚闻大道也[2]！

[注释]　[1]强：勉强。[2]蚤：早。湛：沉溺。

[译文]　所谓真，就是精诚的极点。不精不诚，不能感动人。因此，勉强啼哭的人，虽然外表悲痛，但其实并不哀伤；勉强发怒的人，虽然外表严厉，但其实并不威严；勉强亲热的人，虽然笑容满面，但其实并不和善。真正的悲痛没有哭声而哀伤，真正的怒气未曾发作而威严，真正的亲热未曾含笑而和善。自然的真性存在于内心，神情的表露流于外在，这就是看重真情本性的原因。将上述道理用于人伦关系，侍奉双亲就会慈善孝顺，辅助国君就会忠贞不渝，饮酒就会舒心乐意，居丧就会悲痛哀伤。忠贞以建功为主旨，饮酒以欢乐为主旨，居丧以致哀为主旨，侍奉双亲以适意为主旨。功业与成就的目的在于达到圆满美好，因而不必拘于一个轨迹；侍奉双亲的目的在于达到适意，因而不必考虑使用什么方法；饮酒的目的在于达到欢乐，没有必要选用就餐的器具；居丧的目的在于致以哀伤，不必过问规范礼仪。礼仪，是世俗人的行为；纯真，却是禀受于自然，出自自然因而也就不可改变。所以圣哲的人总是效法自然看重本真，不受世俗的拘束。愚昧的人则刚好与此相反。不能效法自然而忧虑世人，不知道珍惜真情本性，庸庸碌碌地在流俗中承受着变化，因此总是不知满足。可惜啊，你过早地沉溺于世俗的伪诈而很晚才听闻大道。"

附录一 《弟子规》[1]

"总叙"

《弟子规》,圣人训[2],首孝悌,次谨信,泛爱众,而亲仁,有余力,则学文。

[注释] [1]《弟子规》:原名《训蒙文》,为清朝康熙年间秀才李毓秀根据朱熹《童蒙须知》改编。后经清朝贾存仁修订,改名为《弟子规》,是启蒙养正、教育子弟的最佳读物。[2]圣人训:《弟子规》的内容采用《论语·学而篇》"弟子:入则孝,出则悌,谨而信,泛爱众,而亲仁,行有余力,则以学文"的文义,以三字为一句,两句为一韵编纂而成,分为"孝""悌""谨""信""爱众""亲仁""学文"七个部分进行论述。

[译文] 《弟子规》是依据孔子的教诲编成的生活规范。首先,在日常生活中要做到孝敬父母,友爱兄弟姐妹;其次,在日常一切言行中,要谨慎,要讲信用;和大众交往时,要平等仁和,要时常亲近有仁德的人。做好了这些,如果还有余暇,更应努力地学习各种经典以及其他有益的知识。

"入则孝"

父母呼,应勿缓;父母命,行勿懒;父母教,须敬听;父母责,须顺承[1]。

[注释] [1]顺承:顺从并且承认错误。

[译文] 在家中,父母呼唤我们时,应该一听到就立刻回答,不要迟缓;父母有事要我们去做,要赶快行动,不要借故拖延、偷懒。父母要教导我们时,必须恭敬,虚心接受;我们犯错了,父母责备我们,应当顺从并且承认错误。

冬则温,夏则清。晨则省,昏则定。出必告,反必面。居有常,业无变[1]。

[注释] [1]业无变:对于所从事的事情,不随便改变。

[译文] 侍奉父母要用心体贴。冬天,要留意父母穿的是否温暖,居处是否暖和;夏天,要考虑父母是否感到凉爽。每天早上起床,一定要看望父母亲,向他们请安问好;傍晚

回来了,也一定要向父母亲问安。外出时,先告诉父母要到哪里去;回家以后,一定面见父母亲,让他们心安。住所要安在固定的地方,职业要稳定不能轻易变化。

事虽小,勿擅为。苟擅为,子道亏。物虽小,勿私藏,苟私藏,亲心伤。
[译文] 事情即使很小,也不要擅自做主而不禀告父母。假如任意而为,就有损于为人子女的本分。东西即使很小,也不要背着父母,偷偷地藏起来。假如私藏起来,被父母知道了,父母心里一定十分难过。

亲所好,力为具[1];亲所恶,谨为去。身有伤,贻亲忧[2];德有伤,贻亲羞。
[注释] [1]具:准备齐全。[2]贻:遗留,留给。
[译文] 父母亲所喜爱的东西,当子女的都应尽力准备齐全;父母所厌恶的,都应该谨慎处理。我们的身体受到伤害,就会给父母亲带来忧愁;我们的品格有了缺失,会让父母亲蒙羞。

亲爱我,孝何难?亲憎我[1],孝方贤。
[注释] [1]憎:讨厌,憎恨。
[译文] 父母亲爱护子女,子女能孝顺父母亲,这样的孝顺又有什么困难呢?如果父母亲讨厌我们,我们却还能够用心尽孝,这种孝顺的行为才算得是难能可贵。

亲有过,谏使更,怡吾色[1],柔吾声。谏不入,悦复谏,号泣随,挞无怨。
[注释] [1]怡:愉悦。
[译文] 父母亲有了过失,当子女的一定要小心劝谏他们改正,劝谏的时候,脸色要温和愉悦,话语要柔顺平和。假如父母亲不接受我们的劝谏,那就等到父母高兴的时候再劝谏,若父母亲仍固执不听,我们虽然难过得痛哭流涕,也要恳求父母改过,即使招父母亲责打也毫无怨言。

亲有疾,药先尝。昼夜侍,不离床。丧三年,常悲咽,居处变,酒肉绝。丧尽礼,祭尽诚。事死者[1],如事生。
[注释] [1]事:侍奉。
[译文] 当父母亲生病时,熬好的汤药,做子女的一定要先尝尝,以免汤药太凉或太热。子女应昼夜侍奉在父母身边,不可随意离开父母。当父母不幸去世,必定要守丧三年,守丧期间,因为思念父母就常常悲伤哭泣起来,自己住的地方也改得简朴,并戒除喝酒、吃肉的生活享受。办理父母的丧事要依照礼仪,不可草率马虎,祭祀时要尽到诚意。对待已经去世的父母亲,要像对待父母生前一样的恭敬。

"出则悌"

兄道友,弟道恭,兄弟睦,孝在中。财物轻,怨何生;言语忍,忿自泯[1]。
[注释] [1]忿:怨恨。

[译文]　当哥哥姐姐的要能友爱弟妹,做弟妹的应做到恭敬兄姐,这样兄弟姐妹就能和睦相处,在这和睦当中就存在孝道。不计较身外钱财物品,兄弟之间就不会产生怨恨;讲话时不要太冲动,伤感情的话要能忍住不说,那么不必要的冲突和怨恨就会消失无踪。

或饮食,或坐走,长者先,幼者后。长呼人,即代叫,人不在,己即到。

[译文]　不管是用餐、就座还是行走,都要长幼有序,年长者优先,年幼者在后。长辈有事呼叫人时,应主动替长辈去传唤,如果所叫的人不在时,自己应当回来报告长辈,并进一步请问长辈,有没有需要帮忙的事情。

称尊长,勿呼名;对尊长,勿见能[1]。路遇长,疾趋揖[2],长无言,退恭立。

[注释]　[1]见:表现。[2]疾:迅速。

[译文]　称呼长辈时,不可以直呼长辈的名字,那是不礼貌的行为;在长辈面前,不要表现自己很有才能,藐视长辈。走路时遇见长辈,要赶紧走上前去行礼问候,如果长辈没有和我们说话,我们就先退在一旁恭恭敬敬地站着,让长辈先走过去。

骑下马,乘下车,过犹待,百步余。

[译文]　如果我们是骑着马,遇到长辈我们就应该下马;如果我们乘坐车辆,我们就应该下车,让长辈先过去。等到长辈大约离我们百步的距离以后,自己才上马或上车。

长者立,幼勿坐;长者坐,命乃坐。尊长前,声要低,低不闻,却非宜。

[译文]　如果长辈还站着,晚辈不应先坐下来;如果长辈坐着,允许晚辈坐下时晚辈才可以坐下。在长辈面前讲话,音量要低,但是回答的声音,低到听不清楚,那也不适当。

进必趋,退必迟。问起对,视勿移。

[注释]　[1]趋:快走。

[译文]　进见长辈时,走路要快点;等到告退时,要慢慢退出。长辈问话时,要站起回答,眼神注视长辈,不要东张西望。

事诸父[1],如事父;事诸兄[2],如事兄。

[注释]　[1]诸父:叔叔伯伯。[2]诸兄:同族兄长。

[译文]　对待叔叔伯伯,要像对待自己的父亲一样恭敬;对待同族兄长,要像对待自己的胞兄一样友爱。

"谨"

朝起早,夜眠迟。老易至,惜此时。晨必盥,兼漱口,便溺回,辄净手。

[译文]　为人子,早上要尽量早起,晚上要晚点睡觉。因为光阴容易消逝,少年人一转眼就是老年人了,所以我们要珍惜现在宝贵的时光。每天早上起床必须先洗脸,然后刷牙漱口,上完厕所后,要把手洗干净,养成良好的卫生习惯。

冠必正,纽必结,袜与履,俱紧切。置冠服,有定位,勿乱顿[1],致污秽。

[注释] [1]顿:放置。

[译文] 出门帽子要戴端正,穿衣服要把纽扣扣好,袜子和鞋子都要穿得贴切。脱下来的帽子和衣服应当放置在固定的位置,不要随手乱丢乱放,以免弄脏弄皱衣服。

衣贵洁,不贵华,上循分,下称家。对饮食,勿拣择,食适可,勿过则。

[译文] 穿衣服注重的是整齐清洁,不在于衣服的昂贵华丽,要依照自己的身份穿着,也要配合家庭的经济状况。对于日常饮食,不要挑别偏食,而且要吃适当的分量,避免过量。

年方少,勿饮酒,饮酒醉,最为丑。

[译文] 我们年纪还小,不应该尝试喝酒,因为喝醉了丑态百出,最容易表现出不当的言行。

步从容,立端正,揖深圆,拜恭敬。勿践阈[1],勿跛倚[2],勿箕踞,勿摇髀。

[注释] [1]阈:门槛儿。[2]跛:身子歪曲。

[译文] 走路时脚步要从容不迫,站立时姿势要端正,行礼时要把身子深深地躬下,跪拜时要恭敬尊重。进门时不要踩到门槛儿,站立时要避免身子歪曲斜倚,坐着时不要双脚展开得像簸箕,也不要抖脚或摇臀,这样才能表现优雅怡人的姿态。

缓揭帘,勿有声;宽转弯,勿触棱。执虚器,如执盈;入虚室,如有人。

[译文] 进门的时候慢慢地揭开帘子,尽量不发出声响;走路转弯时与棱角要远一点,以免碰到棱角伤了身体。拿空的器具,要像拿盛满的器具一样小心;进到没人的屋子里,要像进到有人的屋子里一样。

事勿忙,忙多错;勿畏难,勿轻略。斗闹场,绝勿近;邪僻事,绝勿问。

[译文] 做事不要匆匆忙忙,匆忙就容易出错;遇到该办的事情,不要怕困难而犹豫退缩,也不要轻率而敷衍了事。容易发生打斗的场所,我们坚决不要靠近逗留;对于邪恶怪僻的事情,一定不要好奇地去追问。

将入门,问孰存;将上堂,声必扬。人问谁,对以名,吾与我,不分明。

[译文] 将要入门之前先问"有人在吗?";将要走进厅堂时,先放大音量让厅堂里的人知道。假使有人请问"你是谁?",回答时要说出自己的名字,如果只说"吾"或者"我",对方就无法分辨。

用人物,须明求,倘不问,即为偷。借人物,及时还,后有急,借不难。

[译文] 借用别人的物品,必须事前对人讲清楚,如果没有得到允许就拿来用,那就相当于偷窃的行为。借用他人的物品用完了,要立刻归还,以后遇到急用再向人借时,就

不会有太多的困难。

"信"

凡出言,信为先,诈与妄,奚可焉?话说多,不如少,惟其是,勿佞巧[1]。

[注释] [1]佞巧:花言巧语。

[译文] 凡是开口说话,首先要讲究信用,欺诈不实的言语,在社会上能够永远行得通吗?话说得多不如说得少,凡事实实在在,不要花言巧语。

奸巧语,秽污词,市井气,切戒之。

[译文] 奸邪巧辩的言语,脏而不雅的词句,以及无赖之徒的口气,都要切实戒除。

见未真,勿轻言;知未的[1],勿轻传。事非宜,勿轻诺;苟轻诺,进退错。

[注释] [1]的:清楚明白。

[译文] 还未看到事情的真相,不要轻易发表意见;对于事情了解得不够清楚,不要轻易传播出去。觉得事情不恰当,不要轻易答应,如果轻易答应就会使自己进退两难。

凡道字,重且舒,勿急疾,勿模糊。彼说长,此说短,不关己,莫闲管。

[译文] 谈吐说话要稳重而且舒畅,不要说得太快太急,或者说得字句模糊不清。遇到别人谈论他人的是非好坏时,如果事不关己,就不要多管闲事。

见人善,即思齐,纵去远,以渐跻[1]。见人恶,即内省,有则改,无加警。

[注释] [1]跻:跻身。

[译文] 看见他人的优点行为,就立刻想向他学习看齐,虽然目前还差得很远,只要肯努力就能渐渐赶上。看见他人犯了错误,心里先反省自己,有则改之,无则加勉。

唯德学,唯才艺,不如人,当自砺。若衣服,若饮食,不如人,勿生戚。

[译文] 当道德学问和才艺不如他人时,应该自我督促,努力赶上。至于穿的衣服和吃的饮食不如他人,则可以不用担心郁闷。

闻过怒,闻誉乐,损友来,益友却。闻誉恐,闻过欣,直谅士,渐相亲[1]。

[注释] [1]直:正直。谅:诚实。

[译文] 如果一个人听见别人说自己的过错就生气,听见别人称赞自己就高兴,这样不好的朋友就会越来越多,真诚有益的朋友反而疏远退却。当听到别人称赞时就先自我反省,生怕自己没有这些优点;当听到别人批评我的过错时,心里却欢喜接受,那么正直诚实的人就越喜欢和我们亲近。

无心非,名为错;有心非,名为恶。过能改,归于无,倘掩饰,增一辜。[1]

[注释] [1]辜:罪过。

[译文]　不是有心故意做错的，称为过错；若是明知故犯的，便是罪过。不小心犯了过错，能勇于改正就会越改越少，渐归于无过，如果故意掩盖过错，那就是错上加错了。

"泛爱众"

凡是人，皆须爱，天同覆，地同载。

[译文]　所有的人都应当相亲相爱，如同苍天与大地，都给予覆盖和承载。

行高者，名自高，人所重，非貌高。才大者，望自大，人所服，非言大。

[译文]　品行高尚的人，名声自然高，人们所敬重的是德行，并不是外表容貌。有才能的人，声望自然大，人们所信服的是真才，并不是因为他说大话。

己有能，勿自私；人所能，勿轻訾[1]。勿谄富，勿骄贫；勿厌故，勿喜新。

[注释]　[1]訾：嫉妒、贬低。

[译文]　自己有能力做的事情，不要自私自利；看到别人有才华，不要因为嫉妒而贬低别人。不讨好巴结富有的人，也不要对贫穷的人表现出骄傲自大的样子；不厌恶不嫌弃亲戚老友，也不一味喜爱新人新朋友。

人不闲，勿事搅；人不安，勿话扰。

[译文]　他人有事，忙得没有空暇，我们就不要找事打扰他；对方身心很不安定，我们就不再用闲言碎语干扰他。

人有短，切莫揭；人有私，切莫说。道人善，即是善，人知之，愈思勉。

[译文]　别人的短处，我们绝对不要揭露出来；别人有秘密不想让人知道，我们就不要说出来。赞美别人的善行，就等于是自己行善，因为对方知道了，就会更加勉励行善。

扬人恶，既是恶，疾之甚，祸且作。善相劝，德皆建，过不规，道两亏。

[译文]　宣扬别人的过恶，就等于自己作恶，如果过分地憎恶，就会招来灾祸。行善能相互劝勉，彼此都能建立良好的德行，有了过错而不相互规劝，双方都会在品行上留下缺陷。

凡取与，贵分晓，与宜多，取宜少。将加人，先问己，己不欲，即速已。

[译文]　和人有财物上的往来，应当分辨清楚不可含糊，宁愿多给别人，自己少拿一点。有事要托人做或者有话要和人说，先问一问自己是不是喜欢，如果连自己都不喜欢，就应立刻停止。

恩欲报，怨欲忘。报怨短，报恩长。

[译文]　他人对我有恩惠，应时时想回报他；不小心和人结了怨仇，应求他人谅解，及早忘掉仇恨。报怨之心停留的时间越短越好，但是报答恩情的心意却要长存不忘。

待婢仆,身贵端,虽贵端,慈而宽。势服人,心不然;理服人,方无言。

[译文] 对待家中的侍婢和仆人,本身行为要注重品行端庄,虽然要品行端庄,但也要仁慈、宽厚。权势可以获使人服从,心中却不以为然;唯有以道理感化对方,才能让人心悦诚服而没有怨言。

"亲仁"

同是人,类不齐,流俗众,仁者希。果仁者,人多畏,言不讳,色不媚。

[译文] 同样都是人,类别却良莠不齐,一般来说,跟着潮流走的俗人占了大部分,而有仁德的人却显得稀少。对于一位真正的仁者,大家自然敬畏他,因为仁者说话不会故意隐讳、扭曲事实,也不会故意向人谄媚求好。

能亲仁,无限好,德日进,过日少。不亲仁,无限害,小人进,百事坏。

[译文] 能够亲近仁者,向他学习就会得到无限的好处,自己的品德自然进步,过错也跟着减少。如果不肯亲近仁者,无形中就会产生许多害处,小人会乘虚而入,事情就会弄得一败涂地。

"余力学文"

不力行,但学文,长浮华,成何人?但力行,不学文,任己见,昧理真。

[译文] 对于孝、悌、谨、信、泛爱众、亲仁这些应该努力实行的本分,却不肯力行,只在学问上研究探索,这样最容易养成虚幻浮华的习性,怎能成为一个真正有用的人呢?如果只重力行,对于学问却不肯研究,就容易固执己见,而无法契合真理。

读书法,有三到,心眼口,信皆要。方读此,勿慕彼,此未终,彼勿起。

[译文] 读书的方法要注重"三到",就是心到、眼到、口到,这"三到"都要实实在在地做到。读书时正在读这一段,就不要想到别段,这段还未读完读通,不要跳到另一段,应按步就班地读完本段。

宽为限,紧用功,工夫到,滞塞通。心有疑,随札记,就人问,求确义。

[译文] 制定读书计划时,可以宽松一点,实际执行时,要严格执行,只要功夫到了,困惑的地方自然就能通达了解。有疑问的地方,就用笔把问题记下来,向有关的师长请教,一定要得到正确的答案。

房室清,墙壁净,几案洁,笔砚正。墨磨偏,心不端;字不敬,心先病。

[译文] 书房要整理得简单清洁,四周墙壁保持干净,书桌清洁干净,所用的笔和砚台要摆放端正。在砚台上磨墨,如果墨条磨偏了,就是存心不端正;写字若随便不工整,就是心浮气躁。

列典籍，有定处，读看毕，还原处。虽有急，卷束齐，有缺坏，就补之。

[译文] 排列经典图书，要安放在固定的地方，读完以后立刻归还原处。即使发生紧急情况，也要先收拾整齐才能离开。遇到书本有残缺损坏时，应立刻补好保持完整。

非圣书，屏勿视，蔽聪明，坏心志。勿自暴，勿自弃，圣与贤，可驯致。

[译文] 如果不是传输圣贤道理的书籍，一概摒除不要看，因为书里面不正当的事理会蒙蔽我们的聪明智慧，会败坏我们纯正的志向。不要自以为是而狂妄自大，也不要自甘堕落而放弃自己，圣贤的境界的虽高，但只要按部就班，循序渐进，人人都可到达。

附录二 《朱子家训》

一、《朱子家训》简介

《朱子家训》亦称《朱柏庐治家格言》,简称《治家格言》。作者朱用纯,字致一,自号柏庐(昆山现有柏庐小学),江苏省昆山市人,生于明万历四十五年(1617)。其父朱集璜是明末的学者。朱用纯始终未入仕,康熙年间有人要推荐他参加朝廷博学鸿词科的考试,固辞乃免。其一生研究程朱理学,主张知行并进。《朱子家训》脍炙人口,广为传诵,几乎家喻户晓,是清代及近代家庭教育的好教材。由于《朱子家训》产生于封建时代,难免夹杂着宣扬封建道德观念的内容,阅读时应加以鉴别。但许多具有生活哲理的内容,仍能发人深省,仍具有教育意义。

二、《朱子家训》

黎明即起,洒扫庭除[1],要内外整洁;既昏便息,关锁门户,必亲自检点。一粥一饭,当思来处不易;半丝半缕,恒念物力维艰[2]。宜未雨而绸缪[3],毋临渴而掘井。自奉必须俭约[4],宴客切勿流连。器具质而洁,瓦缶胜金玉;饮食约而精,园蔬愈珍馐[5]。

[注释] [1]庭除:庭院和台阶。[2]维艰:艰难。维:发语词,无意义。[3]宜未雨而绸缪:指事先做好准备工作。[4]自奉:自己的日常性消费。[5]珍馐:珍奇贵重的食物。

[译文] 黎明的时候就要起床,要清扫院落,务必内外整洁;到了太阳落山的时候就休息,把门窗都关好,一定要亲自检查。一碗粥一碗饭,应当考虑它们是来之不易的;半根丝半条线,一定要想它们的产生是很艰难的。最好未雨绸缪,不要到了口渴的时候才想起来掘井。自己的日常消费一定要勤俭节约,请朋友喝酒吃饭千万不要流连忘返。如果用的器具干净整洁,虽然是用泥土做的瓦器,也比金玉制的要好;如果吃的东西少而精,即使是普通的蔬菜,也胜过珍馐美味。

勿营华屋,勿谋良田。三姑六婆[1],实淫盗之媒;婢美妾娇,非闺房之福。童仆勿用俊美,妻妾切忌艳妆。祖宗虽远,祭祀不可不诚;子孙虽愚,经书不可不读[2]。居身务期质朴,教子要有义方[3]。勿贪意外之财,勿饮过量之酒。与肩挑贸易,毋占便宜;见穷苦亲邻,须加温恤[4]。刻薄成家,理无久享;伦常乖舛[5],立见消亡[6]。兄弟叔侄,须分多润寡;长幼内外,宜法肃辞严。

[注释] [1]三姑六婆:这里指爱搬弄是非的女人,不正派的女人。三姑:尼姑、道姑、卦姑。六婆:牙婆、媒婆、师婆、虔婆、药婆、稳婆。[2]经书:四书五经。[3]义方:做人的正道。[4]温恤:温存体恤。[5]伦常:伦理纲常。乖舛:违背。[6]消亡:败亡。

[译文] 不要盖奢华的房屋,不要谋取肥沃的田地。社会上那些不正派的女人,她们实在是荒淫和盗贼的媒介;美丽的婢女和漂亮的妾,这并不是房内的福气。家僮和仆人不要选面貌俊美的,妻妾一定不要浓妆艳抹。祖宗虽然逝世很久,但是祭祀的时候仍要虔诚;子孙即使愚钝,经书也不可不读。平常做人修身一定要品质淳朴、勤俭节约,一定要以做人的正道教育子孙。不要贪图意外的财富,不要喝过量的酒。与那些挑着扁担做小生意的人交易,不要占人家的便宜;见到贫苦的亲戚或者邻里,要多加体恤安抚。如果为人刻薄而致富,天理是不会让你久享其福的;如果违背伦常,乖戾叛逆的话,马上就会消亡。对于兄弟叔侄,要多多安抚贫寡;长幼内外,应当家法严明,言辞严肃庄重。

听妇言,乖骨肉[1],岂是丈夫?重资财,薄父母,不成人子。嫁女择佳婿,毋索重聘;娶媳求淑女,勿计厚奁[2]。见富贵而生谄容者,最可耻;遇贫穷而作骄态者,贱莫甚。居家戒争讼[3],讼则终凶;处世戒多言,言多必失。勿恃势力而凌逼孤寡;毋贪口腹而恣杀生禽。乖僻自是[4],悔误必多[5];颓惰自甘[6],家道难成。

[注释] [1]乖骨肉:伤害骨肉感情。[2]厚奁:丰厚的嫁妆。[3]争讼:争斗和打官司。[4]乖僻自是:性情古怪、孤僻,自以为是。[5]悔误:懊悔和失误。[6]颓惰:颓废。

[译文] 听从妇人的言论,伤害骨肉感情,这哪是大丈夫的作为?看重钱财,不孝父母,不是为人子女的行为。嫁女儿要选择品质好的女婿,不要索取贵重的聘礼;娶儿媳要求贤淑的女子,不要计较丰厚的嫁妆。看见富贵的人就露出巴结奉承的面孔,是最可耻的;遇到贫穷的人就摆出骄傲轻视的架势,是最卑贱的。在家里要防止争吵或打官司,打官司最终会导致凶险的祸患;为人处世要戒除多说话,言多必失。不要依仗着势力就去凌辱、威逼孤儿寡母;不要贪图嘴上的享受就恣意屠杀牲畜。性格乖僻、自以为是,后悔的事情和失误的地方肯定会多;颓废懒惰、意志消沉、萎靡不振,成家立业很难成功。

狎昵恶少[1],久必受其累;屈志老成[2],急则可相依。轻听发言,安知非人之谮诉[3]?当忍耐三思;因事相争,焉知非我之不是?须平心暗想。施惠无念,受恩莫忘。凡事当留余地,得意不宜再往。人有喜庆,不可生妒忌心;人有祸患,不可生喜幸心。善欲人见,不是真善,恶恐人知,便是大恶。见色而起淫心,报在妻女;匿怨而用暗箭,祸延子孙。家门和顺,虽饔飧不继[4],亦有余欢;国课早完[5],即囊橐无余[6],自得至乐。读书志在圣贤,非徒科第;为官心存君国,岂计身家。守分安命,顺时听天。为人若此,庶乎近焉。

[注释] [1]狎昵:亲近。恶少:流氓少年。[2]屈志:委屈心志。老成:老成持重的人。[3]谮诉:说坏话诬陷。[4]饔飧:早晚饭。[5]国课:税粮。[6]囊橐:用来盛东西的

口袋。

[译文] 亲近那些流氓恶少，久而久之一定会被他们拖累；虚心与那些位低才高、老成持重的人交往，遇急事可为依靠。轻易听信别人的话，怎么知道他不是在诬陷？应该耐心再三思考；因某事而争辩，怎么知道不是自己不对？需心平气和地思考清楚。帮助别人的事情不要记在心上，受到别人恩惠一定不要忘记。做什么事都要留出余地，取得成功了就要知足，适可而止。别人有喜庆的事情，不可生出妒忌的心理；别人遇到祸患的时候，不要有幸灾乐祸的情绪。做善事一定要让别人知道，不是真正的善心；做恶事害怕别人知道，这就是大恶。见到美色而起淫欲之心，报应就会落在妻子女儿身上；藏匿怨恨之心而暗箭伤人，祸患就会延及子孙。家里和顺，即使吃了上顿没有下顿，也还是欢乐不尽；尽早交完官税，即使口袋没有余粮，也可以得到无限的欢乐。读书是以学习圣贤为志向的，不是仅仅为了科举考试；做官的时候心里要有国君和国家，哪能仅仅计较自己的家庭？守住做人的本分安于命运，顺从时令听从天意。如果能够这样做人，那差不多接近（圣贤）了。

附录三　诸葛亮《诫子书》

一、诸葛亮《诫子书》简介

诸葛亮(181—234),字孔明、号卧龙,汉族,徐州琅琊阳都(今山东临沂市沂南县)人,三国时期蜀汉丞相、杰出的政治家、军事家、散文家、书法家。在世时被封为武乡侯,死后追谥忠武侯,东晋政权特追封他为武兴王。诸葛亮为匡扶蜀汉政权,呕心沥血,鞠躬尽瘁,死而后已。其散文代表作有《出师表》、《诫子书》等。曾发明木牛流马、孔明灯等,并改造连弩,叫作诸葛连弩,可一弩十矢俱发。于234年在五丈原(今宝鸡岐山境内)逝世。诸葛亮在后世受到极大尊崇,成为后世忠臣楷模,智慧化身。成都、宝鸡、汉中、南阳等地有武侯祠,杜甫作《蜀相》赞诸葛亮。

古代家训,大都浓缩了作者毕生的生活经历和人生体验,不仅他的子孙从中获益颇多,就是今人读来也大有可借鉴之处。诸葛亮被后人誉为"智慧之化身",他的《诫子书》是一篇充满智慧之语的家训,是古代家训中的名作。文章阐述修身养性、治学做人的深刻道理,读来发人深省。它也可以看作是诸葛亮对其一生的总结,后来更成为修身立志的名篇。文章短小精悍,言简意赅,文字清新雅致,不事雕琢,说理平易近人,这些都是这篇文章的特出之处。

二、《诫子书》[1]

夫君子之行,静以修身,俭以养德。非淡泊无以明志[2],非宁静无以致远[3]。夫学须静也,才须学也,非学无以广才[4],非志无以成学。慆慢则不能励精[5],险躁则不能冶性。年与时驰,意与日去,遂成枯落,多不接世[6],悲守穷庐,将复何及!

[注释]　[1]诫:警告,劝诫。[2]淡泊:又作"澹泊"。明志:表明自己崇高的志向。[3]致远:实现远大目标。[4]广才:增长才干。[5]慆慢:漫不经心。慢:懈怠,懒惰。[6]多不接世:意思是对社会没有任何贡献。接世:接触社会,承担事务,对社会有益。

[译文] 君子的行为操守,从宁静来提高自身的修养,以节俭来培养自己的品德。不恬静寡欲无法明确志向,不排除外来干扰无法达到远大目标。学习必须静心专一,而才干来自学习,所以不学习就无法增长才干,没有志向就无法使学习有所成就。放纵懒散就无法振奋精神,急躁冒险就不能陶冶性情。年华随时光而飞逝,意志随岁月而流逝,最终枯败零落,大多不接触世事、不为社会所用,只能悲哀地坐守着那穷困的居舍,其时悔恨又怎么来得及?

参考文献

[1] 黄寿祺、张善文撰:《周易译注》(十三经译注),上海:上海古籍出版社 2004 年版。
[2] 李民、王健撰:《尚书译注》(十三经译注),上海:上海古籍出版社 2004 年版。
[3] 程俊英撰:《诗经译注》(十三经译注),上海:上海古籍出版社 2004 年版。
[4] 杨天宇撰:《周礼译注》(十三经译注),上海:上海古籍出版社 2004 年版。
[5] 杨天宇撰:《仪礼译注》(十三经译注),上海:上海古籍出版社 2004 年版。
[6] 杨天宇撰:《礼记译注》(十三经译注),上海:上海古籍出版社 2004 年版。
[7] 李梦生撰:《左传译注》(十三经译注),上海:上海古籍出版社 2004 年版。
[8] 王维堤、唐书文著:《春秋公羊传译注》(十三经译注),上海:上海古籍出版社 2004 年版。
[9] 承载撰:《春秋穀梁传译注》(十三经译注),上海:上海古籍出版社 2004 年版。
[10] 金良年撰:《论语译注》(十三经译注),上海:上海古籍出版社 2004 年版。
[11] 金良年撰:《孟子译注》(十三经译注),上海:上海古籍出版社 2004 年版。
[12] 汪受宽著:《孝经译注》(十三经译注),上海:上海古籍出版社 2004 年版。
[13] 胡奇光、方环海撰:《尔雅译注》(十三经译注),上海:上海古籍出版社 2004 年版。
[14] 阮元:《十三经注疏》(全二册),上海:上海古籍出版社 1997 年版。

后记

党的十八大以来,以习近平同志为核心的党中央高度重视中华优秀传统文化的传承与发展,始终从中华民族精神追求的深度看待优秀传统文化,从国家战略资源的高度继承优秀传统文化,从推动中华民族现代化进程的角度创新发展优秀传统文化,使之成为实现"两个一百年"奋斗目标和中华民族伟大复兴中国梦的根本性力量。习近平总书记《在北京大学师生座谈会上的讲话》中指出:"中华文明绵延数千年,有其独特的价值体系。中华优秀传统文化已经成为中华民族的基因,植根在中国人内心,潜移默化影响着中国人的思想方式和行为方式。今天,我们提倡和弘扬社会主义核心价值观,必须从中汲取丰富营养,否则就不会有生命力和影响力。"习近平总书记《在哲学社会科学工作座谈会上的讲话》中又指出:"文化自信是更基本、更深沉、更持久的力量。历史和现实都表明,一个抛弃了或者背叛了自己历史文化的民族,不仅不可能发展起来,而且很可能上演一场历史悲剧。"习近平总书记在中国共产党第十九次僵代表大会上的报告《决胜全面建成小康社会 夺取新时代中国特色社会主义伟大胜利》中再次指出:"文化是一个国家、一个民族的灵魂。文化兴国运兴,文化强民族强。没有高度的文化自信,没有文化的繁荣兴盛,就没有中华民族伟大复光。要坚持中国特色社会主义文化发展道路,激发全民族文化创新创造活力,建设社会主义文化强国。"高等教育要承担起"文化传承创新"的历史重任,就必须掌握前人积累的文化成果,扬弃旧义,创立新知。但是,20世纪以来,功利主义的教育思想使大学教育偏离了人文主义的教育传统,教育的目的、职能、功用、方法日趋单面化。我们并不否认大学教育"工具理性"的必要性,但是,如果大学教育只服从或服务于某种浅近直接的目的,没有"价值理性"的支撑,那么,我们培养的"人才"就只能是没有文化内涵的"空壳人"和"匠人",高等教育就没有完成培养学生全面发展的人格、重建理想和崇高精神的历史使命。

基于上述认识,2008年以来,我们先后完成了南阳师范学院教学研究项目"文化元典阅读与新闻传播人才培养模式探讨"和河南省教育厅高等教育教学改革研究项目"基于文化经典阅读的大学生人文素质培养模式研究与实践"。在大学人才培养模式上,我们倡导阅读文化经典。让学生通过阅读文化经典,深入到古代圣贤的心灵世界,寻回中华民族的深层智慧。我们认为,阅读文化经典既是对民族优秀文化传统的继承,又是不断推进创新教育的源头活水。

    本教材就是我们教学研究成果的集中体现。在文化经典的选择上,以儒家传统文化经典"十三经"为重点,意在让学生明白:中国传统文化的核心是儒家文化;同时又兼顾道家传统文化经典《老子》和《庄子》,意在让学生理解:中国传统文化并不仅限于儒家文化一家。在经典文章的选择上,注重文化价值、传统影响、人文素质培养和现实教育意义四个方面,精心选择篇目。在教材体例上,我们按照先儒家后道家,儒家文化经典大体按照"十三经"的顺序排列。在教材内容上,每部文化经典都包含两个部分:文化经典基本知识介绍和经典名篇的原文、注释和翻译。

    这里,我想特别说明的是关于文化经典篇目的翻译问题。我们深知应该让学生阅读"原汁原味"的文化经典,但在教学实践中,我们发现:如果只有原文和注释而没有翻译,学生很难读懂经典原文,甚至出现对经典原文曲解的现象。大学本科学生解析古文能力的低下,从一个侧面说明中小学教育对传统文化的忽视,经典教育首先要提升学生阅读古典文献的能力。其次,经典教育不能局限于对古文献字、词、句的解释,而在于对经典精神的认知、理解和践行。通过注释和翻译,学生能够读懂文化经典篇目,在此基础上,教师才能充分发挥自己的聪明才智,把课堂教学的重点放在对文化经典精神和现实意义的阐释上,才能让学生理解经典的实质内涵和现实价值,而不是把有限的课堂教学时间浪费在对古文献字、词、句的解释上。

    本教材是编写组成员长期共同努力的结果,2008—2012年,我们先后编写了《中国文化典籍阅读》(只有原文,没有知识介绍、注释和翻译)、《中国文化典籍读本》(有知识介绍和原文,没有注释和翻译)、《中国文化经典教程》(有知识介绍、原文和注释,没有翻译),2013年又开始编写《中国文化经典阅读教程》(有知识介绍、原文注释和部分原文翻译),并经过了近两年的教学实践检验。我们认为,2013年编写的《中国文化经典阅读教程》是适合普通本科教学实际的。为了高质量地完成教材出版的编写任务,编写组成员在2014—2016年又反复酝酿、讨论,精选经典原文,进行注释和翻译。在集体讨论的基础上,由我对全书进行全面的章节调整、补充内容和规范格式,对原来没有翻译的原文全部翻译出来。华中科技大学出版社责任编辑唐诗灵老师提出了详细的修改意见,我们按照修改意见,再次进行了修改、完善。这是一次愉快而富有成果的合作,是值得记忆的学术交流与碰撞。这里,我记下大家在教材编写中所做的贡献:南阳师范学院靳义增老师编写第一章第一、二节,南阳师范学院高燕茹老师编写第一章第三、四节和第二章,南阳师范学院周珂老师编写第一章第五节、第三、四章和附录一、二、三。在此,我向所有参与教材编写的老师和华中科技大学出版社责任编辑唐诗灵老师表示诚挚的感谢。

靳义增
2018 年 6 月于南阳师范学院